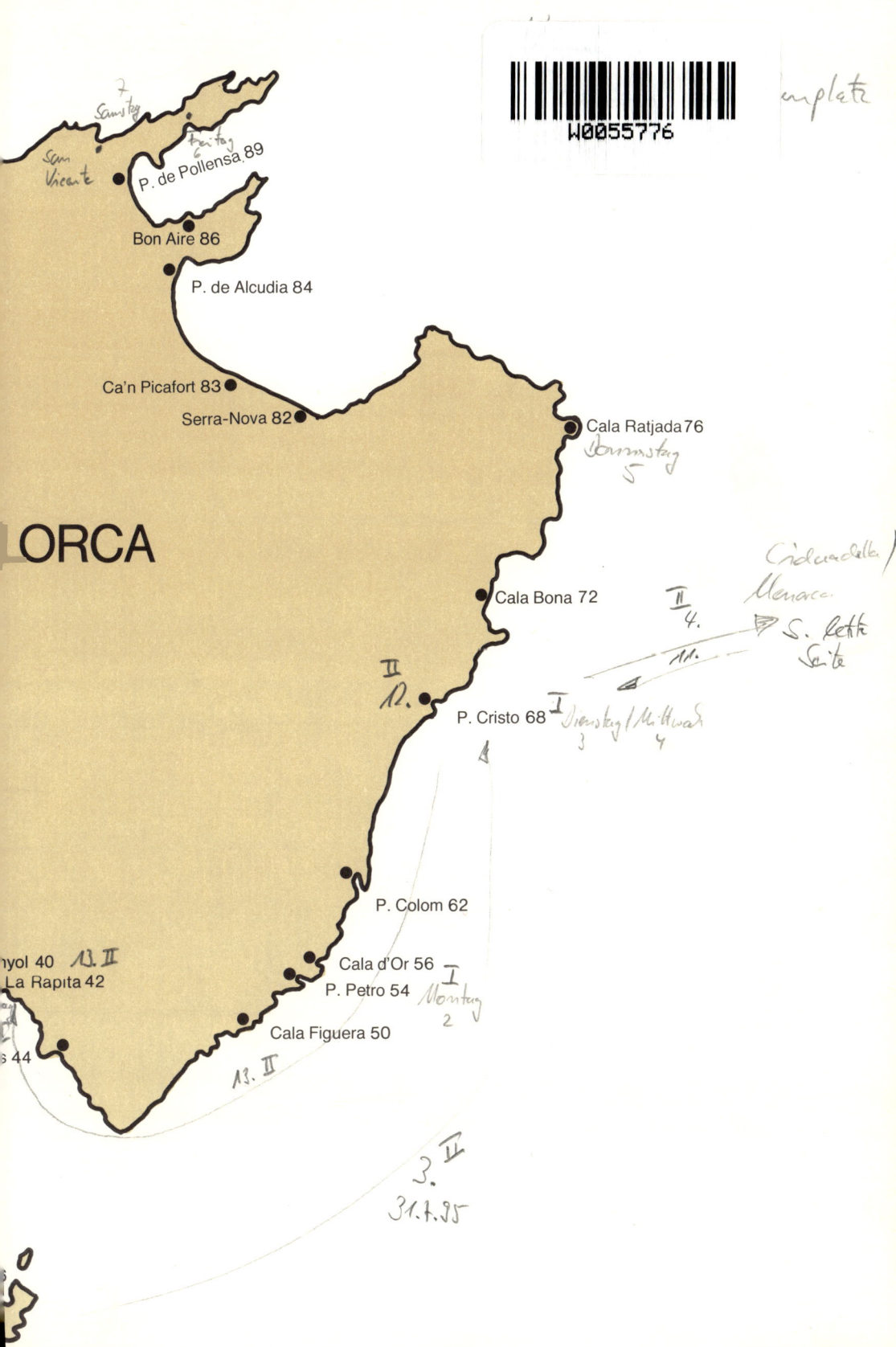

Gerd Radspieler
Häfen und Ankerplätze
Balearen

Gerd Radspieler

Häfen und Ankerplätze Balearen

Ein praktischer Begleiter für Segler und Motorbootfahrer

Mallorca
Menorca
Ibiza
Espalmador
Formentera

mit 125 Plänen

Delius Klasing Verlag

Der Autor wie der Verlag übernehmen für Irrtümer, Fehler oder
Weglassungen keinerlei Gewährleistung oder Haftung.
Die Pläne dienen zur Orientierung und nicht zur Navigation;
sie ersetzen also keineswegs Seekarten und Seehandbücher.

**Von Gerd Radspieler erschienen
im Delius Klasing Verlag folgende Titel:**

Häfen und Ankerplätze in Griechenland (4 Bände)
Häfen und Ankerplätze Balearen
Türkische Küste
Griechische Küsten (Denham/Radspieler)

3., überarbeitete Auflage

ISBN 3-7688-0510-7

Titelbild: Cala Pi auf Mallorca

© Copyright by Delius, Klasing & Co, Bielefeld
Druck: Kunst- und Werbedruck, Bad Oeynhausen
Printed in Germany 1991

Inhalt

Vorwort zur 3. Auflage

Die Balearen – wer kennt sie nicht? Fast jeder hat schon einmal einen Hotelurlaub auf einer der Inseln verbracht und fährt wieder hin. Wie ließen sich sonst die hohen Urlauberzahlen erklären, die jetzt bei sieben Millionen im Jahr liegen?

Segler und Motorbootfahrer haben daran ihren Anteil, allen trendbedingten Schwankungen zum Trotz; denn viele Kenner bleiben oder kommen wieder, nachdem sie andere angepriesene Reviere bereist und sich ein Urteil gebildet haben. Während andere Länder noch um die Gunst der Touristen werben, haben die Balearen die ausländischen Gäste längst integriert.

Weil die Behörden neue Hafenbauprojekte kaum mehr genehmigen, werden fast nur noch Verbesserungen vorgenommen oder durch Veränderung vorhandener Hafenanlagen zusätzliche Liegeplätze geschaffen. Mit rund 60 Gemeinde-, Yacht- und Clubhäfen (insgesamt etwa 20000 Liegeplätze) sind die Balearen für einheimische und ausländische Sportbooteigner ohnehin gut gerüstet.

Im allgemeinen ist der Urlauber an die Umgebung seines Feriendomizils gebunden; daher rühren vielleicht die stark voneinander abweichenden Meinungen über die einzelnen Inseln. Segler und Motorbootfahrer dagegen haben die freie Wahl zwischen modernen Marinas mit umfassendem Komfort, stimmungsvollen Häfen und mehr oder weniger einsamen Ankerplätzen. Es lohnt sich, Entdeckungsfahrten zu weniger beachteten Küstenabschnitten zu unternehmen und dabei selbst typische Eindrücke zu sammeln, die als persönliches Erlebnis bewahrt bleiben; denn jede der vier Inseln der Balearen hat ihren eigenen Reiz. Meine wenigen kritischen Bemerkungen, die der Realität zuliebe eingefügt sind, schmälern gewiß nicht die überwiegende Begeisterung. Wenn ich den Sportbootfahrer mit diesem knapp gefaßten praktischen Begleiter über die für ihn wichtigen Informationen hinaus auf die Inseln neugierig machen kann, dann ist der Sinn dieses Buches schon erfüllt.

Regensburg, im Herbst 1990   G. R.

Einführung

Ausdrücklich sei darauf hingewiesen, daß mit diesem Buch Seekarten und für Nachtfahrten das Leuchtfeuerverzeichnis des Bundesamtes für Seeschiffahrt und Hydrographie (BSH) nicht überflüssig werden, sondern im Gegenteil zum leichteren Verständnis der Detailpläne unbedingt Voraussetzung sind. Denn die selbsterstellten Pläne sind – da nicht mit wissenschaftlichen Mitteln erarbeitet – nur als Orientierungshilfe gedacht. Sie erheben keinen Anspruch auf genaueste Abmessungen.

Die Kennungen der Leuchtfeuer wurden absichtlich weggelassen, denn sie unterliegen am ehesten einer Änderung. Maßgeblich und unentbehrlich für Nachtfahrten ist allein das aktuelle Leuchtfeuerverzeichnis des BSH. Der Buchstabe „F." im Plan bedeutet also lediglich, daß sich an dieser Stelle ein Feuer befindet.

Die in den Plänen und Beschreibungen gegebenen Informationen beziehen sich auf meinen Besuch der Balearen im Sommer 1990. Außerhalb der Saison können zum Beispiel einerseits die erwähnten Versorgungsmöglichkeiten etwas eingeschränkt sein (Strandbars und Restaurants werden gleichzeitig mit vielen großen Hotels geschlossen), andererseits herrscht an vielen Plätzen statt des „lebhaften Badebetriebs" dann große Ruhe und Beschaulichkeit. Vorteil der Vor- und Nachsaison sind auch ermäßigte Liegegebühren in den Yacht- und Gemeindehäfen.

Da die Liegegebühren fast jedes Jahr um 10 bis 15 % angehoben werden, wird auf die Angabe genauer Preise verzichtet, zumal ein Preisvergleich schwierig ist, weil einige Marinas für die ersten Tage einen weit höheren Satz berechnen, andere wiederum die Bootslängen unterschiedlich einordnen. Gelegentlich sind Wasser und Strom im Preis inbegriffen, immer aber kommt die Steuer von 12 % (IVA) hinzu. 1990 mußte man für ein 10 m langes Boot ungefähr folgende Liegegebühren je Tag bezahlen: in kommunalen Häfen umgerechnet zwischen 7 und 12 DM, in der Mehrzahl der Yachthäfen zwischen 20 und 35 DM, in einigen Marinas 35 bis über 50 DM. Bei Vertragsabschluß über längere Zeit ermäßigen sich die Gebühren, Landliegeplätze werden dagegen im Verhältnis teurer, je länger ein Boot an Land steht.

Die Sicherheit der einzelnen Häfen und Ankerplätze kann ich nur nach den eigenen Erfahrungen während meiner wiederholten monatelangen Aufenthalte mit dem Segelboot im Revier der Balearen beschreiben, und zwar zwischen April und Oktober. Extreme Situationen, die auf außergewöhnliche Wetterbedingungen zurückzuführen sind, wie sie im Mittelmeerraum in den letzten Jahren immer häufiger vorkommen, können bei der Beurteilung freilich nicht berücksichtigt werden. So entstanden z. B. in den Häfen Palma, Puerto Cristo und Ciudadela sowie in der Cala Portinatx schwere Schäden. Auch durch das Verfolgen der Wetterberichte war das Ausmaß der Gefahr nicht vorauszusehen. Ein freier Ankerplatz kann erst recht nur unter Berücksichtigung der für die Sommerzeit üblichen Wetterlage beurteilt werden und nicht im Fall von Stürmen; gegen Katastrophen ist selbst ein noch so geschützter Hafen nicht „absolut sicher".

Wo der Tiefgang meines Bootes von 1,95 m hinderlich beim Ausloten flacherer Stellen war, ist die Wassertiefe mit dem Handlot vom Beiboot aus gemessen worden. In einzelnen Fällen mußte ich mich auf die Angaben des Hafenpersonals beschränken. Die Ankergründe der Buchten wurden größtenteils schnorchelnderweise überprüft.

Je nach Tiefgang werden kleinere Yachten sicher den einen oder anderen geschützten Liegeplatz wahrnehmen können, dem ich mit meinem Boot fernbleiben mußte. Auch kann sich mancher Ankerplatz je nach Wetterlage sehr viel günstiger zeigen als von mir angetroffen. Trotzdem möchte ich lieber vorsorglich auf mögliche Gefahren hinweisen als den Benutzer dieses Buches in trügerischer Sicherheit wiegen.

Wissenswertes für die Reise

Einreise. Für einen beabsichtigten Aufenthalt bis zu 3 Monaten genügt der Personalausweis, ein längerer Aufenthalt erfordert den Reisepaß mit Visum.

Über See eingeführte Wassersportfahrzeuge dürfen 6 Monate innerhalb eines Kalenderjahres spanische Gewässer abgabefrei befahren, wenn sie beim nächstgelegenen Zollamt angemeldet wurden. Nach Vorlage des Internationalen Bootsscheins für Wassersportfahrzeuge (ausgestellt vom DSV, DMYV oder ADAC), des Flaggenzertifikats (ausgestellt vom BSH) oder eines anderen international anerkannten Bootsdokuments wird eine Zollgenehmigung (Permiso Aduanero) erteilt. Eine Verlängerung der Genehmigung ist vor Ablauf beim Hauptzollamt (Palma de Mallorca) zu beantragen. Für die Zeit der Abwesenheit des Eigners, zum Beispiel bei Winterlagerung im Wasser oder an Land, kann „Zollverschluß" beantragt werden.
Vor der endgültigen **Ausreise über See** ist die Zollgenehmigung beim letzten Zollamt abzugeben.

Über Land eingeführte Sportboote werden in den Reisepaß eingetragen und müssen bei der örtlichen Hafenbehörde (Comandancia de Marina) angemeldet werden. Für Kleinboote mit oder ohne Motor ist ein Bootsdokument vorzulegen. Boote über 5,5 m Länge benötigen eine Zollgenehmigung wie oben beschrieben.

Fahrerlaubnis. Ausländische Sportbootfahrer müssen jenen Führerschein besitzen, der in ihrem Heimatland für vergleichbare Gewässer gefordert wird. Das ist für deutsche Bootsfahrer der amtliche Sportbootführerschein See. Für Sportboote mit Außenbordmotoren bis zu 4 Steuer-PS ist kein Führerschein erforderlich.

Haftpflichtversicherung. Sie ist nicht zwingend vorgeschrieben, wird jedoch im eigenen Interesse empfohlen (blaue Versicherungskarte).

Crewwechsel ist erlaubt, wenn es sich um Verwandte ersten Grades des Eigners handelt.

Verchartern. Yachten unter ausländischer Flagge dürfen nicht kommerziell genutzt werden; Auskunft über gewerbliche Anmeldungen erteilen die Hafenbehörden.

Chartern. Adressen von Charterfirmen können dem Anzeigenteil der Wassersport-Zeitschriften entnommen werden. Darüber hinaus hält der ADAC (Anschrift siehe unten) für seine Mitglieder Adressenlisten bereit.

Genauere Informationen über Bestimmungen sind aus dem Merkblatt „Wassersport in Spanien" zu ersehen, das bei der Kreuzer-Abteilung des DSV, Gründgensstraße 18, 2000 Hamburg 60, Telefon (040) 6 32 00 90, oder bei der Informationsstelle Mittelmeer der Kreuzer-Abteilung, Dichtlstraße 2, 8000 München 21, Telefon (0 89) 58 62 82 (9–12 Uhr), erhältlich ist. Die Informationsstelle beantwortet auch spezielle schriftliche oder telefonische Anfragen.

„Informationen für die Sportschiffahrt" enthält auch das Merkblatt „Spanien" des ADAC, Referat Sportschiffahrt, Am Westpark 8, 8000 München 70, Telefon (0 89) 76 76 61 07.
Darüber hinaus können bei der Münchener YACHT-Redaktion, Sachsenkamstraße 5, 8000 München 70, Telefon (0 89) 7 60 00 33, Informationen eingeholt werden.

Literatur über die Balearen ist in Buchhandlungen und in öffentlichen Bibliotheken zu finden. Touristisches Informationsmaterial versenden auf Wunsch die Spanischen Fremdenverkehrsämter:

in Deutschland: Graf-Adolf-Straße 81, 4000 Düsseldorf 1,
                    Telefon (02 11) 37 04 67
                    Myliusstraße 14, 6000 Frankfurt/Main,
                    Telefon (0 69) 72 50 33
                    Oberanger 6, 8000 München 2,
                    Telefon (0 89) 2 60 95 70
in Österreich: Rotenturmstraße 27, 1010 Wien,
                    Telefon (02 22) 5 35 31 91
in der Schweiz: Seefeldstraße 19, 8008 Zürich,
                    Telefon (01) 2 52 79 30
                    40, Boulevard Helvetique, 1207 Genève,
                    Telefon (0 22) 35 95 94

Das **Informationsbüro für Tourismus** befindet sich
auf Mallorca in Palma, Av. Jaime III. 10, Telefon 21 22 16
auf Menorca in Mahón, Plaza Constitución 13, Telefon 36 37 90
auf Ibiza   in Ibiza-Stadt, Vara de Rey 13, Telefon 30 19 00

Postämter sind im allgemeinen an Wochentagen von 9 bis 13 Uhr,
Banken montags bis freitags von 9 bis 13 Uhr geöffnet.

Telefonieren kann man bei den Telefonämtern oder an Münzfernsprechern mit direkter Durchwahl. Eine genaue mehrsprachige Anleitung für Ferngespräche befindet sich in jeder Telefonkabine.

Konsulate
für Deutschland: Generalkonsulat, Außenstelle Palma, Palma de
                  Mallorca, Paseo del Borne 15, Telefon 72 29 97, 72 23 71
für Österreich: Palma, Plaza Olivar 7, Telefon 71 39 49
für die Schweiz: Palma, Paseo Mallorca 24, Telefon 71 25 20

Seekarten

Seebücher

Veröffentlichungen des Bundesamtes für Seeschiffahrt und Hydrographie (BSH; früher DHI), Hamburg:
Mittelmeer-Handbuch, I. Teil: Ostküste Spaniens und Balearen, Südküste Frankreichs und Korsika. Bestell-Nr. 2027.
Verzeichnis der Leuchtfeuer und Signalstellen, Teil V: Mittelmeer und Schwarzes Meer. Bestell-Nr. 2105.
Jachtfunkdienst Mittelmeer. Bestell-Nr. 2159.

Bezugsquellen

Die vom BSH herausgegebenen nautischen Karten und Bücher werden von autorisierten Vertriebsstellen und deren Auslieferungsstellen verkauft. Hier sind einige Anschriften:

Bade & Hornig GmbH, Deutsches Seekarten-Berichtigungsinstitut,
Stubbenhuk 10, 2000 Hamburg 11, Telefon (0 40) 36 45 87/88

Eckardt & Messtorff GmbH,
Rödingsmarkt 16, 2000 Hamburg 11, Telefon (0 40) 37 13 34

Nautischer Dienst Kapitän Stegmann & Co., Schleuse, Maklerstraße 8,
2300 Kiel 17, Telefon (04 31) 33 17 72

„Seekarte", Kapitän A. Dammeyer,
Korffsdeich 3, 2800 Bremen 1, Telefon (04 21) 39 50 51/52

Versandbuchhandlung K. Radtke & Sohn,
Hohenkamp 30, 2000 Hamburg 73, Telefon (0 40) 6 47 22 50

Dietrich Reimer, Unter den Eichen 57,
1000 Berlin 45, Telefon (0 30) 8 31 40 81/82

Geobuch GmbH, Rosental 6,
8000 München 2, Telefon (0 89) 26 50 30

Leonhartsberger, Marienbader Straße 12,
8000 München 45, Telefon (0 89) 3 11 00 50

Schiffsversorgung Rostock GmbH, Überseehafen,
2540 Rostock 40, Telefon (00 37 81) 36 63 16 00

Freytag-Berndt und Artaria KG, Kohlmarkt 9,
A-1010 Wien, Telefon (02 22) 5 33 20 94

Seekarten und Nautische Bücher Christian Bernwieser
Schanzstraße 15, A-1140 Wien, Telefon (02 22) 95 51 66

CUMULUS Karten- und Fachbuchhandel
Gönhardweg 9, CH-5000 Aarau, Telefon (0 64) 22 50 20

Eine vollständige Adressenliste der Vertriebs- und Auslieferungsstellen kann beim Bundesamt für Seeschiffahrt und Hydrographie (BSH), Bernhard-Nocht-Straße 78, 2000 Hamburg 36, Telefon (0 40) 31 90-1, angefordert werden.

Die Balearen

Die vielgeschmähte und vielgeliebte spanische Inselgruppe im westlichen Mittelmeer ist aus der Sportschiffahrt nicht wegzudenken. Immer wieder locken die Balearen zahlreiche Wassersportler an.

In erster Linie ist wohl das angenehme, gemäßigt subtropische **Klima** ausschlaggebend für die Entscheidung, die Inseln zu besuchen. 300 Tage im Jahr scheint hier die Sonne, dabei liegt die durchschnittliche Luftfeuchtigkeit bei 70 %. Während im Sommer auf Menorca das Thermometer im Schnitt 24 °C anzeigt und auch auf Ibiza – bedingt durch die Seewinde – 30 °C selten überschritten werden, steigt auf Mallorca die **Temperatur** schon mal über 33 °C. Im Inneren der Inseln, in den Städten und windgeschützten Ortschaften, macht sich die Hitze freilich stärker bemerkbar. Im Winter gibt es immer wieder Tage mit 19 °C und darüber, selten ist es kälter als 10 °C, so daß man sagen kann, die Balearen sind vom Wetter her das ganze Jahr über für einen Urlaub an Land geeignet.

Sehr viel vorsichtiger muß das **Wetter** jedoch vom Yachtfahrer beurteilt werden. Leider fällt für die meisten der Urlaub in die Hochsaison, also Juli und August, und in diesen Monaten kann man – überall im Mittelmeer – tageweise Flaute erleben. Daher stammt wohl die landläufige Ansicht, im Mittelmeer gäbe es keinen Wind. Im allgemeinen wird man feststellen, daß die Winde tagsüber mehr oder weniger schwach aufs Land zuwehen und nachts vom aufgeheizten Land aufs Meer hinausstreichen. Darüber hinaus scheint jedes Kap seine eigenen Windverhältnisse zu haben. Sicher ist jedoch, daß zum Beispiel in den Buchten von Alcudia und Pollensa im Norden Mallorcas der Wind stets aus nördlicher Richtung kommt, während in der Bucht von Palma tagsüber ein kräftiger Süd- bis Südwestwind weht, der hinter der Insel Dragonera plötzlich einschläft. Beide thermischen Luftströme werden durch die Gebirge im Westen und Osten verstärkt, so daß der Wind über die Inselmitte frischer weht als an der West- oder Ostküste.

Bei Ibiza und Formentera sind im Sommer südöstliche bis südwestliche Windrichtungen vorherrschend, zu den anderen Jahreszeiten werden die Winde von der Wetterlage auf dem spanischen Festland bestimmt. Bei Menorca überwiegen eindeutig Nordwinde. Ausläufer von Stürmen aus dem Golfe du Lion sind an der Nordküste Menorcas auch im Sommer noch so stark, daß man rechtzeitig einen sicheren Unterschlupf suchen sollte, wo man ein bis zwei Tage abwarten kann. Solche Starkwindausläufer können sich natürlich auch noch an der Nord- und Nordwestküste Mallorcas bemerkbar machen. Zu erwartender Südwind (Schirokko) ist ebenfalls ernstzunehmen, vor allem in sehr engen Häfen wie z. B. Ciudadela, wo unter besonderen Umständen plötzliche Wasserstandsschwankungen („Fenomeno rissaga") auftreten können. Lokale Tiefs und Wärmegewitter sind im Sommer vor allem um Mallorca möglich, etwa ab Mitte September werden die Balearen von der Großwetterlage betroffen.

Nützlich ist das Abhören von **Wetterberichten** im Radio: Deutsche Welle auf 6075 und 9545 kHz, montags bis freitags zwischen 1750 und 1800 UTC, sonnabends zwischen 1735 und 1745 UTC, an Sonn- und Feiertagen von 1710 bis 1715 UTC; Österreichischer Rundfunk auf 6155, 13730, 15410, 21490 kHz täglich um 0530 UTC (ungef. 0545) und auf 6155, 13730 kHz um 1010 UTC (ungef.

1015) oder die Beobachtung der Wetterkarte im Fernsehen (nach den 21-Uhr-Nachrichten in den Hafencafés möglich). Weitere Angaben über Sender und Frequenzen siehe „Jachtfunkdienst Mittelmeer". Auch die Büros der Yachthäfen hängen Wetterberichte aus oder geben Auskunft über die Wetterlage. Außerdem empfiehlt es sich, den Barometerstand zu beobachten. Glücklicherweise verfügen die Balearen über eine große Anzahl von Häfen, so daß man notfalls rasch den Platz wechseln und das Liegen bequemer haben kann.

In den Wintermonaten muß bei Fahrten um die Balearen — wie überall im Mittelmeer — der Wetterlage ganz besondere Aufmerksamkeit geschenkt werden.

Außerhalb der Saison sind Strände und Buchten meist menschenleer, auch die für den Fremdenverkehr eingerichteten Restaurants und Supermärkte haben geschlossen. Im Sommer — wenn auch Frankreichs und Italiens Sportbootfahrer unterwegs sind — wird man nur mit Mühe eine Bucht für sich allein haben. Es gibt nur noch wenige kleine einsame Plätze — die landschaftlich attraktivsten und auch für Sportboote bequemsten Stellen sind vom Tourismus längst entdeckt und genutzt.

Der Bootsfahrer hat gegenüber den Hotelurlaubern den Vorteil, in einiger Entfernung vom Land ins Wasser zu steigen und damit die schönste Klarheit des Meeres zu genießen. So stört ihn die gelegentliche Verunreinigung der Strände wenig. Von der allgemeinen Verschmutzung des Mittelmeeres abgesehen, die überall in Küstennähe vorkommt, ist das Meer um die Balearen sehr sauber.

Warum sonst würden so viele ausländische Yachteigner ihre Boote in den sicheren, gepflegten Marinas der Balearen unterbringen? Um immer wieder ein paar Wochen im Jahr um die Inseln zu schippern, die Abwechslung nicht nur für einen Urlaub, sondern für mehrere Jahre bringen können. Denn so klein, wie die Balearen sich auf der Landkarte ausnehmen, sind sie gar nicht.

Mallorca hat eine Fläche von 3640 km², mißt von West bis Ost 100 km, von Nord bis Süd 75 km; Menorca hat 670 km², ist 47 km lang und 10 bis 19 km breit; Ibizas Fläche beträgt 572 km², und selbst Formentera ist noch 100 km² groß. Dazu kommen zahlreiche kleinere Inseln wie Cabrera, Dragonera, Espalmador, Tagomago, Vedrá — um nur die wichtigsten zu nennen —, das ergibt eine Küstenlinie von nahezu tausend Kilometern.

Außerdem sind die **Entfernungen vom Festland** nicht allzu groß: Von Barcelona bis zur Nordküste Mallorcas sind es rund 100 sm, von Ibiza bis zum nächstgelegenen spanischen Kap in westlicher Richtung mißt man knapp 50 sm, die algerische Küste ist ca. 130 sm entfernt, und von der Ostküste Menorcas bis Sardinien beträgt die Entfernung etwa 200 sm.

Manche Yachtsportler kommen nur für einen kurzen Törn auf die Balearen, chartern ein Boot nach ihrer Vorstellung und nehmen viele Seemeilen und flüchtige Eindrücke von den Inseln mit nach Hause. Von Mallorca nach Menorca oder Ibiza sind es für Segler bequeme Tagesschläge — vorausgesetzt, daß Wind und Seegang nicht gegenan stehen; auch die Umrundung von Formentera ist in einem Tag zu schaffen, doch bei leichten Winden wird man lieber Badeaufenthalte einlegen und sich langsam um die Inseln hangeln, eine Bucht nach der anderen genießend.

Der hochentwickelte Fremdenverkehr brachte ein reichhaltiges Angebot an Sportarten mit sich: Nicht nur Segel-, Tauch-, Wasserski- und Surfschulen schossen aus dem Boden, auch Bergwanderungen, Heilkräutersammeln, Reiten, Tennis, Golf, Gymnastik und Yoga werden offeriert. Jäger und

Angler kommen ebenso auf ihre Kosten wie Kegel- und Bowlingfreaks. Zur weiteren Freizeitgestaltung werden Autos, Motor- und Fahrräder vermietet. Für alle Arten von Unterhaltung bei Tag und Nacht ist gesorgt.

Segler und Motorbootfahrer nehmen meist nur einen kleinen Teil dieses Angebotes wahr: Sie lassen sich entweder in urwüchsiger einheimischer Umgebung oder in eleganten, für die Ausländer geschmackvoll herausgeputzten Restaurants mit einer Fülle ausgezeichneter Fisch- und anderer Spezialitäten des Landes verwöhnen; sie kaufen ihre Bordverpflegung in den wohlsortierten Supermärkten, die auf ausländischen Bedarf längst eingerichtet sind; sie spazieren an der Küste entlang, die von steiler Höhe hinab einen phantastischen Ausblick aufs Meer bietet, und bewundern jeden Abend aufs neue die vielen Sterne, die man zu Hause so sehr vermißt.

Will man aber die Balearen in ihrer ganzen landschaftlichen Vielfalt kennenlernen, muß man sein Boot in einem sicheren Hafen lassen und sich auf den Weg ins Innere der Inseln machen, muß sich auf staubige Straßen oder schattige Eselspfade begeben, um zu sehen, wie die Inseln wirklich aussehen, wie die Menschen leben und welche Erwerbsmöglichkeiten ihnen die Natur läßt.

Zwar ist der Fremdenverkehr für alle Baleareninseln ein großer Gewinn, der nicht mehr wegzudenken wäre, weil ganze Industriezweige sich darauf eingestellt haben, aber nach wie vor bietet außer dem Meer das Land je nach seiner natürlichen Beschaffenheit reiche Früchte.

An erster Stelle sei die Landwirtschaft erwähnt. Auf allen vier Inseln wird Getreide angebaut und Viehzucht betrieben, in bewässerten Ebenen auf Mallorca und Menorca Obst und Gemüse gezogen, Zitrusfrüchte gedeihen vor allem auf Mallorca, überall wachsen Mandeln, Feigen, Oliven, Johannisbrot und Weinreben, Ibiza und Formentera haben bedeutende Salinen, und Menorca ist für die Langustenfischerei und Käseherstellung berühmt. Weitere Erwerbszweige sind die Lederindustrie (10 % der Bevölkerung Menorcas arbeiten in Schuhfabriken), die Herstellung von Glas, Fliesen, Töpferwaren, Wolldecken, Schmuck (künstliche Perlen, Silberfiligran), Stickereien und Flechtarbeiten.

Wer sich ins Innere der Inseln begibt, stößt überall auf Spuren der **Geschichte.** Sichtbare Zeichen einer alten Kultur sind besonders auf Menorca die zahlreichen Talayots, Navetas und Taulas, rätselhafte Steinsetzungen aus der Bronzezeit.

Karthager, Griechen, Römer und Wandalen besetzten die Inseln, 798 n. Chr. wurden sie von den Mauren erobert, die sie fast fünf Jahrhunderte lang beherrschten. 1229−35 kämpfte Jaime I., König von Aragón, für die Befreiung von der maurischen Herrschaft und christianisierte die Inseln. Seitdem ist die Sprache der Bevölkerung Katalanisch, das sich jedoch im Laufe der Jahrhunderte zu inseleigenen Dialekten veränderte. Ab 1276 war Mallorca Königreich, bis 1349 der letzte König Mallorcas auf dem Schlachtfeld bei Lluchmayor fiel und Mallorca mit Aragón vereinigt wurde. Im 16. Jahrhundert waren die Inseln den Überfällen arabischer Seepiraten ausgeliefert.

Die Wachttürme, vor allem an den Küsten Mallorcas und Menorcas, dienten einst zur Warnung der Bevölkerung, die dann ins Inselinnere floh, in den Schutz befestigter Dörfer, Kastelle oder auch Wehrkirchen, wie sie zahlreich auf Ibiza anzutreffen sind. Die Bewohner Formenteras gaben ihre Heimat auf, erst Ende des 17. Jahrhunderts wurde die Insel wieder besiedelt. 1713 kam Menorca durch den Frieden von Utrecht an England, mehrfach wechselten sich Franzosen, Engländer und Spanier in der Besetzung ab, deutlich ist in Mahón noch heute der englische Einfluß sichtbar. Jetzt sind die „Islas Baleares" eine Provinz Spaniens mit der Hauptstadt Palma auf Mallorca.

Der **Tourismus** hat die Balearen verändert. Wie in allen Mittelmeerländern ist der Gegensatz zwischen modernen Fremdenverkehrsorten und unberührt gebliebenen Landstrichen kraß. Die Balearen sind kein billiges Urlaubsland mehr, auch wenn günstige Pauschalreisen die Vergleichszahlen verfälschen mögen. Lebt man in gewohnter Weise, muß man auch bei Selbstverpflegung mindestens Preise in derselben Höhe wie in Deutschland veranschlagen; wenn einiges billiger zu sein scheint, so zahlt man bei anderen Artikeln, die für Einheimische vielleicht nicht alltäglich sind, um so mehr. Schwer einzusehen ist, warum Obst und Gemüse so teuer sind.

Die im Rahmen von Touristenprogrammen vorgeführten Tänze in Trachten mit Originalmusikbegleitung sind nur ein blasser Abglanz von Volkstum; wer sich für lebendige Folklore interessiert, wird sie bei Kirchweihfesten und an geschichtlichen Gedenktagen in verschiedenen Orten der Inseln suchen müssen.

Die für den Fremdenverkehr geschaffenen Vorteile: komfortable Hotelanlagen nahe am Strand, Feriensiedlungen inmitten von Pinienwäldern, bessere Straßen und Yachthäfen mit sicheren Liegeplätzen selbst für längere Zeit der Abwesenheit – sie verändern allmählich auch den Anblick der Küsten. So wird mancher Besucher nach wenigen Jahren betroffen feststellen müssen, daß er die Insel seiner Erinnerung kaum wiedererkennt.

Doch darf man nicht einerseits nach unberührter Natur verlangen und gleichzeitig die Vorzüge moderner Marinas loben. Die Balearen haben ohnehin in idealer Weise beides auf geringster Distanz beisammen. Sie haben die Sonne, sie haben das tiefe, klare Meer, eine überwältigende Landschaft und dies alles in einer für uns leicht erreichbaren Ferne.

Inseln, Häfen, Ankerplätze – tabellarisch

Mallorca

(3640 km^2, 550 000 Bewohner)
Inselinneres — Sehenswürdigkeiten und Ausflüge

Ausgangspunkt eines Besuches ist meist Palma, hier kommen die Fähren vom Festland (Barcelona, Valencia, Alicante) an, hier landen die Linien- und Charterflugzeuge. Mit den Inseln Menorca und Ibiza ist Palma ebenfalls verbunden, und zwar durch Flugverkehr nach Mahón und Ibiza, durch Fährschiffe nach Mahón, Ciudadela und Ibiza. Auf der Insel selbst hilft ein ausgedehntes Busnetz weiter.

Ein Erlebnis für sich ist die Fahrt mit der elektrischen Eisenbahn von Palma nach Sóller. Schon das Eingangstor zum Bahnhof mutet — inmitten des brausenden Großstadtverkehrs — wie ein Überbleibsel aus vergangener Zeit an, umgeben mit blühender Bougainvillea.

Die Fahrt in Richtung Sóller vermittelt zunächst einen guten Eindruck von der Bewirtschaftung der Ebene. Während sich die Autostraße in abenteuerlichen Serpentinen über die Berge windet, führt die Bahn durch endlos scheinende Tunnels und gibt dazwischen den Blick auf die ständig wechselnde bergige Landschaft frei, auf Plantagen mit Zitrusfrüchten, auf Schafherden unter Oliven- und Mandelbäumen.

Wenn es irgendwie zeitlich einzurichten ist, sollte man einen Wagen oder Roller mieten und einen ausgedehnten Ausflug über die Insel machen. Wie manches Küstenstück nur von See her zu erreichen ist, so ist umgekehrt der größte Teil der eindrucksvollsten Landschaft nicht bei kurzen Spaziergängen vom Hafen oder Ankerplatz aus zu erkunden. Gute Straßen erlauben das Durchqueren der Insel in alle Richtungen. Welche Richtung lohnender ist, das ist schwer zu entscheiden.

Fährt man durch die bewässerte Ebene von Palma, die vor Fruchtbarkeit strotzt, vorbei an weit auseinanderliegenden Gehöften, an Erdbeerfeldern, an den vielen Windrädern, die leider nur noch vereinzelt ihre Funktion erfüllen, Wasser aus dem Boden zu fördern und in Kanälen über die Felder zu leiten — meist sind sie von automatischen Sprenganlagen abgelöst worden —, gelangt man nach Manacor, wo nach einem Spezialverfahren künstliche Perlen in verschiedenen Farbtönen produziert werden, oder nach Inca, dem Zentrum der Schuhindustrie. Überall auf dem Wege findet man interessante Landstädtchen, urwüchsig, unverfälscht, mit kleinen Industrien oder handwerklichen Betrieben, unscheinbar, aber wichtig für die Wirtschaft der Insel. Unterwegs laden schattige Lokale zu einem Aufenthalt ein oder auch Gärten, zum Beispiel Alfabia oder Raxa: in einer sonnendurchglühten Umgebung plötzlich lauschige Wege zwischen grünwuchernden Sträuchern und exotischen Bäumen, Springbrunnen und künstliche Teiche, kühl plätschernde Rinnsale — kleine, etwas verwilderte, mühsam instand gehaltene Paradiese; oder die vielen Herrschaftssitze, bröckelnde Pracht in einer unvergänglichen Natur.

Zahlreiche Bergdörfer säumen die kurvenreiche Küstenstraße von Andraitx nach Sóller, jedes bemerkenswert in seiner Art: Bañalbufar zum Beispiel mit den üppigen Terrassenfeldern, deren Anlage noch aus der Zeit der Araber stammt; Valldemosa, ein malerisches Städtchen, die steilen Gassen mit Kopfsteinpflaster, die Häuser aus unverputztem Bruchsteinmauerwerk, umrankt von Blüten. Hoch über der gewundenen Straße, mit herrlicher Sicht aufs Meer, ein bei Künstlern beliebtes Dorf: Deyá. Auch hier alte Häuser, gediegene Portale, bescheiden-rustikal eingerichtete Räume.

Und erst Sóller! Jedes einfache Stadthaus hat seinen Garten hinter dem düster wirkenden Flur, sonnendurchflutet – oder einen Innenhof mit Palmen und Topfpflanzen, die einen Garten vortäuschen.

Von Sóller aus, das in einem fruchtbaren Talkessel liegt, kommt man auf einer kurvenreichen Nebenstraße nach Fornalutx, einem stillen Bergdorf über dichten Zitrusgärten. Der alte Brunnen vor der Kirche, zu der eine breite Treppe hinaufführt, lädt mit seinem fließenden Quellwasser und einer Riesenschöpfkelle zu einem frischen Trunk ein.

Dann geht es die Paßstraße hinauf, entlang an ausgedehnten Bergseen, die höchsten Gipfel Mallorcas zu beiden Seiten: Puig Mayor und Masanella – und allmählich wieder abwärts, wo sich die Straße teilt und in Haarnadelkurven von Escorca nach Calobra führt, während die zweite Straße sich weiter durch die Gebirgswelt schlängelt, den Wallfahrtsort Lluch abseits lassend, weiter, immer weiter durch die Berge bis zum äußersten nördlichen Zipfel Mallorcas: Formentor.

Schon beim Kloster Lluch zweigt eine Straße nach Inca, ins Flachland ab. Und bei Escorca, direkt hinter dem malerischen Kirchlein aus dem 13. Jahrhundert, beginnt der Abstieg in die Felsschlucht Torrent de Pareis, eine beschwerliche Wanderung durch das grandiose Wildbachbett der hier zusammenlaufenden Flüsse Torrent de Lluch und Torrent de Gorg Blau bis hinab zur Mündung am Meer. An manche Stelle in dieser tiefen Schlucht ist noch nie ein Sonnenstrahl gelangt!

Ewige Dunkelheit würde auch in den Tropfsteinhöhlen von Puerto Cristo und Artá herrschen, wären nicht raffinierte Beleuchtungseffekte für die vielen Besucher dieser eindrucksvollen Räume geschaffen worden. Will man dem Gedränge um diese beiden Höhlen entgehen, so kann man in den Cuevas de Hams oder Cuevas de Campanet ebenso eindrucksvolle Tropfsteingebilde bewundern.

Über all den Naturschönheiten will aber auch Palma nicht vergessen sein, eine laute, moderne Großstadt freilich (300000 Einwohner), mit vielen Sehenswürdigkeiten aus der wechselvollen Vergangenheit.

Straßenlärm erfüllt die schattigen Promenaden des „Borne" und der Via Roma, aber kaum hat man die Gassen der Altstadt betreten, wird man in den Bann interessanter Gebäude geraten. Oft sind die Paläste in den unscheinbaren Nebenstraßen hinter einfachen Toreingängen verborgen, nur ein Zierat an den Dachbalken oder eine niedrige Galerie im obersten Stockwerk macht neugierig darauf, wie wohl der Innenhof aussehen mag: mit Kieselsteinen ausgelegt, die Halle mit Säulen geschmückt, ein Ziehbrunnen vielleicht, ein barockes Treppengeländer und schmiedeeiserne Laternen. Offenstehende Fenster lassen vermuten, daß das strenge, stille Haus noch bewohnt ist.

Der Bau der prächtigen Kathedrale aus goldgelbem Stein, 1230 unter König Jaime I. begonnen, dauerte fast ebenso lange, wie das Königreich Mallorca bestand. 1346 wurde der Hochaltar eingeweiht, aber die Bauarbeiten waren damit noch nicht abgeschlossen. Die Bildwerke am Südportal stammen von Guillermo Sagrera, der auch die „Lonja", die Börse, ein gotisches Bauwerk in der Nähe des Fischerhafens, schuf. Die Promenade, die an dieser Straßenfront entlangführt und von herrlichen hohen Palmen begrenzt wird, trägt den Namen dieses mallorquinischen Baumeisters.

Ebenso sehenswerte Bauwerke der späteren Gotik sind Kirche und Kreuzgang des Klosters San Francisco sowie das etwas abseits des Stadtzentrums auf einem Hügel liegende Kastell Bellver. Kaum ein halbes Jahrhundert diente

Bellver den Königen als Sommerresidenz, dann war es jahrhundertelang Gefängnis. Heute genießt man von dort oben einen umfassenden Rundblick über die Stadt und die Bucht von Palma.

Nicht weit vom Schloß Bellver entfernt liegt das Pueblo Español, eine in typischen spanischen Baustilen kunstvoll errichtete kleine Stadt.

Viele geschichtliche Schauplätze und bemerkenswerte Bauten wären noch zu erwähnen. Den straßenmüden Betrachter wird vielleicht noch ein Gang durch die Markthallen interessieren, bevor er zu dem stimmungsvollen Fischerhafen zurückkehrt. Und sollte für den Sonntag kein besseres Programm vorliegen, bleibt immer noch der Flohmarkt oder die Stierkampfarena.

Zum Ausklang des Tages sei der Besuch eines der zünftigen Kellerlokale der Innenstadt empfohlen, zum Beispiel „Sa Premsa", wo man in einheimischer Umgebung original-mallorquinische Gerichte serviert bekommt.

Die Küste, Häfen und Ankerplätze

Mallorca bildet als die größte der Baleareninseln den Schwerpunkt des Tourismus zu Lande und zu Wasser. Schwerlich wird sich eine andere Insel finden lassen, die auf einer Küstenlinie von etwa 200 sm rund 80 Häfen und Ankerplätze (einschließlich Cabrera und Dragonera) aufzuweisen hat. Zwar sind in dieser Zahl auch sehr kleine Häfen enthalten und Buchten, die nicht bei jeder Wetterlage zum Ankern geeignet sind, andererseits werden in diesem Buch manche Plätze ausgelassen, die durchaus einen Aufenthalt ermöglichen, jedoch dem eigenen Entdecken überlassen bleiben sollen.

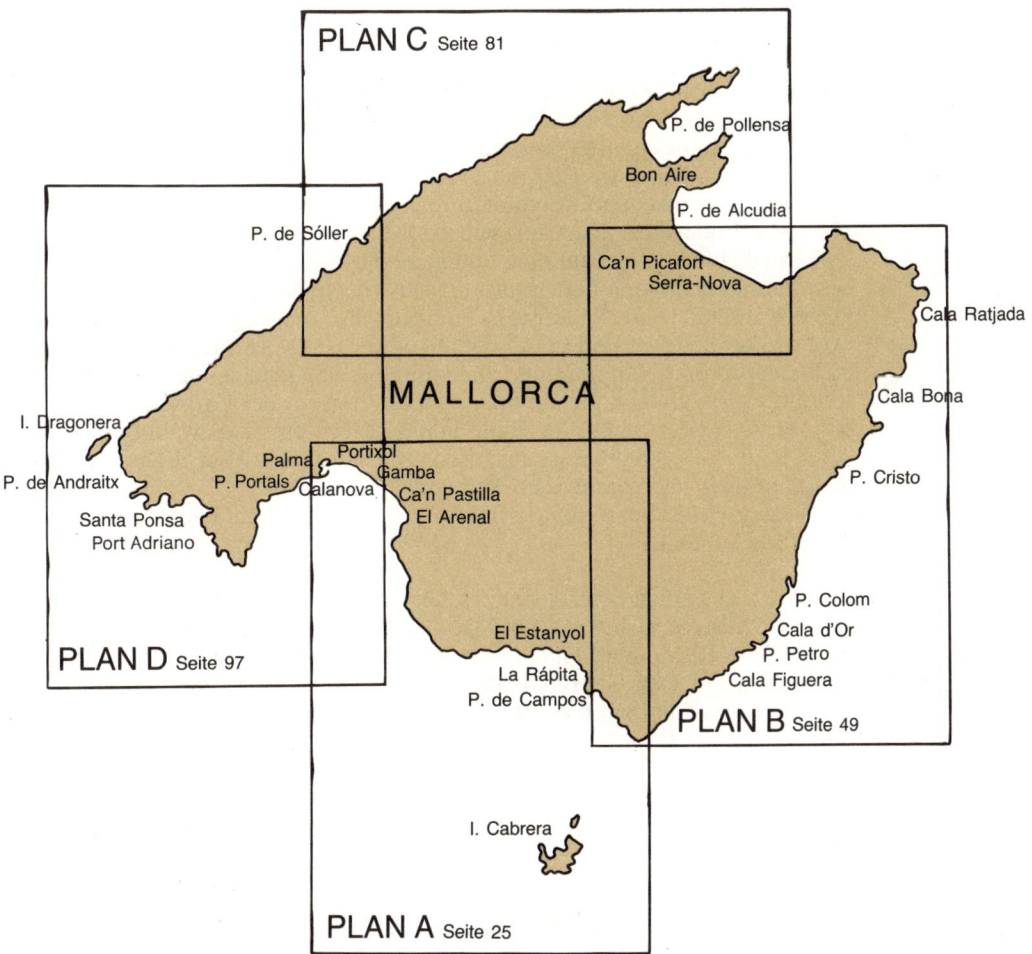

Der Übersichtsplan von Mallorca (lediglich mit Hafenanlagen) veranschaulicht die Aufteilung in vier Gebiete, denen jeweils ein Teilplan mit den beschriebenen Häfen und Ankerplätzen vorangestellt wird. Windverhältnisse und landschaftliche Besonderheiten werden dort revierbezogen geschildert.

Hafen Palma bis Punta de las Salinas (Plan A)

Die Umrundung der Insel Mallorca im umgekehrten Uhrzeigersinn hat den Vorteil, daß man an der Südostseite bei den häufigeren Ost- und Nordostwinden in kürzesten Abständen einen schützenden Hafen anlaufen kann, falls mit dem Segelboot das Kreuzen zu mühsam wird. Auf der Strecke von Kap Formentor in südwestlicher Richtung hat man dann die dort oft hohen Wellen mit sich, während man in nördlicher Fahrtrichtung dagegen ankämpfen müßte, was für kleinere Boote eine Strapaze bedeuten kann, weil man ab Sóller keinen Ausweichhafen findet.

Während die Nächte in Palma in der Regel windstill sind und gegen Morgen eine leichte Brise vom Land kommt, weht in der Bucht von Palma tagsüber ein kräftiger Süd- bis Südwestwind. Wer sich das Kreuzen auf den 14 sm bis zum Cabo Blanco ersparen will, sollte deshalb rechtzeitig auslaufen. Wenn ein längerer Aufenthalt bei der Inselgruppe Cabrera geplant ist, sollte man sich vorher versorgen, weil bei der Militärstation in Puerto de Cabrera nur ungenügend Lebensmittel zu erhalten sind.

Die Küste von Palma bis El Arenal verläuft flach, mit langen, recht sauberen Sandstränden und einer fast ununterbrochenen Hotelkulisse dahinter.

Von Cabo Enderrocat an lockert sich die Besiedlung auf, die Küste wird felsig, unzugänglich und steigt auf etwa 100 m an. Cabo Blanco, das weiße Kap mit dem weithin sichtbaren Leuchtturm, macht seinem Namen alle Ehre.

Die sich anschließende Südküste ist immer noch abschüssig, wird aber bei Estanyol wieder niedriger und ist mit Föhren bewachsen. Die Strecke bis Punta de las Salinas ist flach, lange Sandstrände (ohne Teer!) dehnen sich aus, fast menschenleer, von klippenreichen Stellen unterbrochen, der Grund teils steinig, teils gut haltender Sand, das Hinterland mit dichtem Nadelwald bestanden. Auch Punta de las Salinas ist ein frisch-grüner Anblick. Hier dreht der Wind meist ums Kap und kommt dann von vorn.

Fortsetzung siehe Plan B (Seite 48). Die Westseite der Bucht von Palma wird ab Seite 96 behandelt.

Nachfolgend werden beschrieben: Hafen Palma (mit öffentlichem Kai „Paseo Maritimo", Marina Club de Mar, Marina Real Club Nautico), Hafen Cala Portixol, Hafen El Molinar, Hafen Cala Gamba, Hafen Ca'n Pastilla, Hafen El Arenal, Cala Pi, Cala Beltrán, Hafen El Estanyol, Hafen La Rápita, Puerto de Campos, Cala Caragol; Cabrera-Gruppe und Puerto de Cabrera, Cala Ganduf, Cala de la Olla.

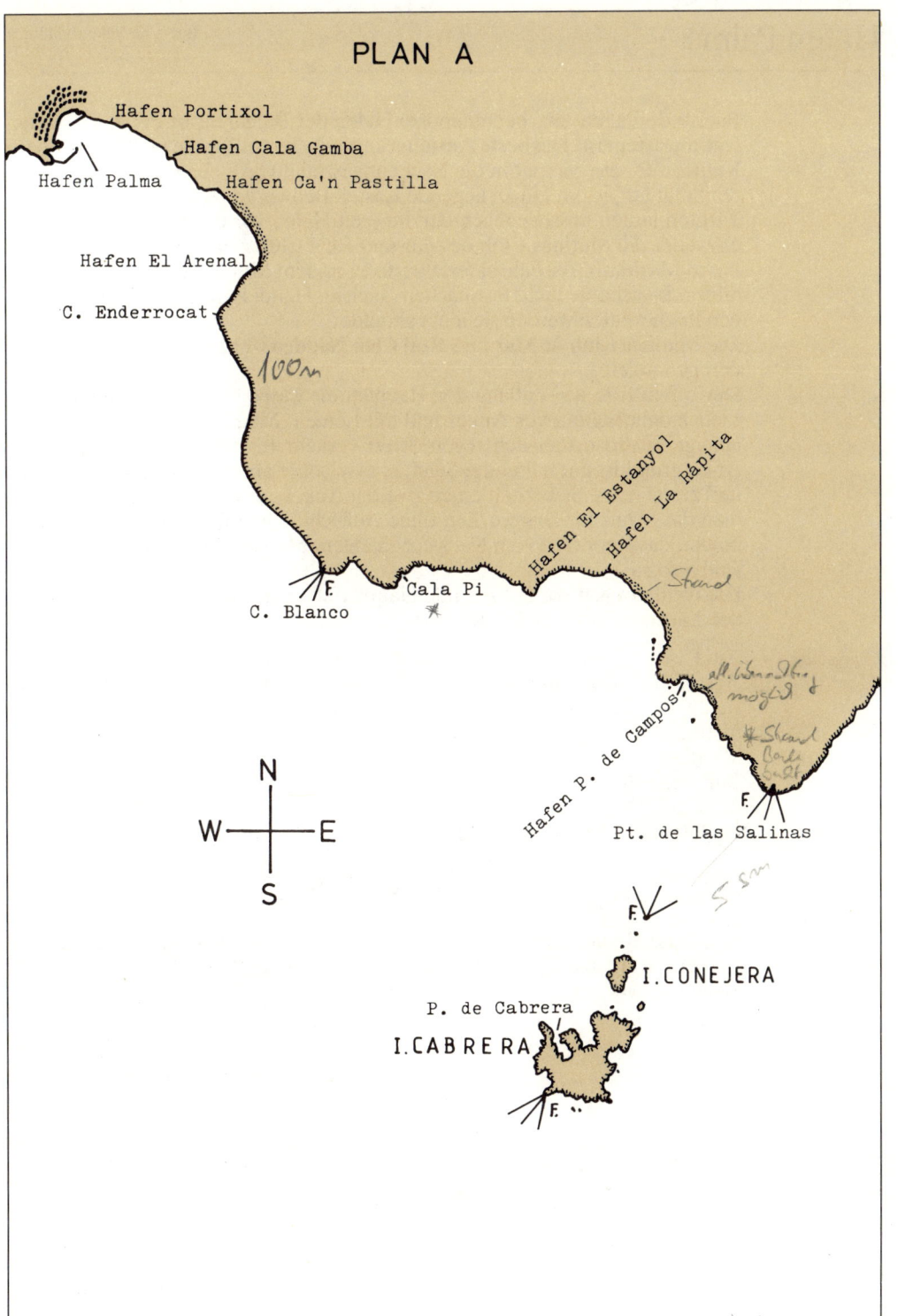

PLAN A

Hafen Portixol

Hafen Cala Gamba

Hafen Palma

Hafen Ca'n Pastilla

Hafen El Arenal

C. Enderrocat

100m

W

O

Hafen El Estanyol

Hafen La Rápita

Strand

C. Blanco

Cala Pi

F.

all. Strand by
mögl.?

Strand
Cala
Cala 26

Hafen P. de Campos

F.

Pt. de las Salinas

N

W   E

S

F.

SS m

I. CONEJERA

P. de Cabrera

I. CABRERA

F.

Puerto de Palma, der bedeutendste Hafen der Balearen, ist bei jeder Wetterlage anzusteuern. Die beste Ansteuerungshilfe ist bei Tag die weithin sichtbare Kathedrale, die bis spät in die Nacht angestrahlt wird; ebenso ist das westlich der Stadt auf einem Hügel liegende Kastell Bellver von weitem zu sehen.

Yachten laufen ausschließlich den inneren Hafen vor der Stadt an, und zwar entweder die Marinas Club de Mar und Real Club Nautico oder den Kai des Paseo Maritimo. Im Fährhafen Puerto Pi und im Militärhafen westlich davon dürfen Sportboote nicht festmachen, auch im Handels- und im dahinter liegenden Fischerhafen werden sie nicht geduldet.

Die Marinas **Club de Mar** und **Real Club Nautico** werden nachstehend gesondert behandelt.

Der öffentliche Kai entlang der Hauptstraße **Paseo Maritimo** bietet Yachten Liegemöglichkeiten vor Anker und mit Leinen. Man liegt hier durch die auflandige Seebrise und den regen Schiffsverkehr tagsüber sehr unruhig. Der Ankergrund ist gut haltender Schlick; man sollte aber reichlich Kette stecken und zur eigenen Sicherheit einen zweiten Anker ausbringen, vor allem, wenn man das Schiff für längere Zeit ohne Aufsicht läßt. In jedem Fall ist es angebracht, das Boot weit vom Kai wegzuhängen. Man darf nicht mehr frei schwojend ankern.

Die dicht am Kai vorbeiführende Hauptstraße verursacht Tag und Nacht großen Lärm, der aber in den Marinas nicht viel geringer ist.

Liegegebühr	Am Paseo Maritimo bezahlt man das amtliche Hafengeld.
Wasser	Wasseranschlüsse sind vorhanden. Die Wasserentnahme muß beim Bediensteten, der die Liegegebühr kassiert, angemeldet werden (9 und 17 Uhr). Kurzfristiges Anlegen zum Wasserbunkern ist auch an der T-förmigen Pier am Paseo Maritimo möglich.
Treibstoff	Tankstelle für Diesel und Benzin in der Marina Club de Mar (siehe übernächste Seite); Diesel außerdem im Fischerhafen.
Lebensmittel/ Restaurants	In Hafennähe bzw. in der Stadt.
Post/Telefon	Post- und Telegraphenamt (Correos y Telegrafos) sowie Telefonamt (Telefonos) in der Via José Antonio (Nähe Pl. de la Reine, Richtung Kathedrale).

Sämtliche Reparaturen können durch Werften oder Werkstätten ausgeführt werden. Schiffshändler in den Marinas sowie in der Nähe des Fischerhafens. Stangeneis von der Eisfabrik im Fischerhafen.

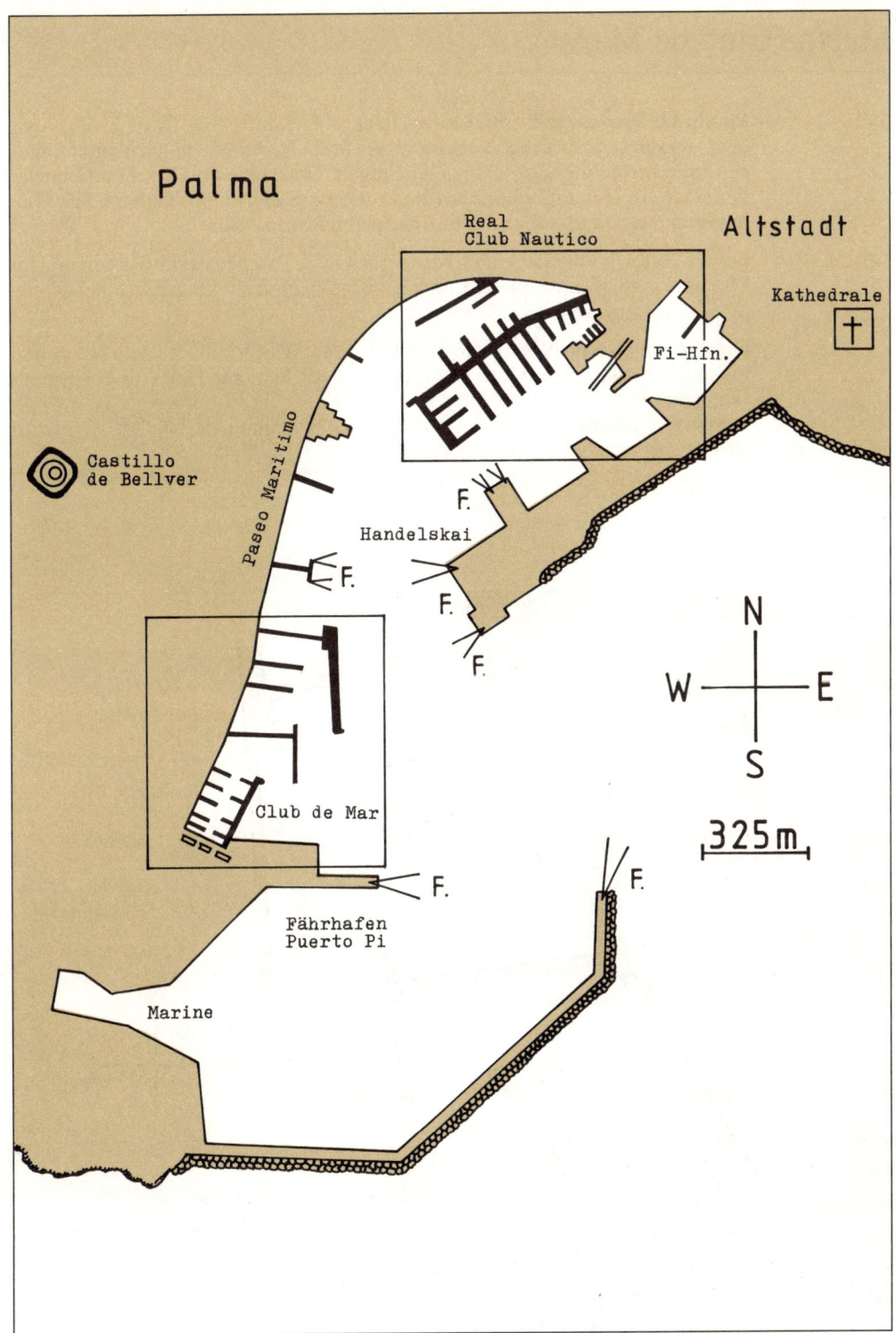

Palma

Real
Club Nautico

Altstadt

Kathedrale

Fi-Hfn.

Castillo
de Bellver

Paseo Maritimo

Handelskai

F.

F.

F.

F.

N
W   E
S

325m

Club de Mar

F.

F.

Fährhafen
Puerto Pi

Marine

Marina Club de Mar

Moderne Marina mit 650 Liegeplätzen für Schiffe bis 60 m Länge und 10 m Breite. Sämtliche Versorgungs- und Reparaturmöglichkeiten sind gegeben. Strom und Wasser an allen Stegen; Tankstelle für Diesel und Benzin; Werkstätten, Bootszubehör, Wäscherei, Bank, Supermarkt, Café und Restaurant innerhalb des Clubgeländes, Telefon im Marina-Büro.

Liegegebühr   Für die ersten beiden Tage außerordentlich hoch, bei längerer Liegezeit und im Winter ermäßigt. Liegeplätze können auch für einen längeren Zeitraum gemietet oder gekauft werden.

Die Liegeplätze im Wasser sind auch für den Winter außerordentlich sicher. Stellplätze an Land sind kaum vorhanden, lediglich eine Halle für Gleitboote (Kran 5 t).
Adresse: Club de Mar, Apartado 991, 07080 Palma de Mallorca, Telefon 403611.

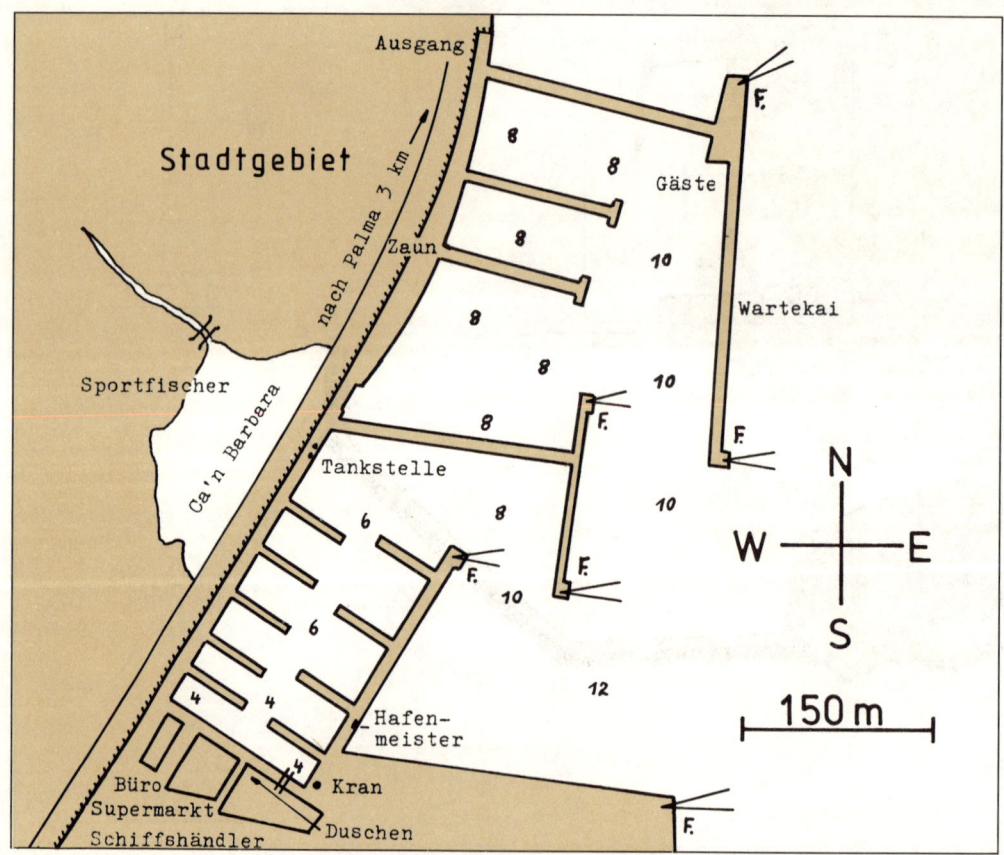

Marina Real Club Nautico

Auch dieser Yachthafen bietet alle Bequemlichkeiten für Boot und Besatzung. Nach der Hafenerweiterung stehen über 1000 Plätze an Murings zur Verfügung. Für kurze Liegezeit wird Gästen meist ein Platz an einem der äußeren Stege zugewiesen. Strom und Wasser an allen Stegen; Tankstelle für Diesel und Benzin in der Marina Club de Mar, Diesel im Fischerhafen. Restaurant im Clubgelände.
Werkstätten, Segelmacher, das gutsortierte „Yacht-Center" sowie andere Firmen, die innerhalb des Clubgeländes Dienste und Waren anbieten, handeln selbständig und ohne Bevollmächtigung durch den Club Nautico.

Liegegebühr An den ersten beiden Tagen sehr hoch, ab dem dritten Tag und bei längerer Liegezeit ermäßigt. Adresse: Real Club Nautico, 07080 Palma de Mallorca, Telefon 726848/49.

Travellift (70 t) und Kran (12 t) sind im Marinegelände vorhanden, die Stellplätze jedoch begrenzt, weshalb der Preis sich erhöht, je länger ein Boot zu Arbeiten an Land steht. Arbeiten an Schiffen jeder Größe führt die Werft Astilleros de Mallorca aus (Telefon 710645-47, Fax [971] 721368).

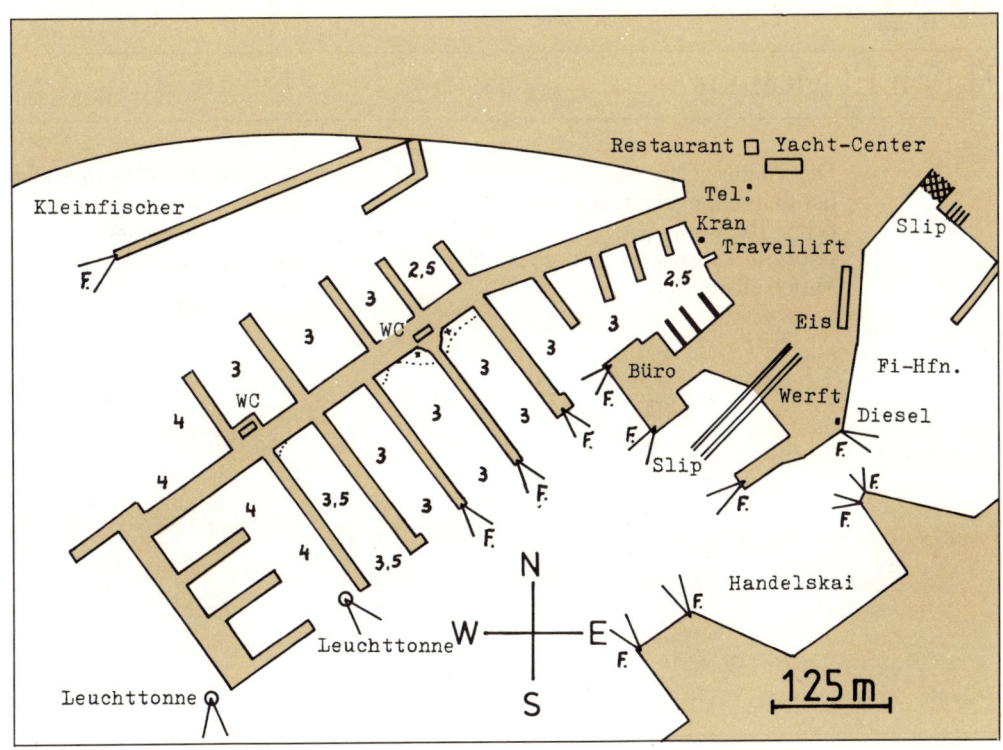

Hafen Cala Portixol

Bahia de Palma/Mallorca
39°33,6′N 002°40,2′E

Etwa 1,5 sm östlich des Hafens Palma befindet sich die Cala Portixol, in die ein Kleinfischer- und Sportboothafen hineingebaut wurde (ca. 440 Plätze).

Obwohl ein zweites Molenpaar mit kräftiger Steinschüttung vor die ursprüngliche Hafeneinfahrt gesetzt wurde, versandet der Hafen immer mehr. Die Wassertiefen gemäß der Seekarte D 679 Plan L stimmen nicht mehr. Vor der Hafeneinfahrt ist eine Wassertiefe von höchstens 1,75 m anzutreffen.

Somit eignet sich der Hafen nur für Boote mit geringem Tiefgang. Bei auflandigem Seegang sollte er nicht angelaufen werden; auch bei ruhiger See sollte die Ansteuerung sehr vorsichtig erfolgen, da eine weitere Versandung zu befürchten ist.

Die zum Strand hin verlaufende Buhne westlich der Hafeneinfahrt ist an ihrem äußeren Ende überspült.

Die sehr sauber gehaltenen Stege werden von Kleinfischern und zwei Sportbootclubs benutzt und sind teilweise zum Land hin abgeschlossen. So sympathisch die kleine Hafenanlage wirkt, Gäste werden wohl selten einen passenden Platz finden.

Außer der Bar des „Club Nautico Portitxol" befinden sich in der Nähe das Feinschmecker-Restaurant im Hotel Portixol und weitere Fischlokale; an der Straße ein öffentlicher Wasserhahn, Münzfernsprecher und zwei Läden mit Fischerei- und Bootszubehör.

Hafen El Molinar

(ohne Plan)

Der Name „Club Maritimo Molinar de Levante" läßt zwar auf einen Sportboothafen schließen, doch ist dieser sehr flache Hafen, nahe bei Portixol in östlicher Richtung gelegen, mit Kleinfischerbooten derart vollgestopft, daß es selbst für kleinste Gleitboote zwecklos erscheint, hinter den nachts befeuerten Molen einen Platz zu suchen.

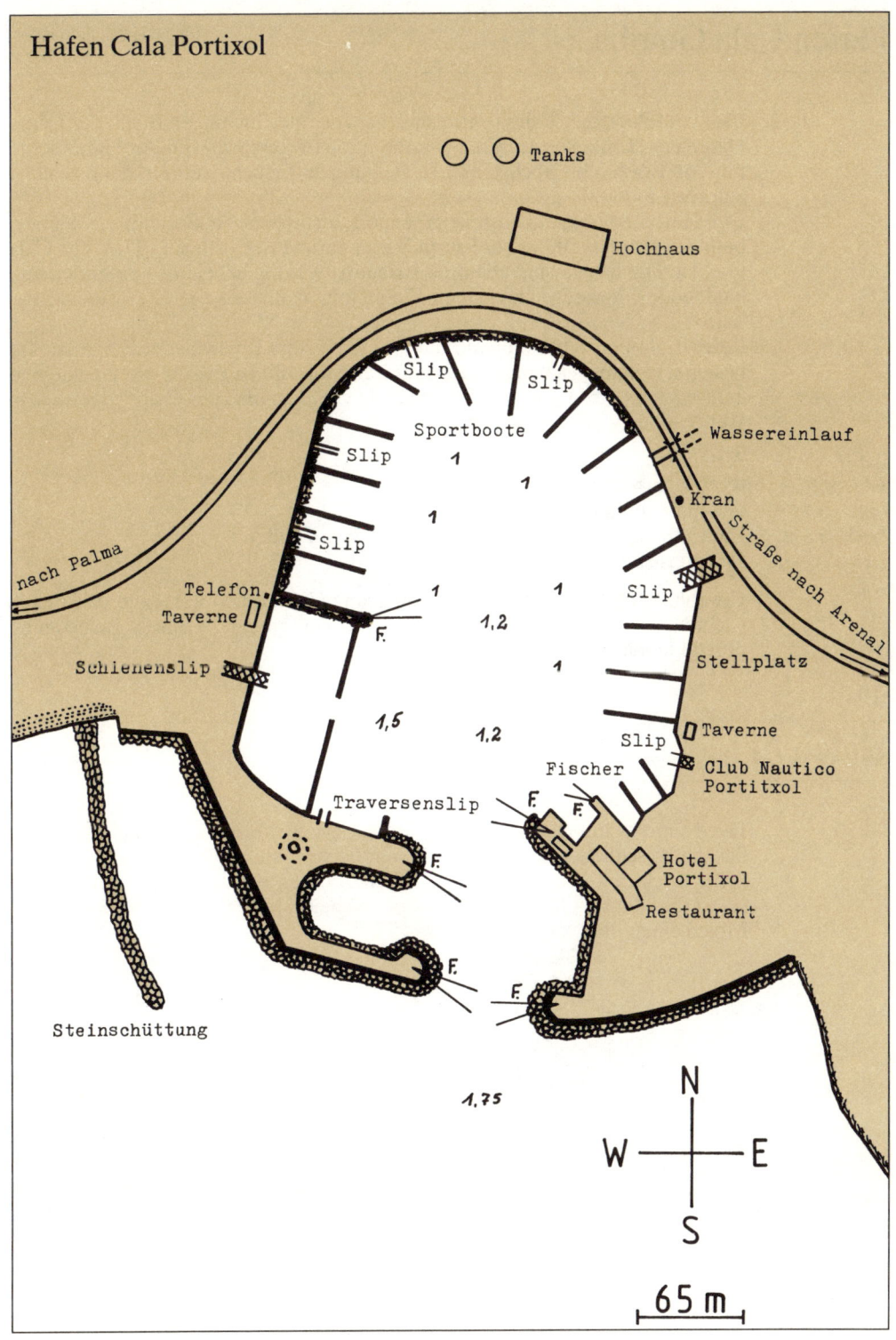

Hafen Cala Portixol

Tanks

Hochhaus

Slip   Slip

Sportboote

Slip   1

1   Wassereinlauf

Slip   1   Kran

nach Palma

1   Slip

Telefon   1

Taverne   1,2

F.   Stellplatz

Schienenslip   1

1,5   1,2   Slip   Taverne

Slip   Club Nautico

Fischer   Portixol

Traversenslip

F.   Hotel

F.   Portixol

F.   Restaurant

F.

F.

Steinschüttung

1,75

Straße nach Arenal

N
W   E
S

65 m

31

Hafen Cala Gamba

3 sm vom Puerto de Palma entfernt liegt in der gleichnamigen Bucht der kleine Hafen des „Club Nautico Cala Gamba" (250 Liegeplätze). Dieser Hafen sollte nur von Booten bis höchstens 1 m Tiefgang aufgesucht werden, denn er neigt zum Versanden.

Der Hafen ist leicht anzusteuern. Eine Leuchttonne (außerhalb des Planes) befindet sich ca. 300 m südlich in Verlängerung der östlichen Huk der Cala Gamba. Die Molen sind ebenfalls befeuert. Am Tag geben die startenden und landenden Flugzeuge des nahen Flughafens Palma eine gute Ansteuerungshilfe.

Beim Einlaufen achte man auf die rote und grüne Boje vor der Einfahrt. Am besten legt man gleich hinter der östlichen Mole mit Buganker und Heckleinen an. Meistens wird Gästen sofort ein Platz vom Personal des Clubs zugewiesen. Weiter innen wird es sehr flach.

Wasser	Anschlüsse an Kais und Stegen.
Treibstoff	Nicht zu erhalten.
Lebensmittel	Geschäfte in der Nähe des Hafens.
Restaurants	Ein Clubhaus mit Restaurant und ein Café am Hafen.
Telefon	Münzfernsprecher im Hafengelände.

Etwa 40 Stellplätze für die Überwinterung kleinerer Motorboote und Segelyachten sowie zwei Kräne (5 t, 2,5 t) sind vorhanden. – Starke Belästigung durch Fluglärm.

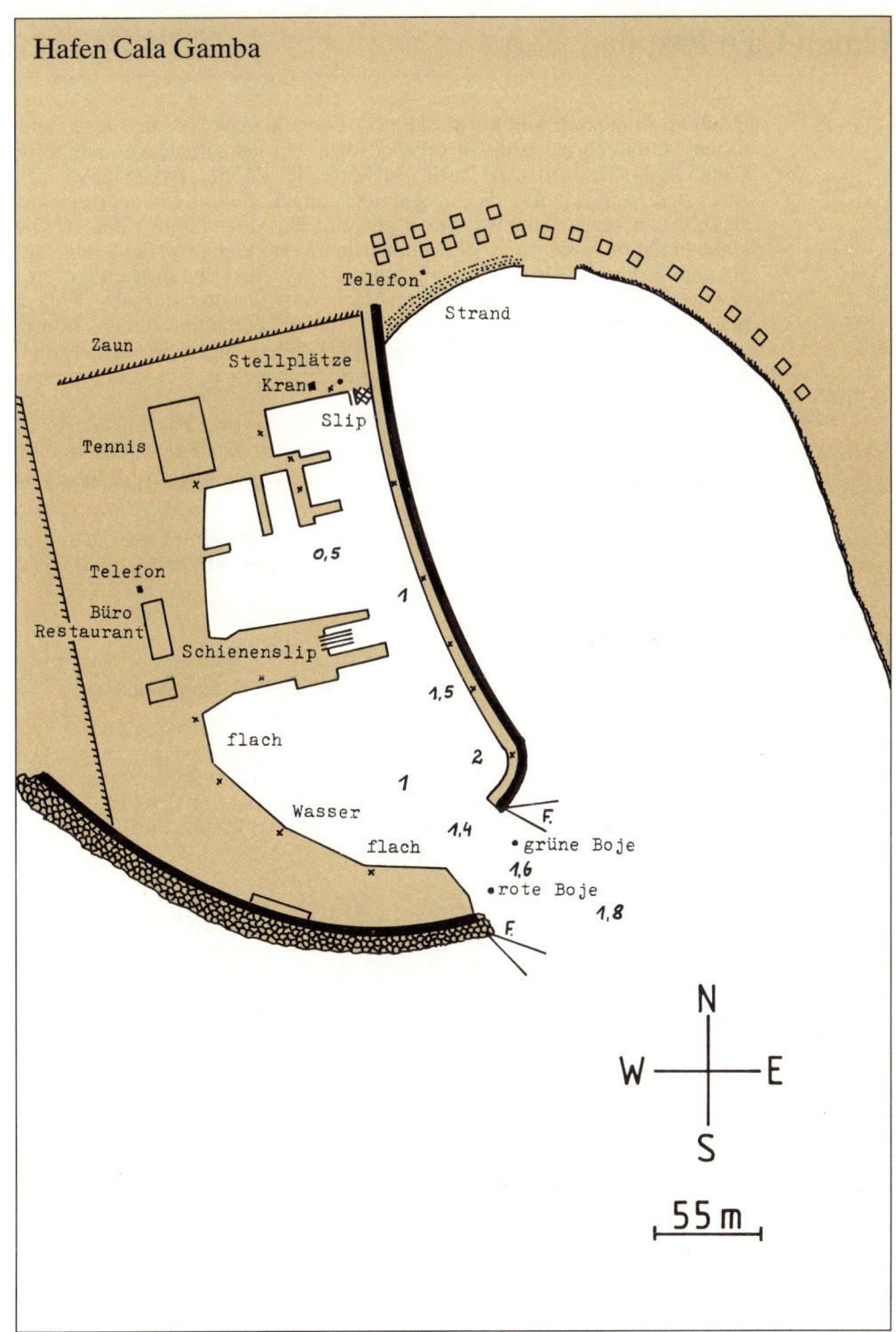

Hafen Cala Gamba

Telefon

Strand

Zaun

Stellplätze

Kran

Slip

Tennis

0,5

1

Telefon

Büro

Restaurant

Schienenslip

1,5

2

flach

1

Wasser

1,4

F.

flach

• grüne Boje

1,6

• rote Boje

1,8

F.

N

W — E

S

55 m

33

Hafen Ca'n Pastilla

„Club Maritimo San Antonio de la Playa" ist der klangvolle Name der freund-
lichen Marina Ca'n Pastilla, 4 sm südöstlich von Palma gelegen. Anschrift:
Calle Virgilio 27, 07610 Ca'n Pastilla/Mallorca, Tel. 263512, Fax 261638.
Auch zu diesem Hafen ist die Ansteuerung einfach. Bei Tag gibt der rege Flug-
verkehr den besten Hinweis, bei Nacht sind die Molenköpfe befeuert. Die
Hafeneinfahrt wurde wegen der allmählichen Versandung von der Strand- zur
Seeseite verlegt; die Wassertiefe vor der ca. 50 m breiten Einfahrt beträgt 4 m.
Die insgesamt etwa 500 Plätze sind mit Murings ausgestattet und haben Wasser-
tiefen von 2 bis 3 m. Weitere Liegeplätze sollen geschaffen werden. Transit-
yachten liegen längsseits an der Westmole. Auf geringere Wassertiefe und
Steine nahe am Kai achten! Auch diese Plätze haben Wasser- und Stroman-
schluß.
Der Club übernimmt die Wartung und Reparaturen sowie das Winterlager an
Land und im Wasser. Schienenkran, Travellift (60 t), zwei Kräne (6 t) und Jollenslip sind vorhanden. Segelmacherei „Velera Matheu" an der Küstenstraße
zwischen Ca'n Pastilla und Portixol.

Liegegebühr	Mittlere Preisklasse. Nach den ersten drei Tagen, bei längerer Liegezeit und im Winter ermäßigt. Stellplätze an Land dagegen werden nach den ersten 6 Tagen teurer.
Wasser/Strom	Anschlüsse an allen Plätzen.
Treibstoff	Tankstelle für Diesel und Benzin am östlichen Molenkopf.
Lebensmittel	Im Ort Ca'n Pastilla.
Restaurants	Große Auswahl im Ort, Clubrestaurant und Café im Hafengelände.
Post/Telefon	Post im Ort; Münzfernsprecher direkt am Ausgang.

Die Einflugschneise zum nur 2 km entfernten Flughafen verursacht starken
Lärm. Auch der Fremdenverkehr in Ca'n Pastilla bringt im Sommer viel
Unruhe mit sich, allerdings auch ein gutes Angebot an Lokalen und Geschäften. Ein 5 km langer Sandstrand zieht sich von Ca'n Pastilla bis El Arenal an
der Küste entlang.

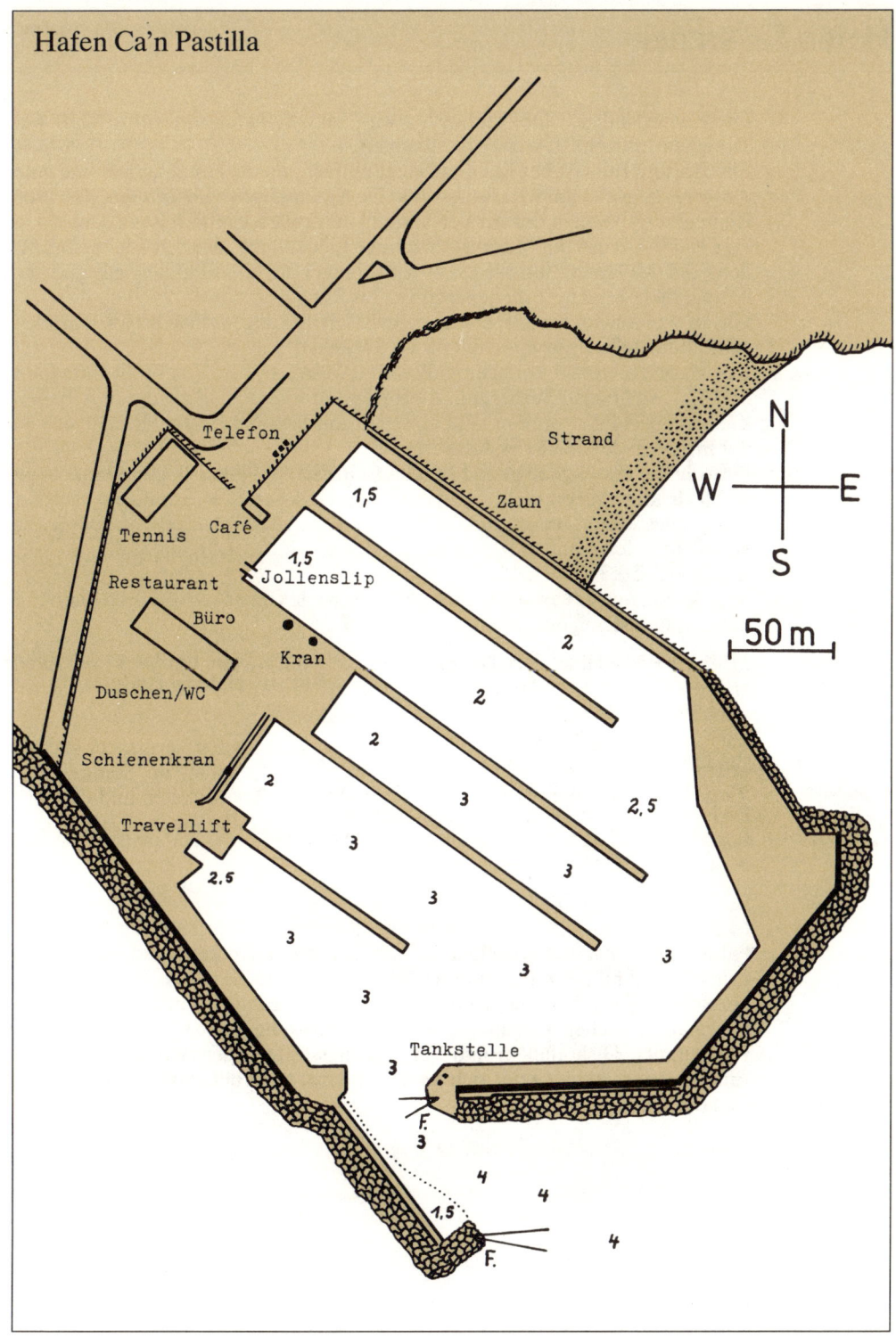

Hafen Ca'n Pastilla

Telefon
Strand
Tennis
Café
1,5
Zaun
Restaurant
1,5
Jollenslip
Büro
Kran
2
Duschen/WC
2
Schienenkran
2
2,5
Travellift
2
3
2,5
3
3
3
3
3
3
3
Tankstelle
3
F.
3
4
4
1,5
4
F.

N
W   E
S

50 m

Hafen El Arenal

Diese Marina des „Club Nautico", etwa 7 sm von Palma entfernt, schließt das Touristenzentrum El Arenal im Süden ab.

Die Ansteuerung ist bei Tag und Nacht einfach, da die Hotelbauten eine gute Ansteuerungshilfe bilden. Nachts sind die Molenköpfe befeuert. Auf die roten Begrenzungsbojen in der zur Versandung neigenden Einfahrt ist zu achten.

Der Hafen hat 636 mit Murings versehene Liegeplätze. Während der ursprüngliche Teil des Hafens nur für Boote mit weniger als 1,5 m Tiefgang geeignet ist, beträgt die Wassertiefe im neueren Teil bis 3 m.

Gästeyachten wird ein Liegeplatz zugewiesen. Sie liegen zunächst am Wartekai Nähe Tankstelle längsseits, notfalls im Päckchen.

Die Marina bietet Winterlager im Wasser und an Land an. Zwei Travellifte (50 t und 12 t) stehen zur Verfügung. Motorreparaturen und alle anderen Arbeiten können ausgeführt werden. Ein Geschäft mit Schiffszubehör befindet sich an der Straße in der Nähe des Ausgangs.

Obwohl auf Zweckmäßigkeit bedacht, ist in diesem Hafen die Bequemlichkeit nicht zu kurz gekommen: Schwimmbad, Duschen, der Strand in nächster Nähe, ein Clubrestaurant und der Anblick von Palmen erfreuen den Besucher.

Anschrift: Club Nautico El Arenal, C. Roses, 07600 El Arenal/Mallorca, Telefon 268911/50, Fax 491211.

Man kann auch außerhalb südwestlich der Mole frei ankern; Grund Sand mit vereinzelten steinigen Stellen.

Liegegebühr	Mittlere Preisklasse. Bei längerer Liegezeit im Wasser ermäßigt, an Land erhöht.
Wasser/Strom	Anschlüsse an allen Plätzen.
Treibstoff	Diesel-Tankstelle am Kai.
Lebensmittel	Zahlreiche Supermärkte und Geschäfte im Ort.
Restaurants	Im Verwaltungsgebäude ein Restaurant; im Ort El Arenal Lokale in allen Preislagen und für alle Geschmacksrichtungen.
Post/Telefon	Postamt in El Arenal. Telefonamt auf der Strandseite der Hauptstraße, außerdem zahlreiche Münzfernsprecher.

Busverbindung mit Palma.

El Arenal ist, obwohl in Flughafennähe, die ruhigste Marina in der Bucht von Palma. Trotz des unvorstellbar lebhaften Fremdenverkehrs auf der Hauptstraße, die direkt am Strand entlangführt (der scherzhaft als „Teutonengrill" bezeichnet wird), ist es im neuen Teil des Hafens ruhig. Strand und Meer sind einwandfrei sauber. Unzählige, auf den Touristengeschmack zugeschnittene Restaurants, Diskotheken und Vergnügungsstätten aller Art bieten sich an. Ein Souvenirgeschäft reiht sich an das andere, trotz der starken Konkurrenz sind die Preise hoch.

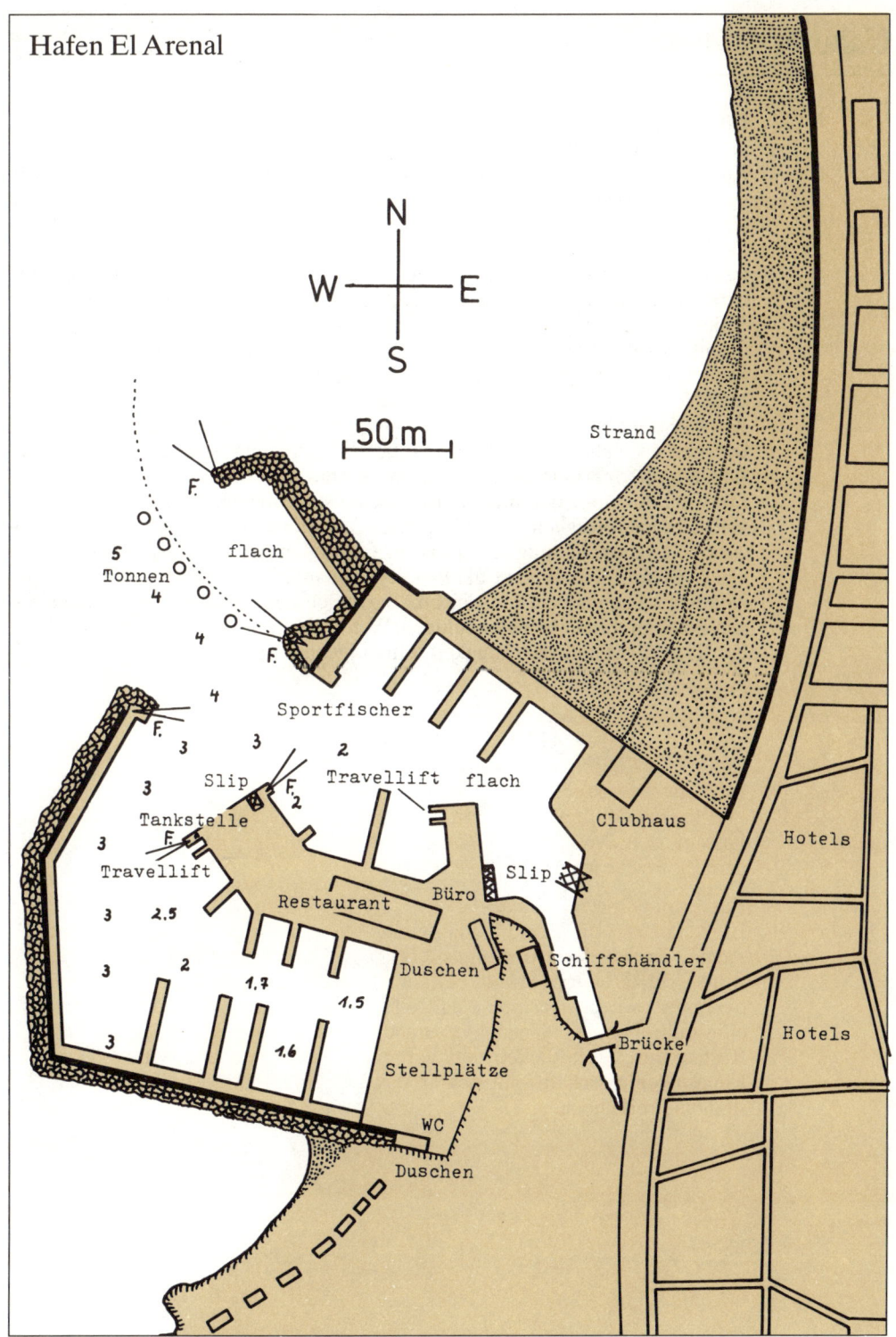

Hafen El Arenal

N
W — E
S

50 m

Strand

F.

flach

Tonnen
5
4
4

4

Sportfischer

F.

3

3

2

Slip

F.

Travellift

flach

2

Clubhaus

Hotels

3

Tankstelle

F.

3

Travellift

Restaurant

Büro

Slip

Schiffshändler

3

2.5

3

2

1.7

1.5

Duschen

3

1.6

Hotels

Brücke

Stellplätze

WC

Duschen

Etwa 2,5 sm östlich von Cabo Blanco gelegen, schneidet diese Bucht tief nach Norden ins Land ein. Sie hat in ihrem Scheitel einen Sandstrand.

Zur Ansteuerung dienen bei Tag ein gut erhaltener Wachtturm und viele moderne Ferienhäuser auf der östlichen Einfahrtshuk. Der westliche Teil der Cala ist dicht mit Föhren bewachsen und unbebaut.

Die Bucht ist bis auf die einzelnen Felsbrocken dicht unter Land (siehe Plan) frei von Untiefen. Ankergrund Sand und Steine, teilweise mit dichtem Seegras bewachsen. Zum Übernachten ist Cala Pi zwar beliebt, bietet aber keine Ruhe, da der reflektierende Seegang zwischen den Felswänden die ganze Nacht anhält. Auf jeden Fall sollte man zusätzlich zum Buganker einen Heckanker oder Landfesten ausbringen, denn zum Schwojen ist die Bucht zu schmal.

An der Strandbar sind tagsüber Getränke zu bekommen, ein gutes Restaurant befindet sich nahe dem Wachtturm (abends Taschenlampe mitnehmen!). Pizzeria und Supermarkt in einiger Entfernung (nur in der Saison geöffnet).

Die Cala Pi ist eine der landschaftlich schönsten Buchten Mallorcas.

Eine Sehenswürdigkeit für prähistorisch Interessierte sind die Reste von Capocorp Vell, einer Siedlung aus der Bronzezeit, in etwa 5 km Entfernung.

Cala Beltrán, südlich von Cala Pi gelegen, hat ausreichende Wassertiefen, die zum Scheitel der Bucht hin gleichmäßig abnehmen, ist aber nur für einen kurzen Badeaufenthalt bei ganz ruhigem Wetter zu empfehlen, da durch die Enge der Bucht die Manövrierfähigkeit sehr eingeengt ist.

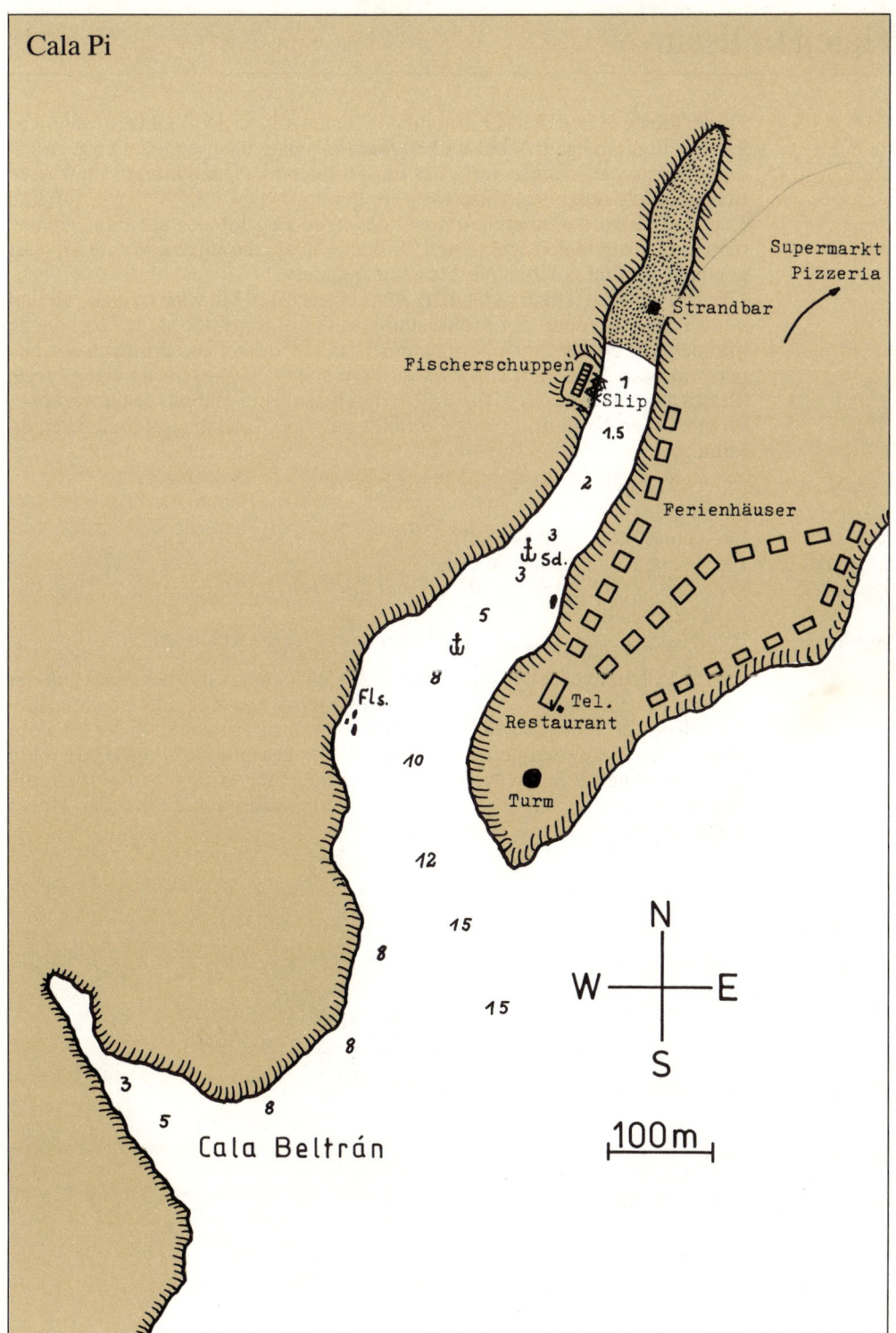

Cala Pi

Supermarkt
Pizzeria

Strandbar

Fischerschuppen

1
Slip

1.5

2

Ferienhäuser

3
Sd.
3

5

8

Fls.

Tel.
Restaurant

10

Turm

12

15

N

15

W   E

8

S

8

3

100 m

5

8

Cala Beltrán

Dieser kleine Hafen des „Club Nautico S'Estanyol" an der Südküste Mallorcas kann bei auflandigem Wind und starkem Seegang <u>nicht angelaufen werden</u>, weil dann grobe Grundseen vor der Einfahrt stehen, die nur knapp 4 m Wassertiefe über felsigem Grund hat.

Landmarke bei der Ansteuerung ist das neue Leuchtfeuer auf Punta Plana, dem südlich des Hafens gelegenen flachen Felskap; die aufgeschüttete Mole ist ebenfalls weithin sichtbar. Nachts ist sie befeuert.

Der Hafen selbst ist gut geschützt. Zum inneren Teil hin wird er flach, so daß nur an der Innenseite der Molen und jeweils am Kopf der Stege Liegeplätze mit mehr als 2 m Wassertiefe vorhanden sind. Murings sind nur für Bootslängen von höchstens 10 m vorgesehen. Man sollte auf Zuweisung eines Liegeplatzes mit ausreichender Wassertiefe durch den Club-Hafenmeister warten.

Es gibt einen Kran und einen Portallift mit 7,5 t Traglast und Stellplätze an Land.

Liegegebühr	Für 8 bis 16 m lange Boote gilt der gleiche Preis.
Wasser/Strom	An allen Stegen.
Treibstoff	Diesel und Benzin (siehe Plan).
Lebensmittel	Ein bescheidener Laden im Ort.
Restaurants	Das einzige Eßlokal ist das Restaurant des Clubs im Hafengelände. Eine Bar ist in Hafennähe.
Post/Telefon	Briefkasten bei der Bar. Zwei Münzfernsprecher direkt am Hafen.

Puerto El Estanyol (insgesamt 285 Plätze) macht den Eindruck eines äußerst ruhigen Fischer- und Clubhafens. Die sauberen Stege sind mit kleineren Booten voll belegt. Eine großzügige Hafenerweiterung ist geplant, bei der − sofern sie von den Behörden genehmigt wird − der gesamte bisherige Hafen von einer mächtigen äußeren Mole und zusätzlichen Stegen umgeben werden soll. Durch verbesserte Service-Einrichtungen und Clubräume wird der Hafen dann sicherlich stärker belebt werden.

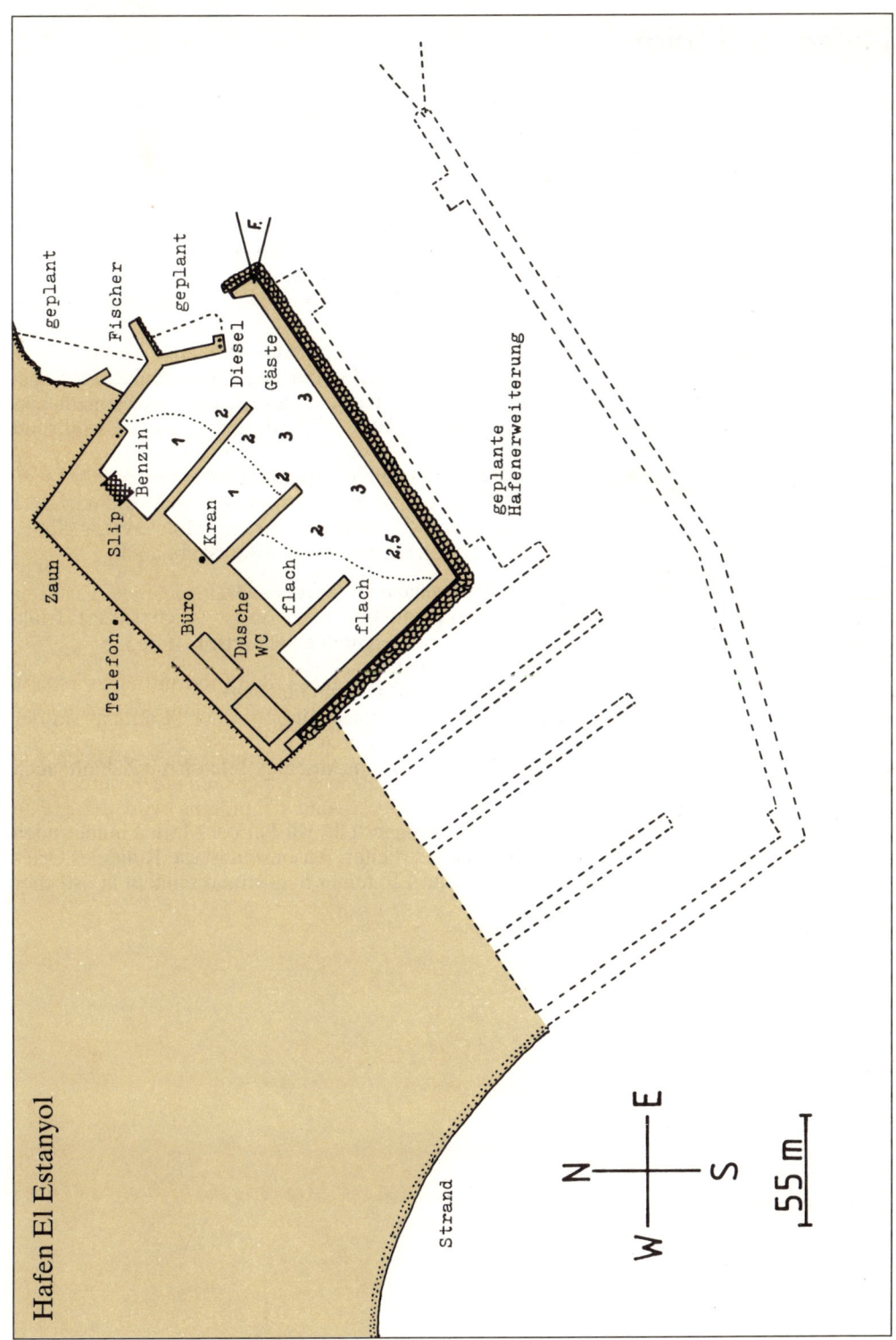

Hafen El Estanyol

geplant

Fischer

geplant

F.

Diesel

Benzin

Gäste

Slip

Kran

Zaun

Telefon.

Büro

Dusche
WC

flach

flach

geplante
Hafenerweiterung

Strand

1

2

2

2

2

3

1

3

3

2

2.5

N

E

W

S

55 m

Leistungsfähiger Yachthafen des „Club Nautico La Rápita" in der Bucht Ensenada de la Rápita, mit 460 Plätzen an Murings.

Die Ansteuerung bereitet bei Tag und Nacht keine Schwierigkeiten. Am Tag ist der alte, sehr gut erhaltene Wachtturm Torre de la Rápita direkt hinter dem Hafen eine gute Landmarke. Beim Näherkommen erkennt man auch die Mole und die zahlreichen Masten der Segelboote. Nachts ist die Einfahrt befeuert, der Wachtturm wird angestrahlt. Da die Hafeneinfahrt sehr schmal ist und an Backbord die Tankstellenpier vorspringt, ist besonders nachts Vorsicht geboten.

Der Hafen ist gegen alle Winde und Seegang bestens geschützt. Gäste bekommen einen Liegeplatz vom stets aufmerksamen Hafenpersonal zugewiesen; notfalls kann man am Wartekai (Muelle de Espera) längsseits anlegen. Das Büro befindet sich im Tower (Tel. 640001). Die Marina La Rápita wird rund um die Uhr bewacht. Ab 21 Uhr ist das westliche Tor geschlossen.

Zwei Travellifte (50 t und 7 t), Kran und Slip stehen zur Verfügung. Für Arbeiten an Land und zur Winterlagerung ist genügend Platz vorhanden, nachdem die Bauarbeiten weitgehend abgeschlossen sind. An der Mole entlang gibt es neben der Bar verschiedene Läden (Motorservice, Bootszubehör).

Liegegebühr	Mittlere Preisklasse, etwa wie Arenal oder Ca'n Pastilla.
Wasser/Strom	An allen Stegen Anschlüsse für Strom und Waschwasser (leicht salzig); Trinkwasser nur an der Tankstellenpier (Berechnung literweise).
Treibstoff	Diesel und Benzin an der Tankstellenpier.
Lebensmittel	Ein Supermarkt (auch Fleisch) im Ort (15 min Fußweg).
Restaurants	Restaurant im Hafengelände Nähe Strand, Imbiß in der „Cantina" an der Molenmauer. Im Ort u. a. „Restaurant Brisas".
Post/Telefon	Postamt in Campos. Münzfernsprecher am Ausgang. Telefon mit Zähluhr auch im Restaurant Brisas.

Obwohl im großen und ganzen fertiggestellt, wird in der Marina immer noch an zusätzlichen Verbesserungen gearbeitet. Ansonsten ist die Ruhe des Ortes La Rápita auch im Hafen spürbar. Ein feiner Sandstrand schließt in östlicher Richtung an.

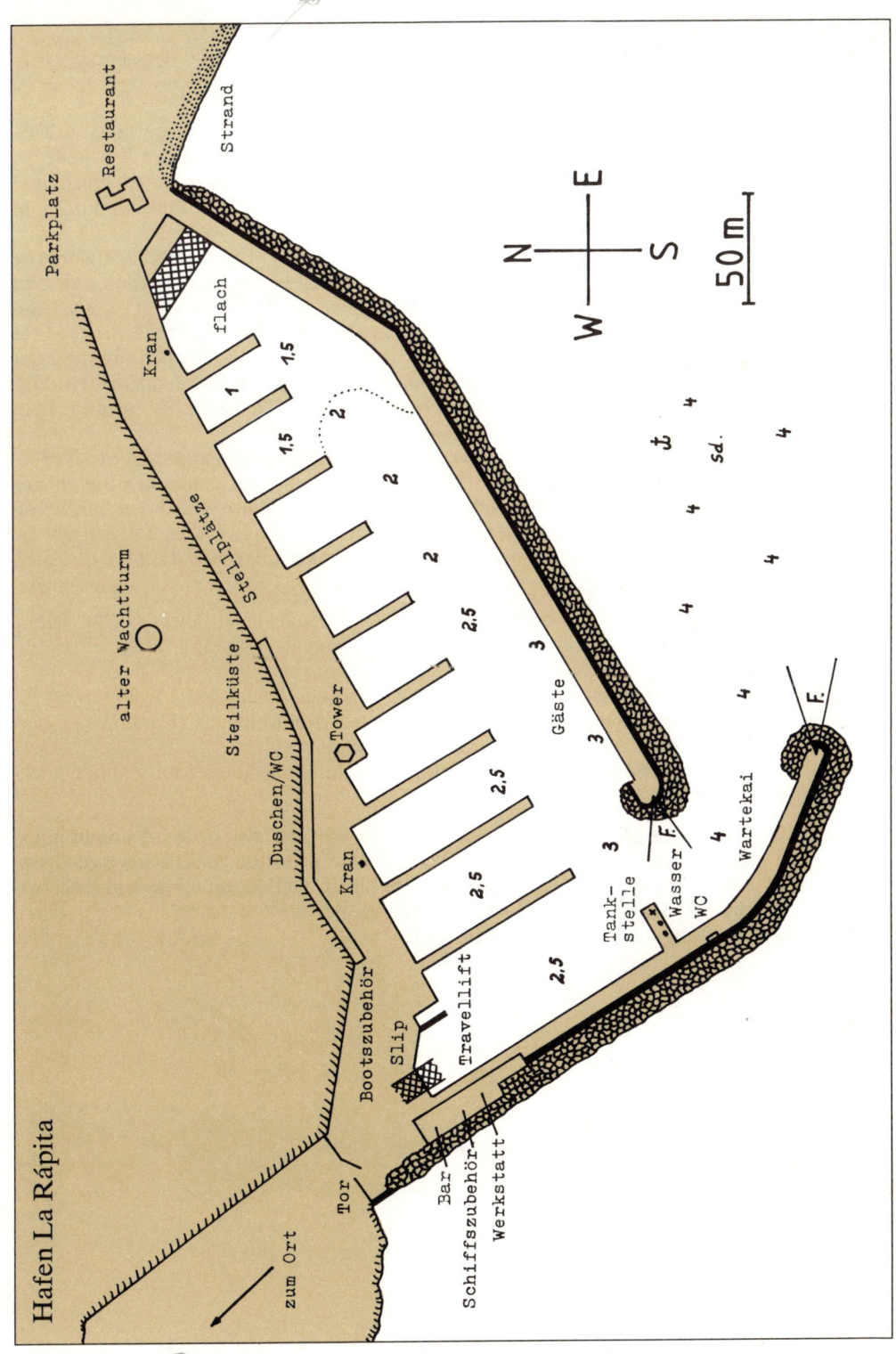

5km Strand

Fisch Essen

43

Puerto de Campos

Hübscher kleiner Fischerhafen, den man nur mit Booten von geringerem Tiefgang (1,5 m) anlaufen sollte. Obwohl die Wassertiefe hinter der äußeren Schutzmole ca. 3 m beträgt, ist das Einlaufen bei Seegang für tiefergehende Boote gefährlich, da in der Nähe der Einfahrt unreiner Grund mit nur 2,2 m Wassertiefe ist.

Schon von weitem erkennt man die Hochhäuser der Feriensiedlung **Colonia de Sant Jordi.** Bei der Ansteuerung muß sorgfältig navigiert werden, um den Untiefen und Klippen aus dem Weg zu gehen. Die kleine vorgelagerte Insel Guardia (mit Leuchtfeuer) lasse man an Steuerbord und halte sich in der Mitte des Fahrwassers zwischen der Insel und dem Festland, bis man die Insel gut querab hat, um dann auf den nachts befeuerten Molenkopf zuzuhalten. Das rote Feuer im Abstand von ca. 50 m runden und gleich hinter der Mole festmachen. Punta Puntasa trägt ebenfalls ein Leuchtfeuer.

Der innere, alte Teil des Hafens ist sehr flach und einheimischen Booten vorbehalten. Ist Platz vorhanden, kann man auch an der ersten Pier außen mit Buganker und Heckleinen festmachen. Auf schwimmende Leinen und vorspringende Steine dicht an der Pier achten.

Manchmal ankern Yachten vor dem Sandstrand außerhalb des Hafens. Auch bei der Zufahrt zu diesem Ankerplatz ist auf die Wassertiefe und auf schwimmende Muringleinen zu achten. Bei auflandigem Wind entsteht schnell starke Brandung!

Liegegebühr	Keine.
Wasser	Nur per Kanister beim Gerätehaus der Fischer.
Treibstoff	Von einer 600 m entfernten Tankstelle am Ortsausgang.
Lebensmittel	Gute Geschäfte im Ort Colonia de Sant Jordi.
Restaurants	Eine Taverne am Hafen, viele gute Lokale in der Nähe.
Post/Telefon	Im Ort Colonia.

Cala Caragol (39°16,6'N 003°02,4'E), 3 sm südöstlich von Puerto de Campos und 1 sm nordwestlich von Punta de las Salinas gelegen, besitzt einen schönen, sauberen Sandstrand mit wenig Badebetrieb. Die Wassertiefe nimmt gleichmäßig ab, der Ankergrund ist Fels mit vereinzelten Sandstellen. Für die Übernachtung nicht geeignet, da zu offen.

Ansteuerung von Puerto de Campos

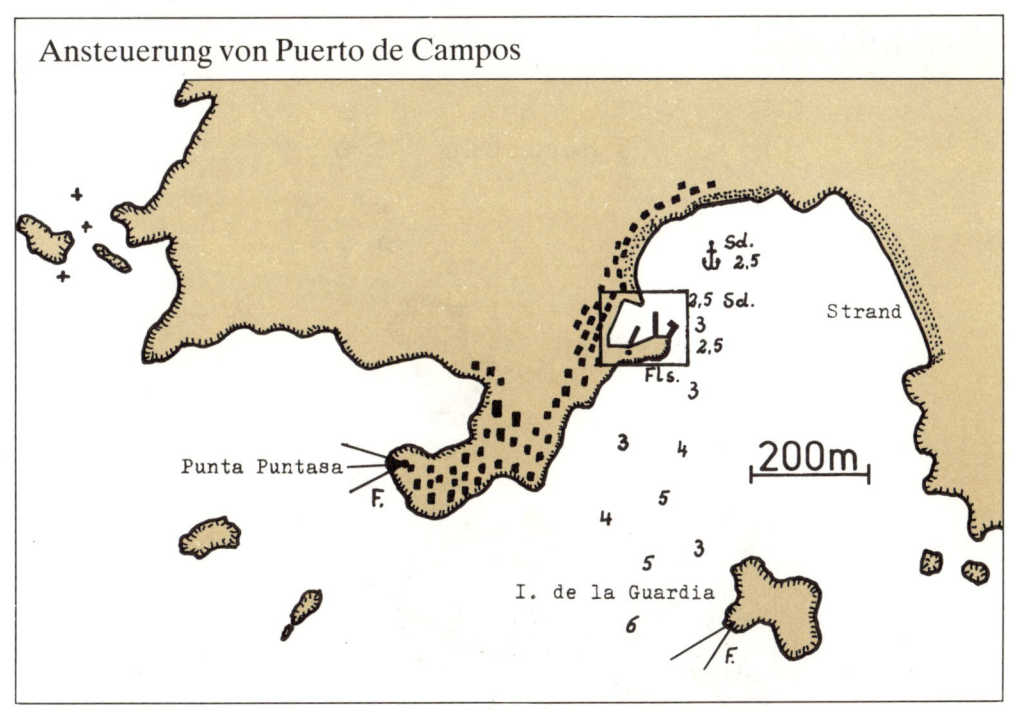

Sd.
2,5

2,5 Sd.
3
2,5

Strand

Fls.

3

Punta Puntasa

F.

3   4

200m

5

4

5   3

I. de la Guardia

6

F.

Puerto de Campos

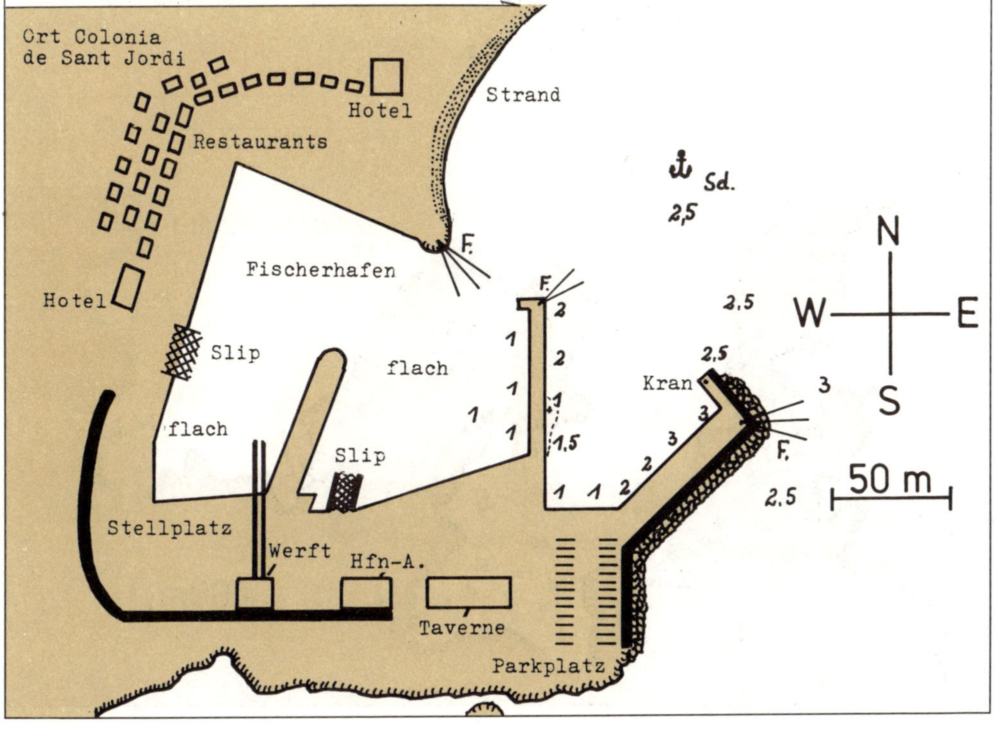

Ort Colonia
de Sant Jordi

Hotel

Strand

Restaurants

Sd.
2,5

Hotel

Fischerhafen

F.

F.
2

N

2,5

W ——+—— E

Slip

flach

1

2

2,5

S

flach

1

1

2,5

Kran

3

1

1

50 m

Slip

1,5

3

F.

Stellplatz

2

3

2,5

Werft

Hfn-A.

1 1 2

Taverne

Parkplatz

45

Cabrera-Gruppe

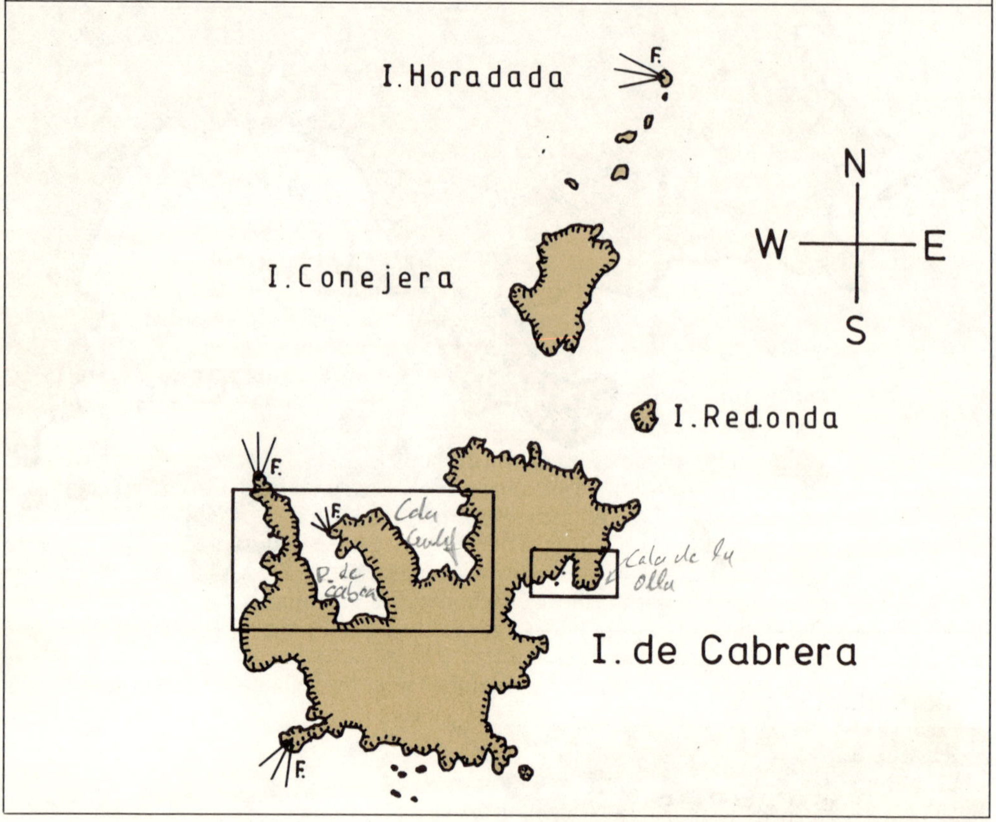

I.Horadada

F.

I.Conejera

N
W   E
S

I.Redonda

F.

F.

Cala Gandf

P. de Cabrera

Cala de la Olla

I. de Cabrera

F.

Puerto de Cabrera

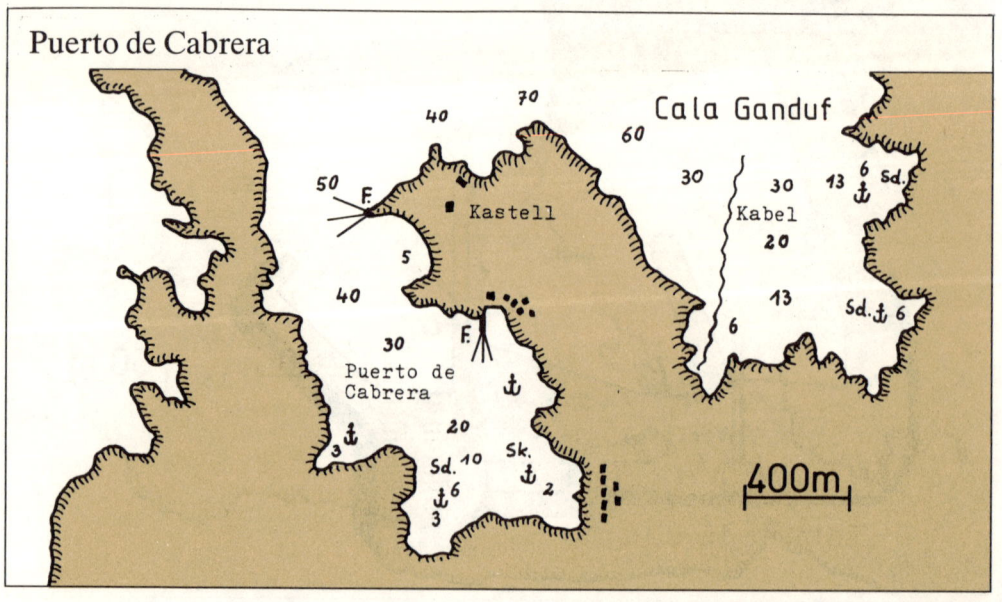

70
40
Cala Ganduf
60
50 F.
30
30 13 6 Sd.
Kastell
Kabel
20
5
40
13
Sd. 6
30
6
F.
Puerto de
Cabrera
20
3
Sd. 10 Sk.
6 2
3

400m

Cabrera-Gruppe und Puerto de Cabrera

Nördlichster Punkt der Cabrera-Gruppe ist der Leuchtturm auf der Insel Hora-dada, 5 sm von Punta de las Salinas entfernt. Weitere 4 sm südwestlich schneidet Puerto de Cabrera tief in die gleichnamige Insel ein und bietet besten Schutz bei jedem Wetter. Die Küsten der Inselgruppe fallen steil ins Meer ab, so daß man sich ihnen ohne Gefahr nähern kann. Nachts ist die Einfahrt nach Puerto de Cabrera befeuert.

Die weiträumige Bucht **Puerto de Cabrera** selbst hat mehrere Ankerplätze mit bequemen Wassertiefen. Der Grund ist Sand bzw. Schlick, teilweise mit See-gras bewachsen. Da die Insel Cabrera militärisches Sperrgebiet ist, darf man nur frei ankern und die Pier höchstens mit dem Beiboot anlaufen. Schilder weisen darauf hin, daß das Betreten der Insel verboten ist. Nur ein kleines Stück in der Nähe der Pier ist freigegeben, dort kann man aus dem Militärdepot Not-einkäufe tätigen und in der Bar bei den Soldaten ein Getränk aus der Kiste erhalten. Wasser erhält man hier nicht.

Während Puerto de Cabrera von grünen Hügeln sehr reizvoll umgeben ist, sind die wild zerklüfteten Felsabstürze der Küste rund um die Insel kahl und scheinen unnahbar. Bei ruhigem Wetter gibt es jedoch noch einige schöne Anker-plätze zu entdecken, die mit Vorsicht ohne Gefahr angelaufen werden können.

Cala Ganduf ist gegen Nordwinde ungeschützt, bei ablandigem Wind kann man aber sehr gut in einer der schönen Einbuchtungen vor Anker liegen.

Die hohe „Blaue Grotte" (Cueva Azul) kann man an Backbord erkennen, wenn man in die Bucht einläuft.

Guten Schutz bei nördlichen Winden bietet die **Cala de la Olla** an der Ostseite der Insel Cabrera. Ankergrund ist Sand.

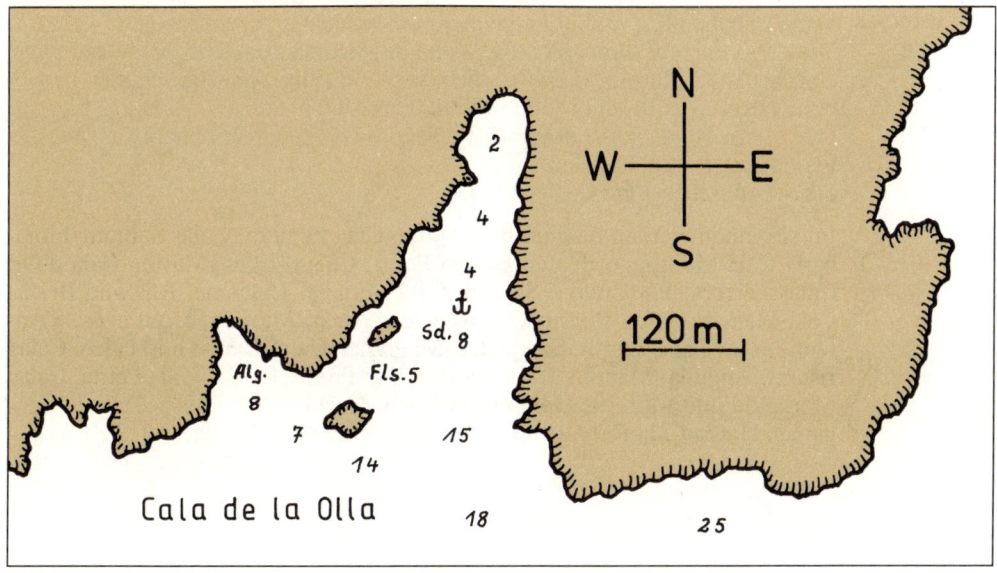

Punta de las Salinas
bis Cabo Farrutx (Plan B)

Die Südostküste Mallorcas besitzt auf einer Strecke von 35 sm einige sichere Häfen und unzählige Calas. Die größeren, zum Ankern gut geeigneten sind meist auch mit Hotels oder Ferienhäusern bebaut; kleinere, schmale, nicht so tief einschneidende sind einsam, aber nur bei ruhigem Wetter zu gebrauchen. Wird es auf dem Ankerplatz ungemütlich, so kann man schnell in den nächsten Hafen schlüpfen. Man kann es sich also ganz bequem einrichten.

An der nicht sehr hohen Küste bis Cala Santañy/Llombart sind keine Häuser zu sehen, nur leichter Föhrenbewuchs. Cala Figuera hat eine steilfelsige Einfahrt, durch Felsabbrüche unnahbar wirkend, so daß man über den romantischen Hafen dahinter erstaunt sein wird. Ab Puerto Petro wird das Hinterland bergiger, sanft grün, ein ständiger Anreiz, sich dort umzusehen. Am Meer nehmen die Hotelbauten allmählich zu, sammeln sich zuerst um die Calas d'Or und Gran, um Puerto Colom und sind in den sogenannten „Calas de Mallorca" am zahlreichsten. Wieder folgt ein kleines Stück unbebauter Küste, bis Puerto Cristo gibt es dann noch ein paar sehr belebte Buchten. − Die Calas Petita und Morlanda sind einsam, am Strand von Moreya aber herrscht wieder großer Trubel. Ab Punta de Amer tritt die Küstenlinie zurück und bildet die große Bucht von Artá. Schöne, sehr offene Ankerplätze findet man unter der Costa de los Pinos, dem bis 250 m hohen, pinienbewaldeten Kap. Für flachere Boote bietet sich der gemütliche Hafen Cala Bona an.

Allmählich macht sich der an der Nordküste stärker werdende Nord- bis Nordostwind bemerkbar. Das nächste Kap, Cabo Vermey, ist ein kahler, senkrechter Felsabsturz mit dem dunklen Dreieck des Eingangs zur Höhle von Artá. Oft laufen hier die Seen durcheinander, man sollte deshalb Abstand halten. − Die Küste bis Cabo Pera ist hochbergig und dicht bewaldet. Einige Buchten mit Hotels folgen, dem Seegang ausgesetzt, der Hafen Cala Ratjada, selten ruhig; die Cala Gat ist oft noch besser geschützt. Cabo Pera mit dem Leuchtturm ist der östlichste Punkt Mallorcas. − Wunderbar bewaldete Berglandschaft hinter den nördlichen Kaps, aber kaum mehr ein brauchbarer Ankerplatz.

Bei Cabo Farrutx öffnet sich die Bahia de Alcudia, zunächst noch felsig, mit einigen Ankerplätzen, die zwar nicht geschützt sind, aber in schöner Umgebung liegen. Bis zu einer Höhe von 400 und 500 m steigen die Berge hier an. Der 14 km lange, meist umbrandete Strand von Alcudia schließt sich an, mit Feriendörfern und Hotelanlagen.

Fortsetzung siehe Plan C (Seite 80).

Im einzelnen werden beschrieben: Hafen Cala Figuera, Calas Santañy/Llombart, Cala Mondragó, Hafen Puerto Petro, Cala d'Egos, Marina Cala d'Or, Calas Ferrera, Esmeralda, Serena, Cala Mitjana, Calas del Rás und Braffi, Cala Marsal, Hafen Puerto Colom, Calas Algar, Murada, Domingos, S'Antena, Bota, Calas Virgili, Barquetas, Magraner, Calas Barcas und Falcó, Calas Estany, Anguila, Mandia, Cala Manacor mit Puerto Cristo, Cala Petita, Calas Morlanda und Moreya, Hafen Cala Bona, Costa de los Pinos, Cala de Canyamel, Hafen Cala Ratjada und Cala Gat, Mula de la Agulla, Cala Es Caló.

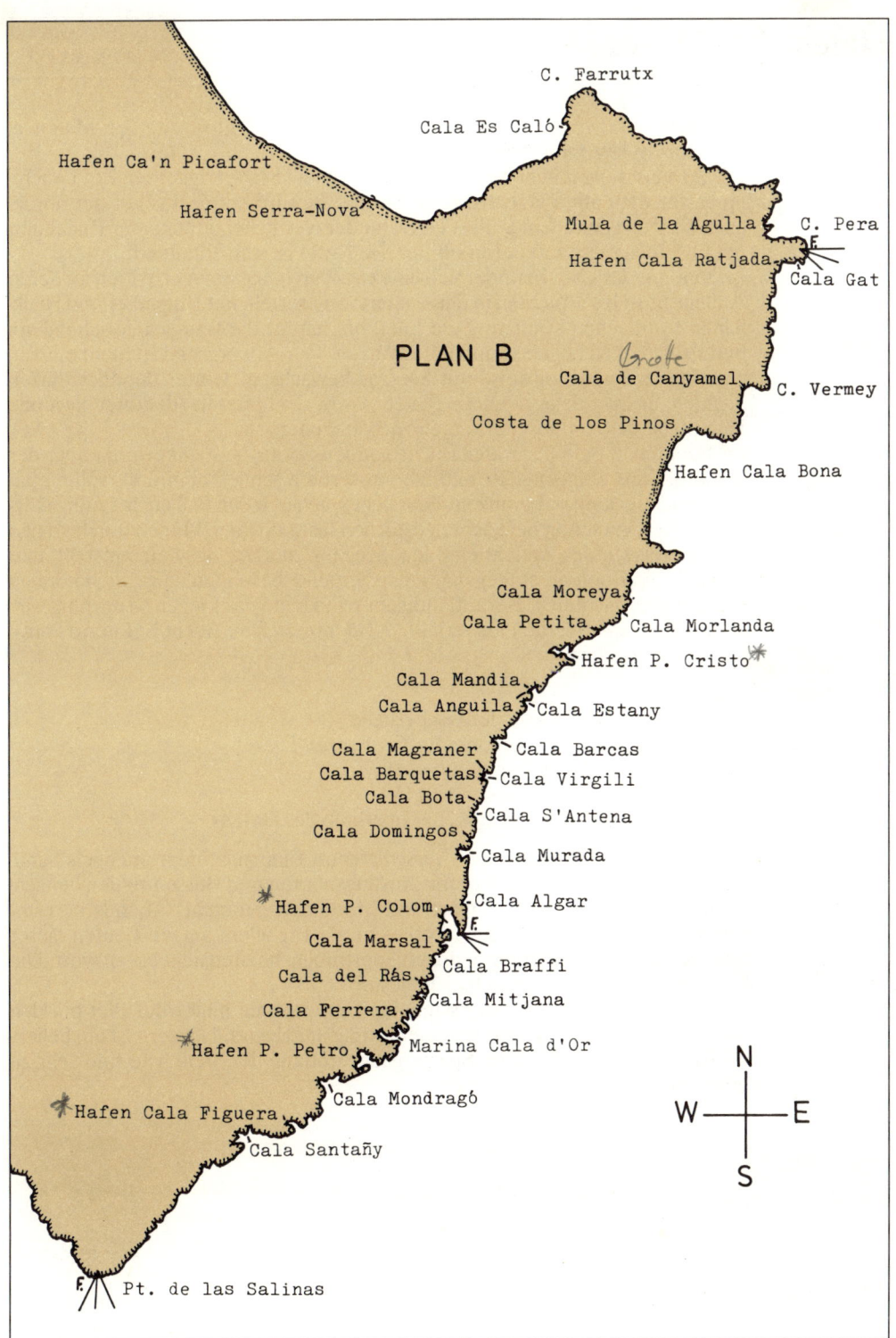

PLAN B

C. Farrutx

Cala Es Caló

Hafen Ca'n Picafort

Hafen Serra-Nova

Mula de la Agulla

C. Pera

F.

Hafen Cala Ratjada

Cala Gat

Grotte

Cala de Canyamel

C. Vermey

Costa de los Pinos

Hafen Cala Bona

Cala Moreya

Cala Petita

Cala Morlanda

Hafen P. Cristo

Cala Mandia

Cala Anguila

Cala Estany

Cala Magraner

Cala Barcas

Cala Barquetas

Cala Virgili

Cala Bota

Cala S'Antena

Cala Domingos

Cala Murada

Hafen P. Colom

Cala Algar

Cala Marsal

F.

Cala del Rás

Cala Braffi

Cala Ferrera

Cala Mitjana

Hafen P. Petro

Marina Cala d'Or

Hafen Cala Figuera

Cala Mondragó

Cala Santañy

N

W   E

S

F. Pt. de las Salinas

49

Tief nach Nordwesten einschneidende Cala an der Südostseite von Mallorca, von großem landschaftlichem Reiz.

Die Ansteuerung macht bei Tag und Nacht keine Schwierigkeiten. Ein Leuchtfeuer vor dem alten Wachtturm Torre d'en Beu brennt nachts auf der nördlichen Einfahrtshuk. Ein großes Hotel an der westlichen Flanke der Bucht gibt bei Tag eine gute Ansteuerungshilfe. Die Küste ist steil abfallend.

Im Inneren der Cala befindet sich eine ca. 40 m lange befeuerte Pier, an deren Außenseite 4 bis 5 Yachten in den ersten zwei Dritteln mit Buganker und Heckleinen festmachen können. Zum Land hin nimmt die Wassertiefe schnell ab, und Felsbrocken liegen knapp unter Wasser. Der Ankergrund ist Sand mit vereinzelten Steinen, teilweise mit Seegras bewachsen. Hinter der Pier dürfen Yachten nicht anlegen. Diese Plätze sowie der gesamte dahinter liegende Hafenschlauch sind Fischerbooten vorbehalten.

Im nördlichen Seitenarm der Bucht können Sportboote ankern; da aber der Schwenkkreis eingeengt ist und die Wassertiefe schnell abnimmt, sollte man Bug- und Heckanker benutzen. Hier liegt man auf jeden Fall nachts ruhiger als an der Pier, wo schon bei leichten östlichen bis südlichen Winden durch an den steilen Felswänden reflektierenden Seegang starker Schwell entsteht und dadurch die Boote in entgegengesetzte Schaukelbewegungen geraten können (Masten beobachten!). Bei auflandigem Wind kann das Liegen so unruhig werden, daß man lieber die Pier verläßt. − Nächste sichere Bucht ist Puerto Petro, ca. 2,5 sm nördlich.

Liegegebühr	Keine.
Wasser	Notfalls per Kanister von der Fischerhalle.
Treibstoff	Das CAMPSA-Depot versorgt nur Fischer mit Diesel.
Lebensmittel	Supermärkte im Ort (10 min Fußweg).
Restaurants	Gute Lokale in Hafennähe und im Ort.
Post/Telefon	Briefkasten und Münzfernsprecher oberhalb des Hafens.

Tagsüber macht der Ort einen verschlafenen Eindruck, denn mangels Sandstränden werden die Urlauber mit Ausflugsbooten und Bussen zu den benachbarten Calas Santañy, Llombart und Mondragó gebracht. Abends herrscht reges Treiben in den vielen Diskotheken, da vor allem jungen Leuten dieser Ort als Ferienziel mit verschiedenen Sportmöglichkeiten angeboten wird. Die Ruhe im Hafen wird dadurch nicht gestört.

Der zauberhafte Anblick der schmalen Einbuchtung hinter der Pier mit den bunten Bootsschuppen und terrassenförmig angelegten Häusern ist ein beliebtes Motiv für Freizeitmaler. Spaziergänge entlang der Steilküste sind sehr zu empfehlen.

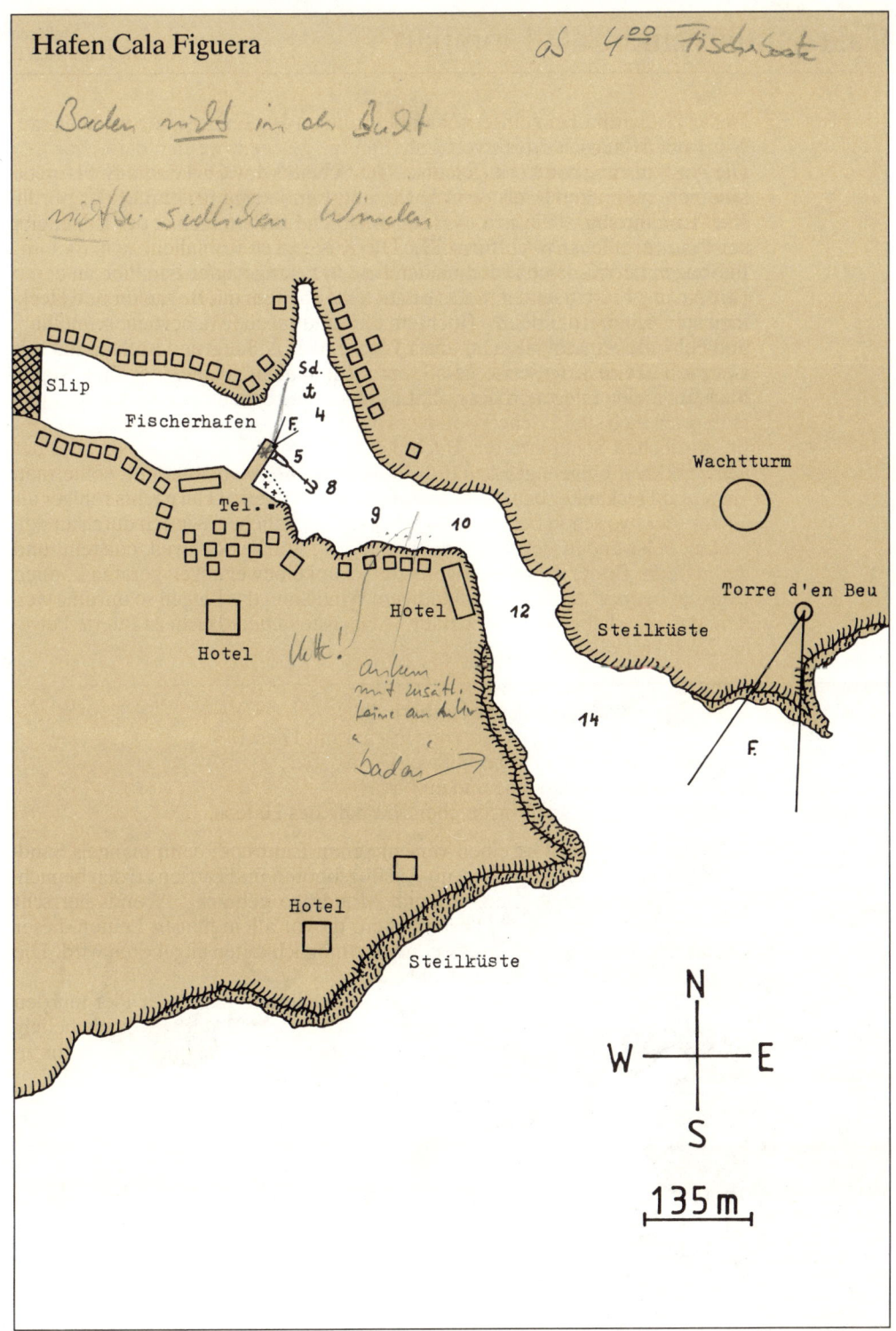

Hafen Cala Figuera

51

Beide Calas sind bei ruhigem Wetter für einen Badeaufenthalt gut geeignet. Nur ca. 1,5 sm südwestlich von Cala Figuera gelegen, werden diese Buchten viel von Ausflugsbooten angelaufen. Im Scheitel der Cala Santañy befinden sich mehrere große Hotels, in Cala Llombart nur einige Ferienhäuser.

Die Ansteuerung ist einfach. Auf der östlichen Einfahrtshuk der Cala Santañy steht ein verfallener Wachtturm. Die felsige Küste ist bewaldet. Ein markanter Felsbogen befindet sich zwischen den beiden Buchten nahe dem Ufer.

Der Ankergrund in beiden Calas ist gut haltender Sand. Die Wassertiefen nehmen zum Scheitel der beiden Buchten, die Sandstrand haben, gleichmäßig ab.

Sowohl Cala Santañy als auch Cala Llombart sind Seegang und Dünung aus Ost bis Süd voll ausgesetzt. Zum Übernachten nicht geeignet. – Zwei Supermärkte bei den Hotels, in der Cala Llombart eine Strandbar.

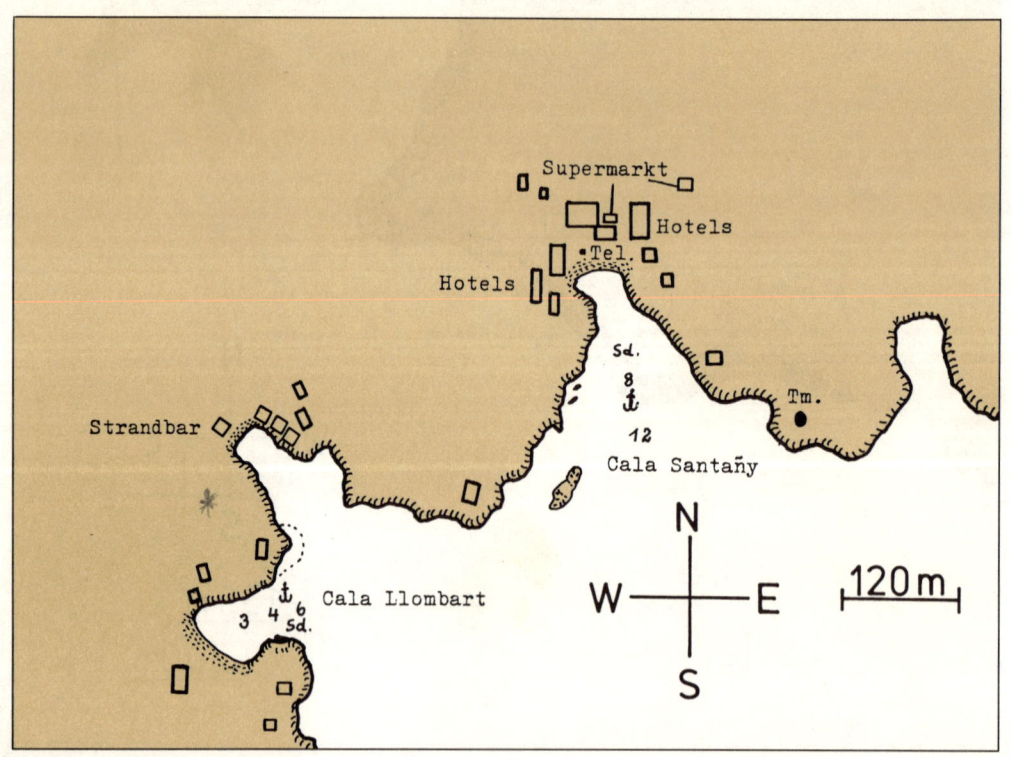

52

Große, landschaftlich schön gelegene Bucht mit felsigen Küsten, die dicht bewaldet sind, etwa 1,5 sm nordöstlich vom Hafen Cala Figuera.

Trotz Bebauung mit Villen und einem Hotel ist der Badebetrieb mäßig. Zahlreiche Yachten finden hier genügend Ankermöglichkeiten und Raum zum Schwojen. Die von Untiefen freie Bucht hat Ankergrund aus Sand. Obwohl nach Südosten offen, bietet sie je nach Windrichtung guten Schutz in den seitlichen Einschnitten.

Verpflegungsmöglichkeit besteht an Strandbars und in einem Restaurant.

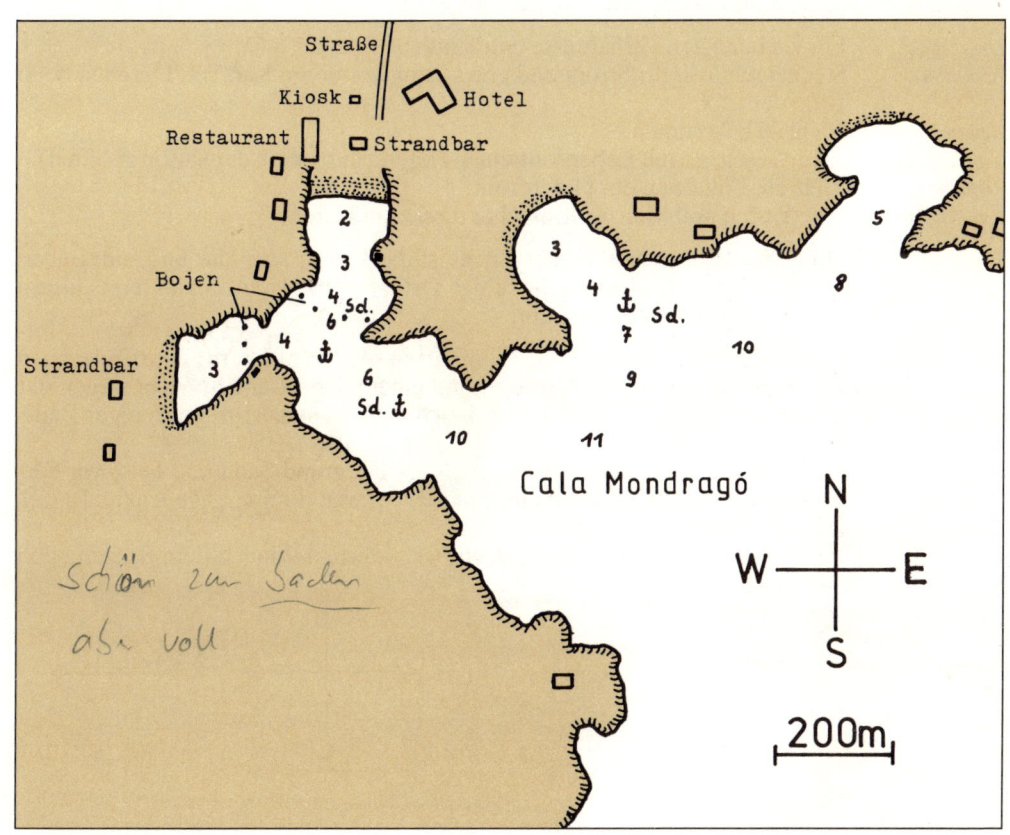

Sicherer, gegen fast alle Winde gut geschützter Naturhafen an der Südostseite von Mallorca mit Ankerplätzen für Yachten jeder Größe. Zur Ansteuerung dient der auffällige viereckige Wachtturm an der südlichen, nachts befeuerten Einfahrtshuk.

Je nach Windrichtung kann man in einem der Seitenarme auf beliebiger Wassertiefe ankern. Der Ankergrund ist gut haltender Sand, überwiegend mit Seegras bewachsen. Vorbeifahrende Fischer- und Ausflugsboote verursachen Schwell. Bei Ostwind liegt man unruhig.

Im Nordwesten der Bucht befindet sich der Fischerhafen mit einer ca. 75 m langen Mole, hinter der Yachten nicht festmachen dürfen. Die Bucht läuft nach Norden schnell flach aus.

Das südlich vom Fischerhafen gelegene Becken hinter zwei befeuerten Molen wird vom **Club Nautico** betreut. Boote bis 1,5 m Tiefgang können bei ruhigem Wetter einlaufen. Die Wassertiefe in der Einfahrt beträgt 3 m. Der Grund wurde ausgebaggert, doch im nördlichen Teil des Beckens liegen Steine nahe am Kai, im westlichen wird die Wassertiefe geringer. Je nach Tiefgang des Bootes wird vom Hafenmeister ein Platz am Kai zugewiesen (Murings).

Bei starken östlichen bis südlichen Winden soll nach Aussagen von Fischern Dünung in den kleinen Hafen stehen. Es ist geplant, eine Steinschüttung vor die Einfahrt des Sportboothafens zu setzen.

Liegegebühr	Für die beengten Verhältnisse beträchtliche Preise.
Wasser/Strom	Steckanschlüsse für Strom und gutes Trinkwasser am Kai. WC/Duschen beim Büro des C.N.
Treibstoff	Nicht zu bekommen.
Lebensmittel	Zwei Geschäfte mit Lebensmitteln in Hafennähe (nur in der Saison geöffnet).
Restaurants	Mehrere Lokale an der Hafenfront.
Post/Telefon	Briefkasten und Münzfernsprecher direkt am Hafen.

Durch die Weiträumigkeit der Bucht ist das Wasser sehr klar und zum Baden gut geeignet. Der kleine, sehr ruhige Ort mit seinen weiß gekalkten Häusern lädt zu längerem Verweilen ein.

Cala d'Egos. In der östlich der Einfahrt in die Bucht Puerto Petro gelegenen kleinen Cala mit steilen Felsufern und einem Sandstrand herrscht wegen der beiden großen Hotels und der zahlreichen Ferienhäuser ringsum reger Badebetrieb.

Gleichmäßig abnehmende Wassertiefe, Ankergrund Sand und Fels, mit Seegras bewachsen. Wegen des eingeengten Schwenkkreises gegebenenfalls Leinen zum Land ausbringen.

Landschaftlich schön gelegen, doch bei südlichen Winden dem Seegang voll ausgesetzt.

Bucht Puerto Petro

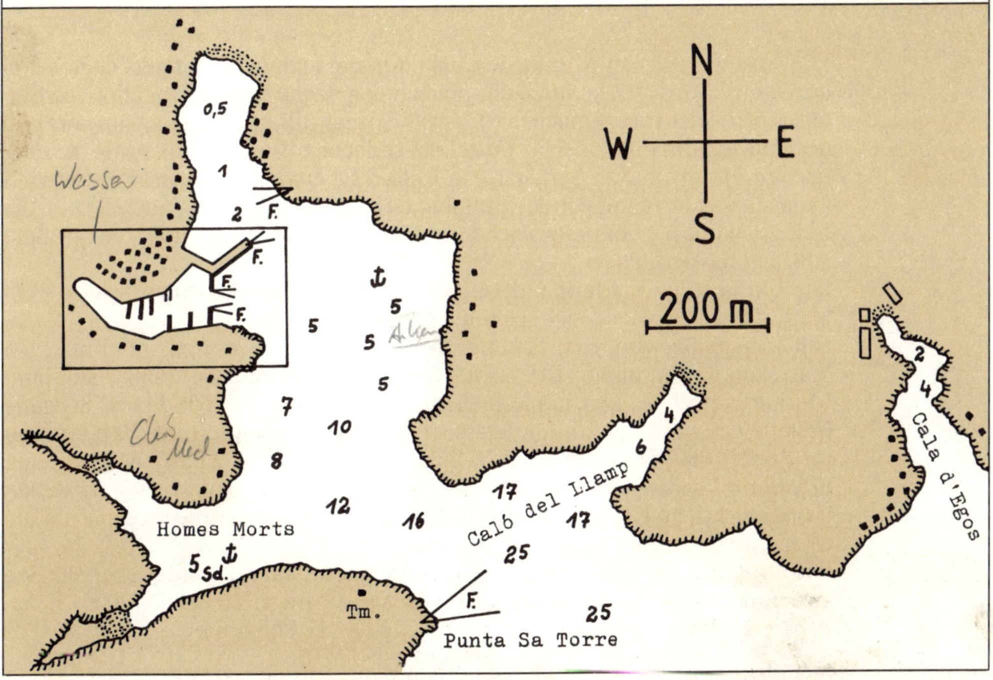

0,5

1

2 F.

F.

F.

F.

Wasser

Club Med

N

W — E

S

⚓

200 m

5

5

5 A.Ka

5

7

10

8

12

16

Homes Morts

5 Sd. ⚓

Tm.

F.

Punta Sa Torre

Caló del Llamp

17

25

17

25

6

4

25

Cala d'Egos

2

4

Club Nautico Puerto Petro

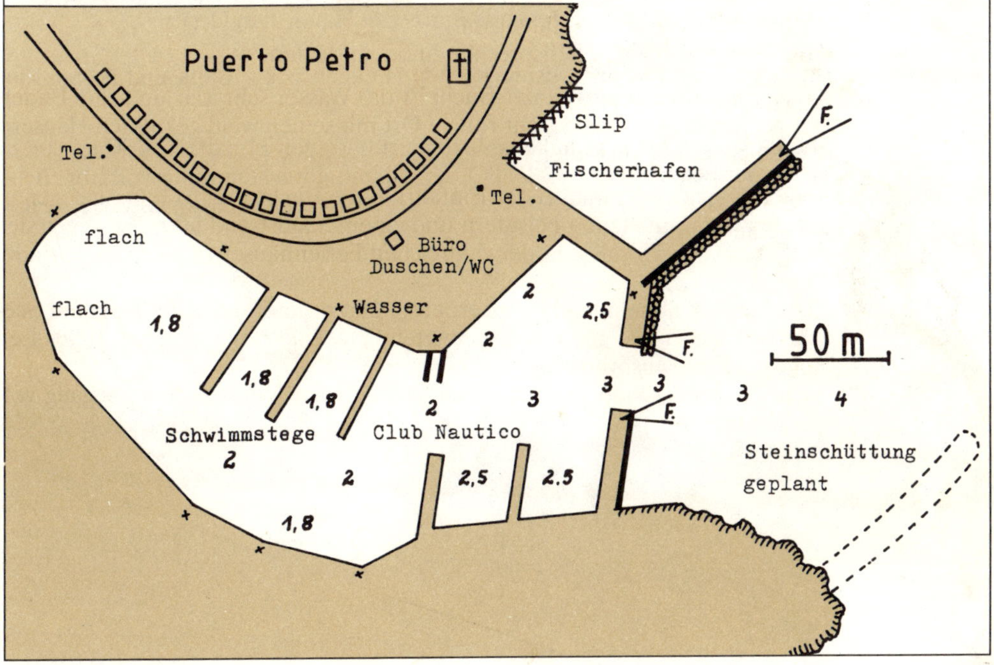

Puerto Petro ⛪

Tel.

flach

flach

1,8

1,8

1,8

Schwimmstege

2

2

1,8

Büro
Duschen/WC

Wasser

2

Club Nautico

2

2,5

2,5

Slip

Fischerhafen

Tel.

2

2

2,5

3

3

2,5

3

3

3

F.

F.

F.

50 m

4

Steinschüttung
geplant

55

Marina de Cala d'Or, Cala Llonga

Die Ansteuerung der Marina de Cala d'Or, die in der Cala Llonga liegt, erfordert einige Sorgfalt, da durch die gleichmäßig flache Küstenformation die Einfahrt nicht leicht auszumachen ist. Ansteuerungshilfen bieten das alte Fort und der Leuchtturm Punta del Fortin auf der südlichen Einfahrtshuk sowie die zahlreichen Hotels in den Seitenarmen Cala d'Or und Cala Gran. Bei Ostwind kann starker Seegang vor der Einfahrt stehen, der aber zum Inneren der Cala Llonga schnell abnimmt, nachdem man die Leuchtturmhuk mit großem Abstand passiert hat.

Die Einfahrt in die Marina, deren Mole befeuert ist, wird durch Tonnen markiert, da der Grund seitlich schnell ansteigt.

Ein Liegeplatz wird vom Hafenpersonal zugewiesen, notfalls muß man am Wartekai direkt hinter der Mole festmachen. Sämtliche Plätze sind mit Murings versehen. Der moderne Yachthafen, gegen alle Winde und Seegang bestens geschützt, ist in den letzten Jahren immer wieder erweitert worden (z. Z. 450 Plätze). Nach Fertigstellung des mit „Bauarbeiten" bezeichneten hinteren Hafenteils werden insgesamt 565 Liegeplätze zur Verfügung stehen (voraussichtlich 1992). Die im Detailplan eingezeichnete Straße nach Cala d'Or wird dann um den Hafen herumführen.

Die als Winterliegeplatz ausgezeichnet geeignete Marina verfügt über alle Serviceeinrichtungen: Stellplätze an Land, Werkstätten, Travellift (50 t), Kran, Ausrüster. Weitere Auskünfte: Telefon 657070, Fax 657068.

Liegegebühr	Gehobene Preisklasse; je Monat und im Winter ermäßigt.
Wasser/Strom	An allen Plätzen vorhanden. Duschen mit Service gegen Gebühr.
Treibstoff	Tankstelle für Diesel und Benzin am Molenkopf.
Lebensmittel	Supermarkt (siehe Plan), weitere sehr gute Einkaufsmöglichkeiten in Cala d'Or (15 min Fußweg, Autostraße führt vom Hafen zum Ort).
Restaurants	Am Hafen und zahlreich in Cala d'Or.
Post/Telefon	Briefkasten und Münzfernsprecher am Hafenausgang, Bank und Postamt in Cala d'Or.

Marina Cala d'Or liegt außerordentlich ruhig. Der lebhafte Tourismus spielt sich in der benachbarten Cala d'Or ab, die mit ihren stimmungsvoll eingerichteten Lokalen und hübschen Geschäften eine durchaus sympathische Atmosphäre ausstrahlt.

touristisch, gut Essen

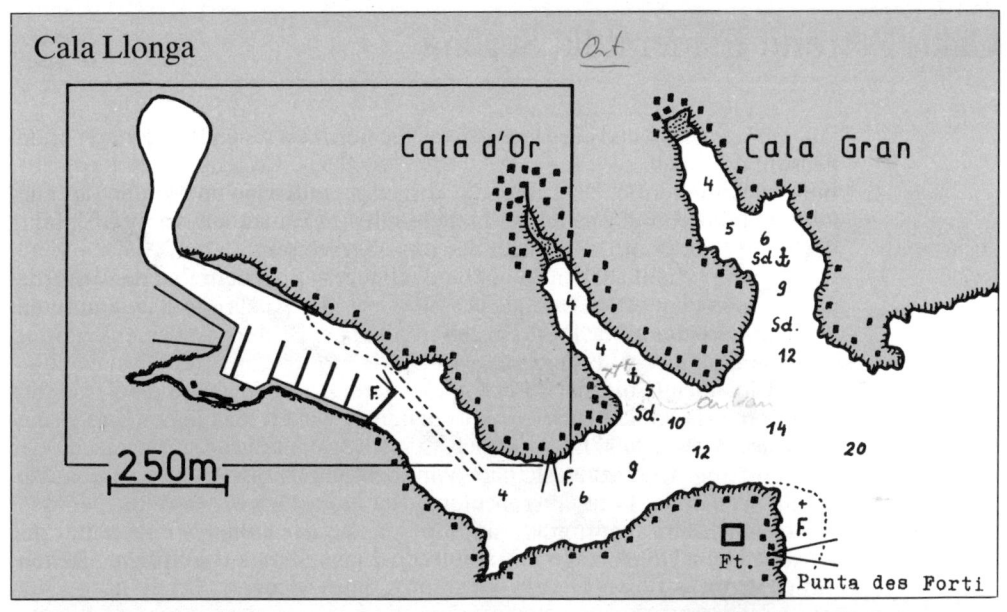

Cala Llonga

Cala d'Or

Cala Gran

250m

Punta des Forti

Ft.

Marina de Cala d'Or

geplante
Erweiterung

Bauarbeiten

N

W   E

S

125 m

Hotels

Cala d'Or

Apartments
Restaurant
Supermarkt

Gäste

Fischerschuppen

Tel.

Büro

Ausrüster
Werkstätten
Duschen

Travellift
Kran

Wartekai
Tankstelle

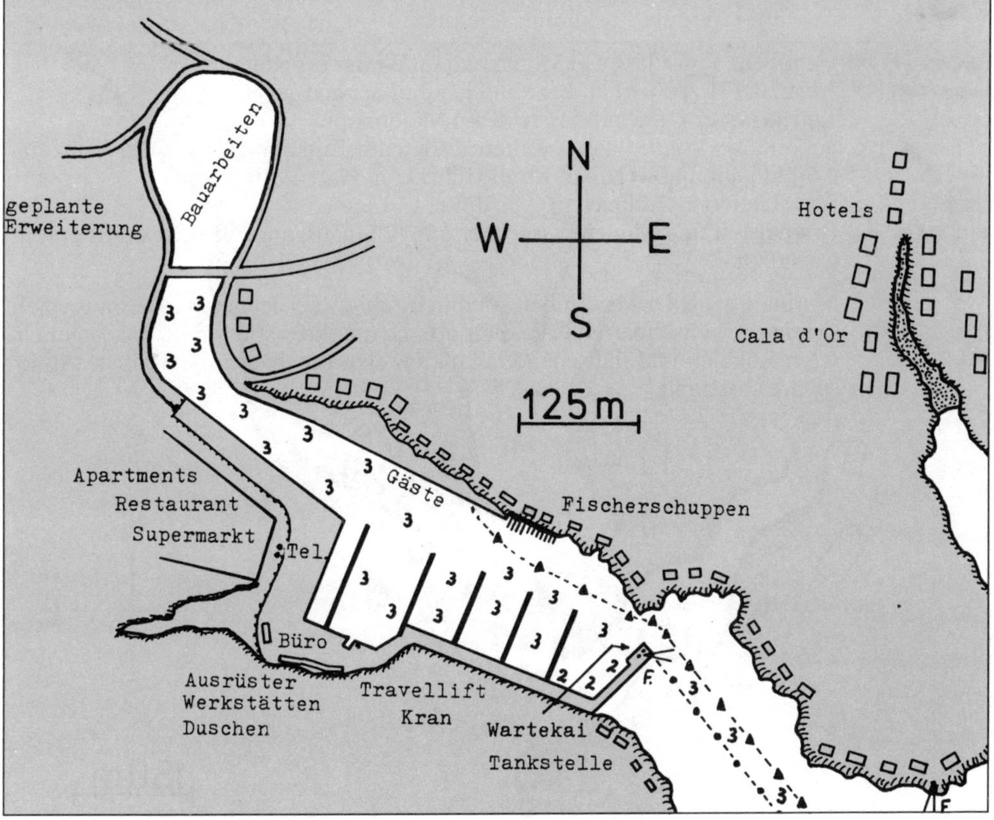

Calas Ferrera, Esmeralda, Serena

Hübsche, tief ins Land einschneidende Buchten, von vielen Hotels und Ferienhäusern umgeben.

Bei der Ansteuerung lasse man die vorgelagerte Klippe im Norden der Einfahrt an Steuerbord. Die felsige Untiefe mit 4 m Wassertiefe vor der Einfahrt
dürfte für Sportboote bei ruhiger See ungefährlich sein.

Alle drei Einschnitte haben Sandstrand mit regem Badebetrieb. Die Wassertiefen nehmen zum Strand hin gleichmäßig ab. Der Ankergrund ist Sand, teilweise mit Seegras bewachsen. Im äußeren Teil der Buchten ist der Ankergrund
etwas stufig mit Seegrashügeln.

Beim Einlaufen in die Calas Ferrera und Serena achte man auf die Surfer, die
hier ihren praktischen Unterricht absolvieren. Ankert man in der Cala Esmeralda, ist es zweckmäßig, zusätzlich Leinen zum Ufer auszubringen, da der
Schwenkkreis begrenzt ist. Je nach Windrichtung kann man bei ruhigem Wetter gut in einer der Calas übernachten.

Versorgung mit Lebensmitteln im Supermarkt, der an der Straße hinter der
ausgedehnten Hotelanlage des Robinson-Clubs Serena (Golfplätze, Reiten,
Surfen) liegt. – Busverbindung von Serena nach Manacor.

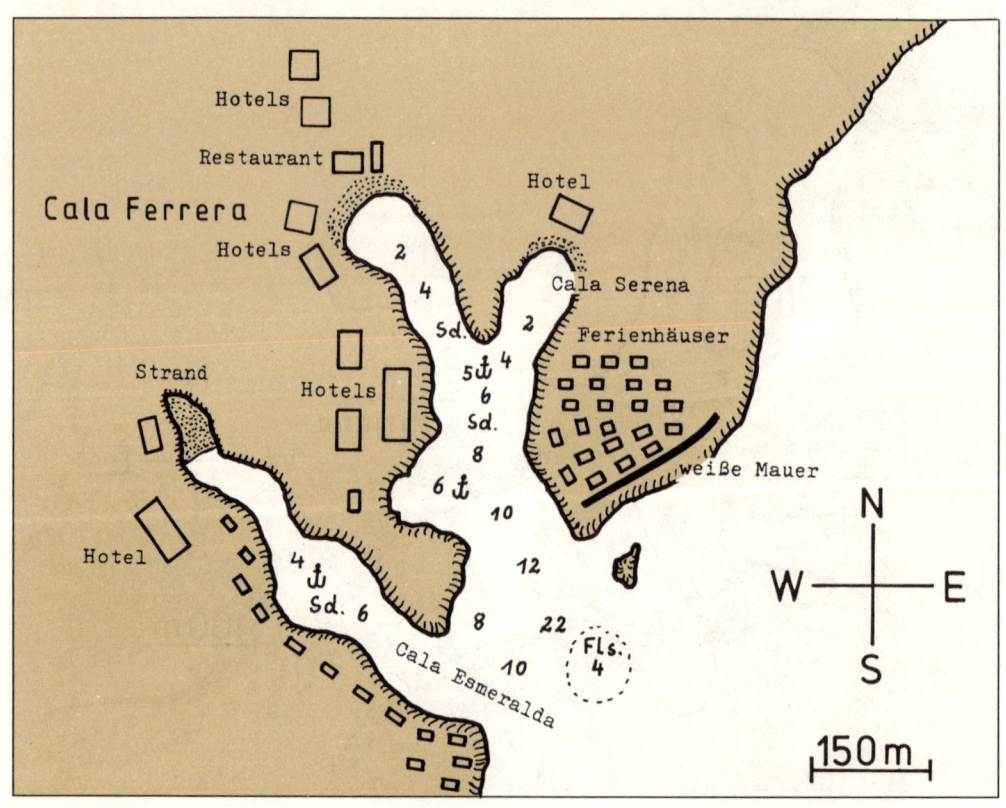

Cala Mitjana

Sehr schöne, bewaldete Bucht mit drei Einschnitten, von denen nur der nördliche als Ankerplatz brauchbar ist. Der westliche und der südliche Seitenarm haben bis dicht an die Felsen tiefes Wasser, der Grund ist aber steinig und felsig, teilweise mit Seegras überwachsen.

Eine gute Ansteuerungshilfe bildet der weithin sichtbare Fahnenmast auf der nördlichen Einfahrtshuk.

Die Wassertiefe in der nördlichen Bucht nimmt von 9 m zum Sandstrand hin gleichmäßig ab und beträgt beim kleinen Privatanleger um 4 m. Ankergrund ist Sand. Es ist Platz zum Ankern für 3 bis 4 Boote hintereinander.

Das Grundstück ist ein Privatbesitz mit außerordentlich gepflegten Grünanlagen, die nicht betreten werden sollten.

'mal' einfahren, Privatbesitz

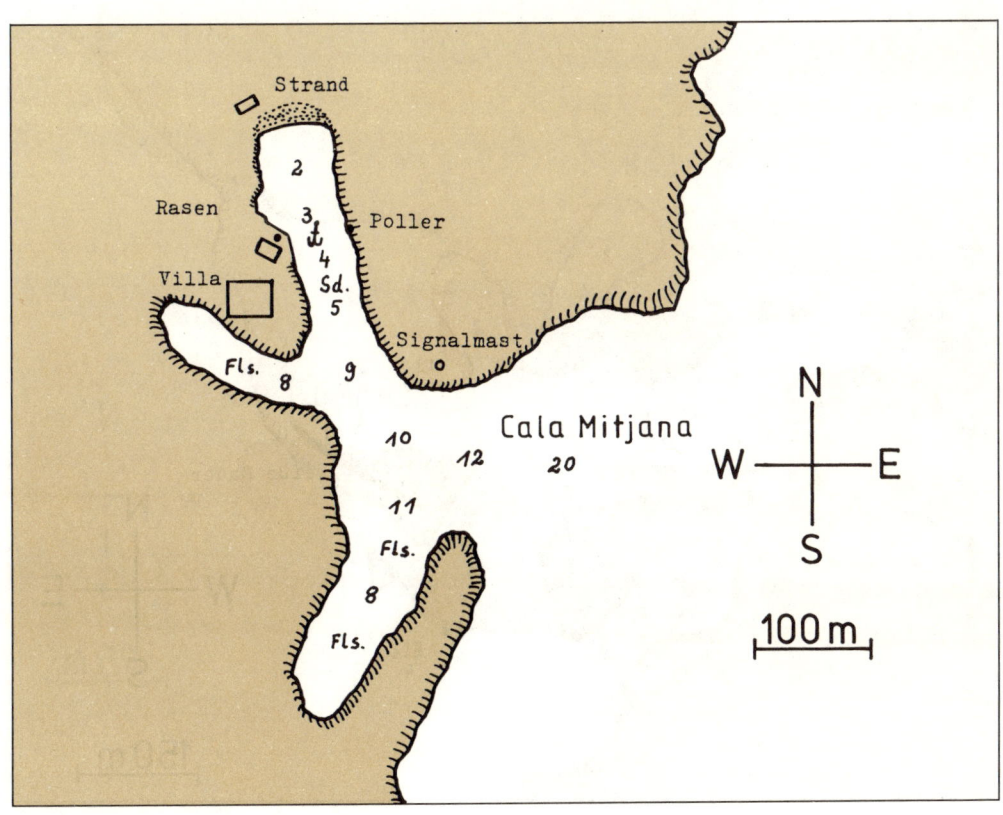

Cala del Rás

(auch Cala Arsenau genannt) Mallorca
39°23,5′N 003°15′E

Diese Bucht, 1,5 sm südlich von Puerto Colom gelegen, ist gegen Winde und Seegang aus Nord und Süd gut geschützt und eignet sich bei ruhigem Wetter auch zum Übernachten. Bei Ostwind wird es durch reflektierenden Seegang bis zum hinteren Teil der Cala unruhig. Die Wassertiefe nimmt gleichmäßig ab. Ankergrund ist feiner Sand. Wegen des eingeengten Schwenkkreises eventuell eine Heckleine zum Ufer ausbringen.
Der Strand ist trotz Straßenzufahrt wenig belebt. – Zur Versorgung nur eine Strandbar.

Cala Braffi (39°24,2′N 003°15,3′E), in der deutschen Seekarte Nr. 676 namentlich nicht aufgeführt, liegt etwa 0,5 sm nördlich von Cala del Rás. Etwa 2 kbl nordöstlich der Einfahrt befindet sich die Felsklipppe Farayó d'es Fret. Ankergrund ist Sand und Seegras. Auch hier erscheinen Landfesten zweckmäßig. – Die felsige Küste ist unbewaldet und unbebaut. Kaum Badebetrieb.

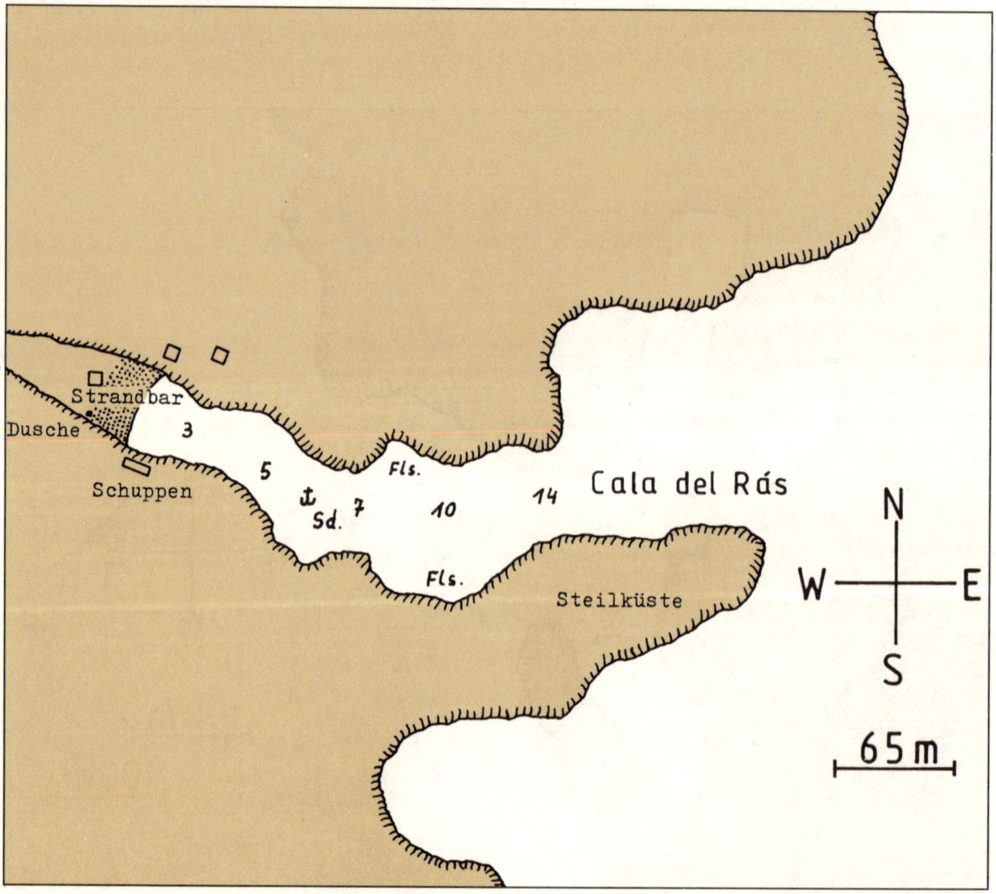

Strandbar
Dusche
Schuppen
3
5
Fls.
Sd.
7
10
14
Cala del Rás
Fls.
Steilküste
N
W
E
S
65 m

Schöne, gut geschützte, nur gegen Nordost bis Ost offene Bucht an der Südostküste Mallorcas, kaum mehr als 0,5 sm südlich von Puerto Colom entfernt.
Die Ansteuerung ist bei Tag einfach. Je ein großes Hotel im Scheitel der Bucht
und an der Nordflanke der Einfahrtshuk stellen gute Landmarken dar. An der
Südseite der Einfahrt erstrecken sich Unterwasserklippen in die Einfahrt hinein. Man halte sich deshalb mehr an die nördliche Seite.
Die Bucht selbst ist frei von Untiefen, die Wassertiefe nimmt zum Sandstrand
hin allmählich ab. Ankergrund feiner Sand. An den felsigen Ufern wird der
Grund steinig und ist mit Seegras überwachsen. Platz zum Schwojen ist genügend vorhanden. Bei ganz ruhigem Wetter auch zum Übernachten geeignet.

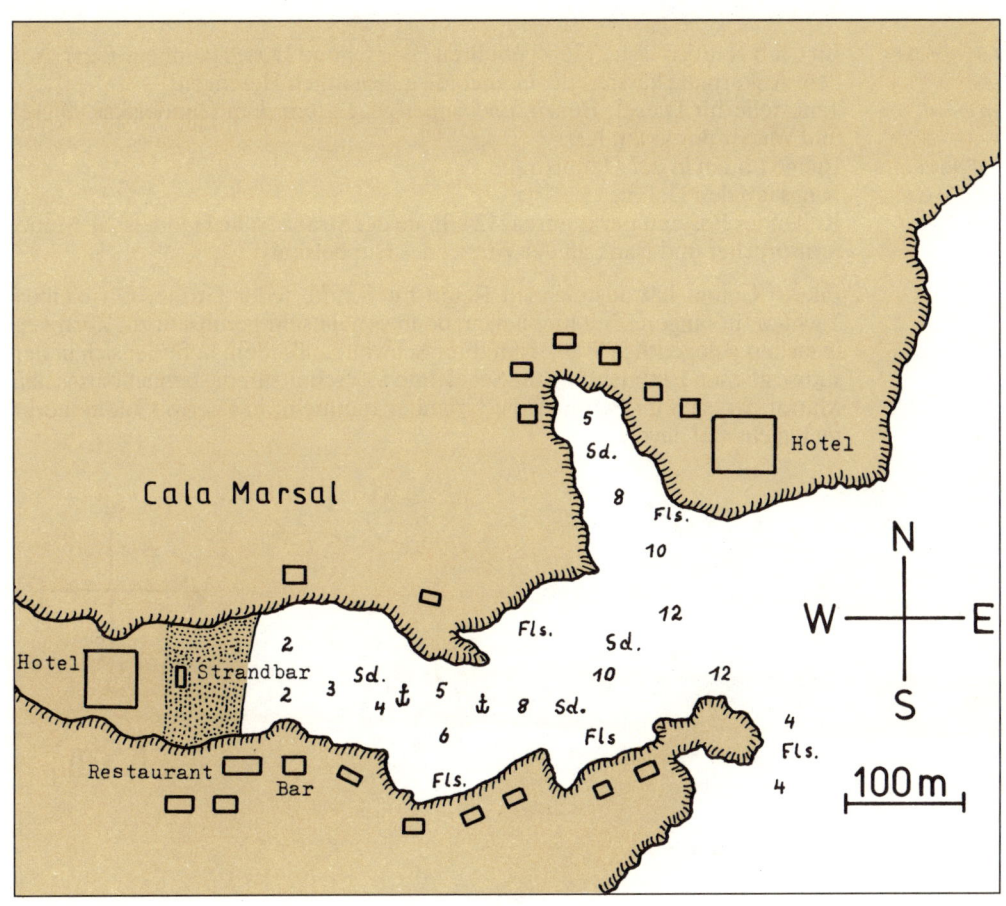

Puerto Colom

Mallorca
39°25'N 003°16'E

Dieser schöne Naturhafen ist gegen alle Winde und Seegang bestens geschützt. Die Ansteuerung macht bei Tag und Nacht keine Schwierigkeit. Der runde, schwarz-weiß gestreifte Leuchtturm Punta de ses Crestas (de la Farola) brennt nachts auf der östlichen Einfahrtshuk, ein rotes Feuer auf der westlichen Seite der Einfahrt (Punta de sa Bateria). Sie ist breit genug, um bei jeder Wetterlage ohne Gefahr einlaufen zu können.

Je nach Windrichtung und Tiefgang finden Yachten in der Bucht genügend Raum zum Ankern über gut haltendem Grund.

Man kann am **Handelskai** zum Diesel- und Wasserbunkern anlegen, muß aber damit rechnen, daß der Platz für die Berufsschiffahrt zu räumen ist.

Eine weitere Anlegemöglichkeit besteht an den Stegen des **Club Nautico** im nordwestlichen Teil der Bucht. Die Zufahrt zu den Stegen ist durch grüne Bojen markiert. Östlich der Bojen ist es flach. Der Club hat die meisten der 250 Plätze an Dauerlieger verkauft, doch sind einzelne Gästeplätze an Murings mit einer Wassertiefe von 2,5 bis 3 m vorhanden, und zwar auf der Südseite der befeuerten Mole und an den neuen Schwimmstegen.

An allen Stegen Wasser- und Stromanschlüsse, zwei Schiffsausrüster in der Nähe.

Liegegebühr	Im Club Nautico hohe Liegegebühren (Wasser und Duschen inbegriffen). Auf dem Ankerplatz kassiert die Gemeinde gelegentlich Hafengeld.
Treibstoff	Tankstelle für Diesel, Benzin und Super gegenüber dem Handelskai; Diesel und Wasser direkt am Kai.
Lebensmittel	Einige Läden in der Hauptstraße.
Restaurants	Rings um den Hafen.
Post/Telefon	Rollendes Postamt parkt um ca. 12 Uhr an der Straße Nähe Handelskai. Münzfernsprecher und Bank an der Wurzel des Handelskais.

Puerto Colom hat ausreichend Raum für Schiffe jeder Größe. Oft bleiben Yachten für längere Zeit hier liegen, denn es geht sehr geruhsam zu. Zwar verursachen gelegentlich Wasserskifahrer Schwell, außerdem befindet sich in der südwestlichen Einbuchtung die Segel- und Surfschule für die benachbarte Cala Marsal, wo sich im Sommer die Urlauber tummeln; in Puerto Colom merkt man nicht viel davon.

nicht notwendig bei gutem Wetter

glattes Wasser

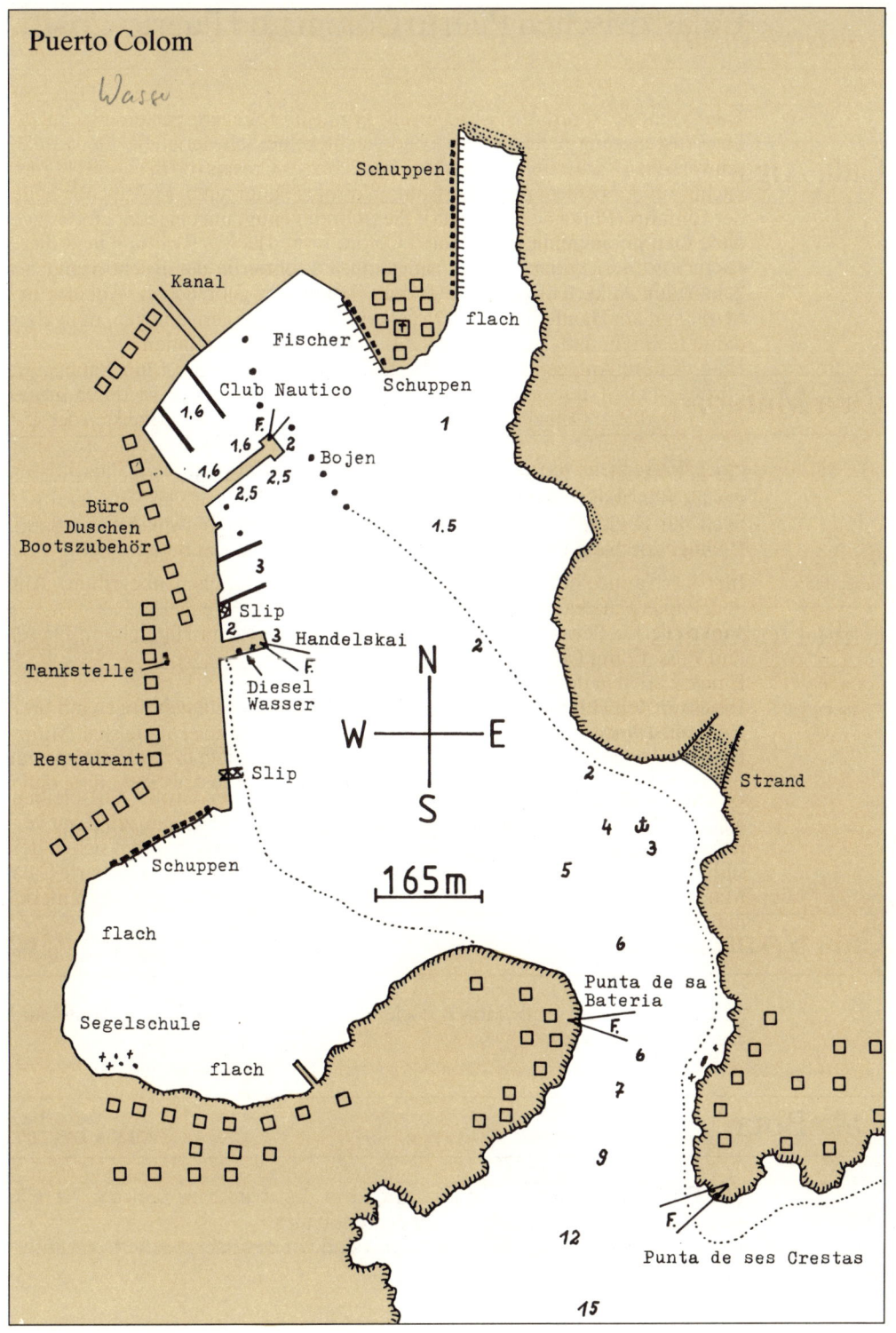

Puerto Colom

Wasser

Schuppen

Kanal

Fischer

flach

Club Nautico

Schuppen

1,6

1

1,6

F.

1,6

2

Bojen

2,5

2,5

1.5

Büro
Duschen
Bootszubehör

3

Slip

2

3

Handelskai

2

F.

Tankstelle

Diesel
Wasser

N

W   E

Restaurant

S

Slip

2

Strand

165m

4   ⚓

3

Schuppen

5

flach

6

Punta de sa
Bateria

Segelschule

F.

flach

6

7

9

12

F.

Punta de ses Crestas

15

63

Calas zwischen Puerto Colom und Puerto Cristo

Cala Algar

(ohne Plan)
39°25,7'N 003°16'E

Eine knappe Seemeile von Puerto Colom in nördlicher Richtung liegt diese nach Nordosten offene Bucht. Sie ist einsam, ohne Bebauung, doch nur bei ganz ruhigem Wetter zum zeitweiligen Ankern zu gebrauchen. Ankergrund Sand.

Cala Murada

(ohne Plan)
39°27,1'N 003°16,6'E

Sie gehört schon zu den sogenannten „Calas de Mallorca", die touristisch erschlossen und deshalb recht lebhaft sind. Nicht so tief einschneidend wie nach der Seekarte zu vermuten, offen nach Nordosten. Ankergrund Sand. Bedingt durch die Hotels herrscht an dem Sandstrand viel Badebetrieb.

Cala Domingos

(ohne Plan)
39°27,4'N 003°16,7'E

Große Hotels am nördlichen Kap. Die Cala hat zwei Einbuchtungen mit breiten Sandstränden; viel Badebetrieb, Tretboote, Surfer.
Beide Einschnitte haben Sandgrund, von 8 m Wassertiefe in der Einfahrt zum Strand hin rasch abnehmend. Gegen Dünung aus Nordost bis Süd offen, dann Brandung an den Stränden.
Im südlichen Einschnitt ein großes Restaurant mit eingebauter Windmühle, im nördlichen nur eine Strandbar.

Cala S'Antena

(ohne Plan)
39°27,9'N 003°16,8'E

Auch hier am Kap große Hotels, viele Ferienhäuser an der Küste. Sandstrand mit viel Badebetrieb.

Cala Bota

(ohne Plan)
39°28,4'N 003°17,2'E

Die Felsklippe mitten in der Einfahrt ist in der deutschen Seekarte Nr. 676 wegen des kleinen Maßstabes nicht eingezeichnet.
Die in Nordostrichtung folgenden Calas sind auf den nächsten Seiten ausführlicher beschrieben.

Drei nahe beieinanderliegende Buchten, für einen Badeaufenthalt bei ruhigem Wetter gut geeignet. Nur eine Ruine und eine Kate auf der nördlichen Einfahrtshuk der Cala Magraner, sonst keine Bebauung an der Küste.
Besonders Cala Magraner ist Dünung aus Südost bis Süd stark ausgesetzt, sie brandet dann an den Strand.
In Cala Virgili in der Nähe des Strandes einige Unterwasserfelsen; sonst sind die felsigen Ufer auch unter Wasser steil abfallend. Ankergrund ist Sand.
Selten ankern Yachten in diesen Buchten.

wilde Strand, Schnorcheln

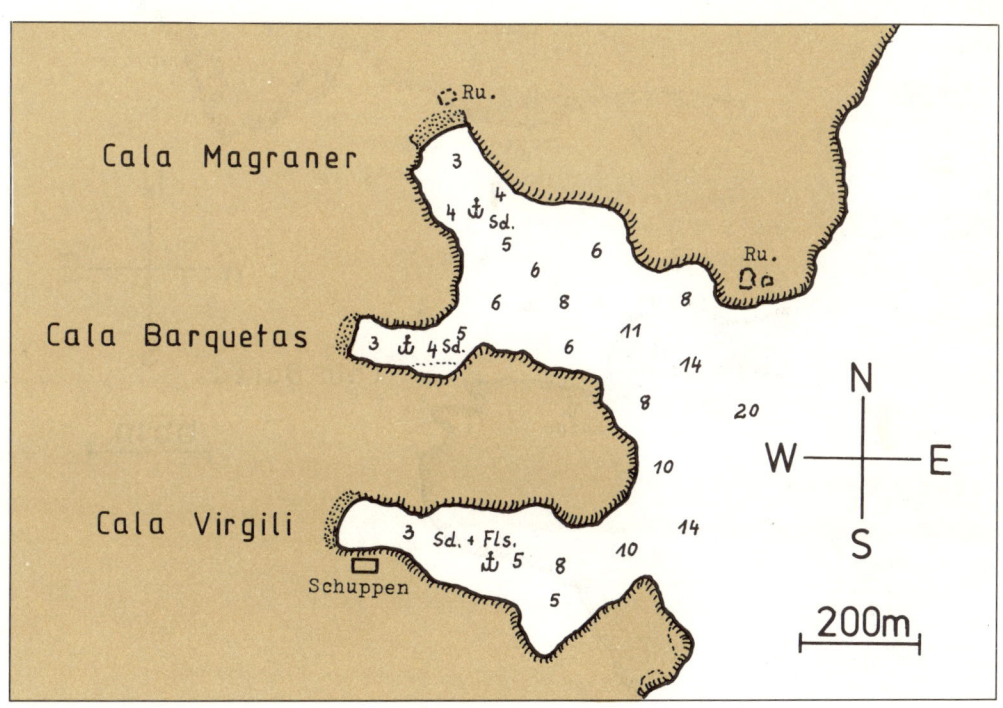

Cala Barcas

Mallorca
39°29,9′N 003°17,8′E

Bei der Ansteuerung dieser Bucht fallen – von Süden kommend – die vielen Grotten in der steil abfallenden Nordhuk auf. Die südliche Einfahrtshuk ist niedriger.

Cala Barcas eignet sich nur bei ruhigem Wetter für einen kürzeren Aufenthalt. Bei nördlichen bis südlichen Winden steht Dünung voll in die Bucht. Ankergrund feiner Sand, im Scheitel der Bucht Sandstrand.

Die Cala ist unbebaut und über Land nur auf kleinen Wegen zu erreichen. Im Sommer bringen Ausflugsboote Badegäste hierher. Nach den in der Nähe liegenden Höhlen (Cuevas del Pirata) auch „Piratenbucht“ genannt.

Cala Falcó, nördlich der Cala Barcas gelegen, buchtet nur wenig ins Land ein und bietet deshalb keinerlei Schutz. Ihrer südlichen Einfahrtshuk ist eine 3,5-m-Stelle vorgelagert, die in der deutschen Seekarte Nr. 676 nicht eingezeichnet ist.

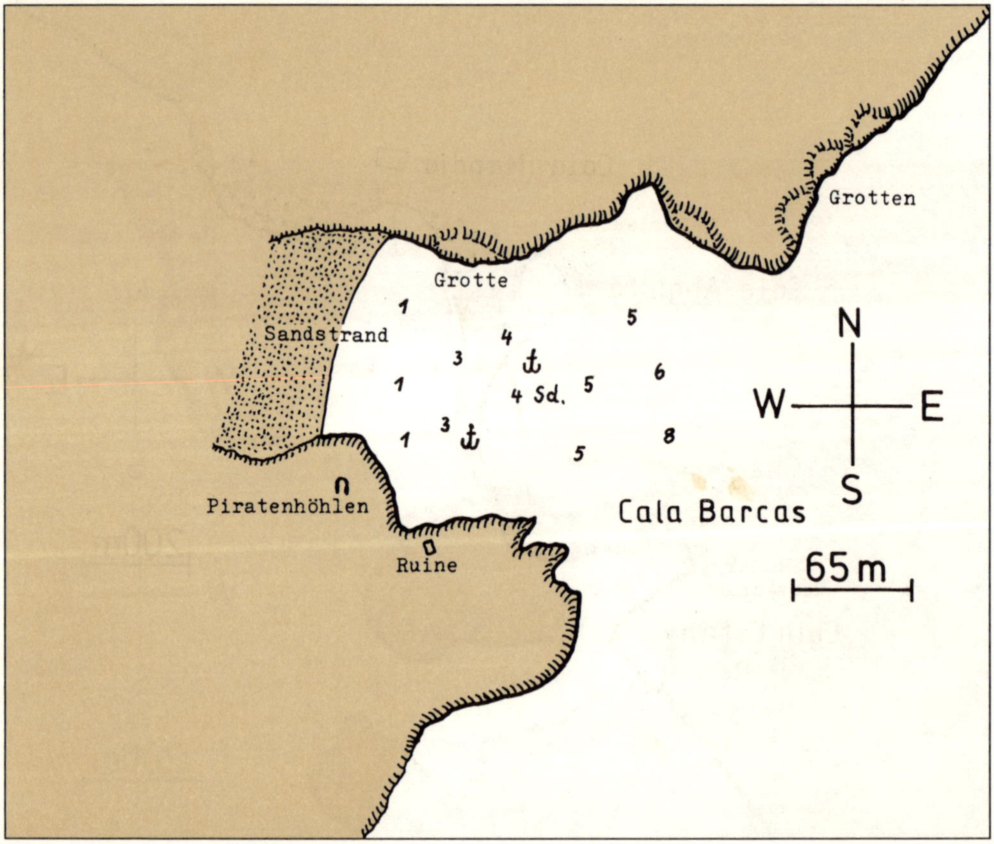

Ungefähr 1,5 sm südlich von Puerto Cristo schneiden diese drei Buchten ins Land ein. Sie sind sehr schön als Ankerplatz am Tage, aber zu offen für die Nacht. Dünung aus Süd bis Ost steht voll hinein. Bei starkem Ostwind geht die Brandung in Cala Anguila und in Cala Estany voll an den Sandstrand.

Von Norden kommend, fällt als erstes der Wasserturm auf, der zwischen den vielen Ferienhäusern auf der Einfahrtshuk vor Cala Mandia steht. Auch von Süden kommend sieht man den Wasserturm und bei der Annäherung zwei Fahnenmasten. Die Huk zwischen Estany und Anguila zeigt nur ein langgestreck- tes Gebäude und eine auffällige weiße Mauer. Sonst ist diese Huk ebenso wie die südlich der Cala Estany unbebaut und unbewaldet, während die Ferien- häuser der Cala Mandia von Grün umgeben sind.

Alle drei Buchten haben zum Sandstrand hin gleichmäßig abnehmende Wasser- tiefen, gut haltenden Sandgrund und klares Wasser. Die Hotels bzw. Ferienhäu- ser bringen lebhaften Bade- und Surfbetrieb mit sich.

Nächste sichere Übernachtungsmöglichkeit in Puerto Cristo.

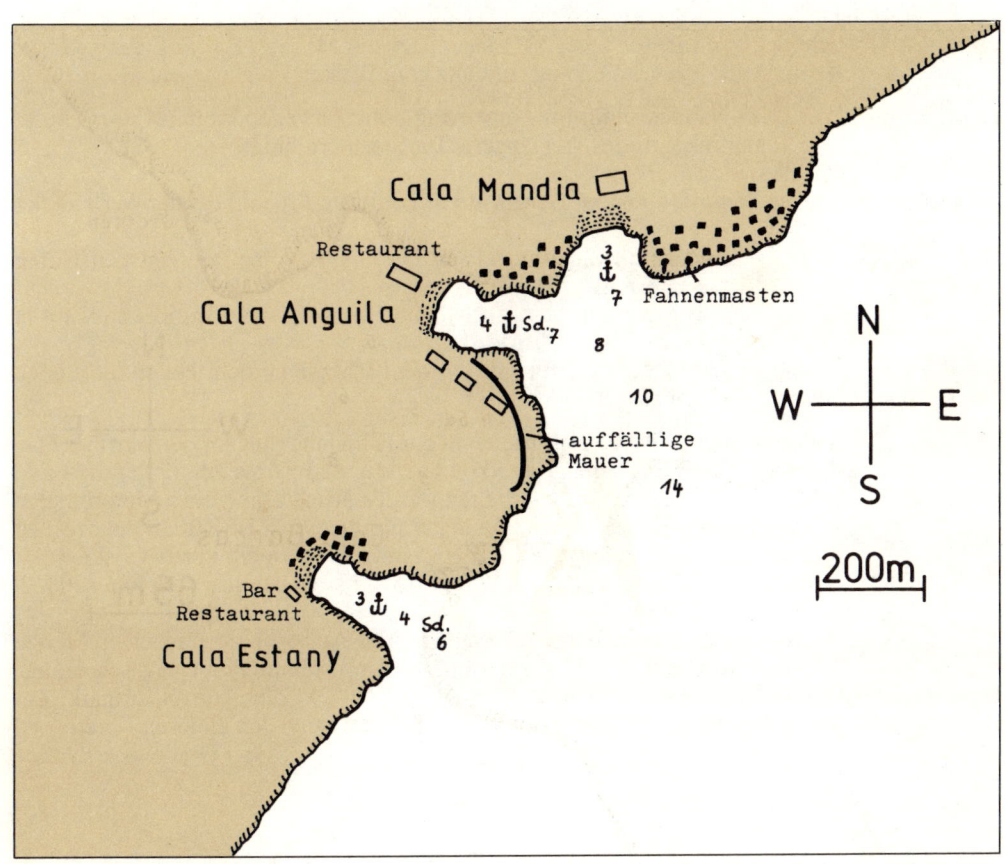

Dieser Fischer- und Yachthafen in der gewundenen Cala Manacor kann als bestens geschützt gegen Winde und Seegang bezeichnet werden. Die schweren Schäden an Stegen und Schiffen nach einem Unwetter im Herbst 1989 sind auf eine hoffentlich einmalige Katastrophe zurückzuführen: Der hier mündende Fluß war damals durch Wolkenbrüche über der Insel so plötzlich angeschwollen, daß die Wassermassen sich an der Brücke stauten und als Flutwelle den Hafenschlauch überspülten.

Bei der Ansteuerung am Tage sind die Häuser der Stadt von weitem auszumachen, außerdem fällt der runde Wachtturm nahe der südlichen Huk Morro de sa Carabassa auf. Diese Huk trägt einen Leuchtturm, auch der Wellenbrecher im Inneren der Cala Manacor ist nachts befeuert. Beim Einlaufen am Tage ist auf Badende zu achten, die bis in die Hafeneinfahrt schwimmen.

Der sich südwestwärts erstreckende Hafenschlauch hat in der Mitte bis zur Werft 4 m Wassertiefe, an den Stegen des Club Nautico bis 3 m.

Am öffentlichen Kai vor dem Ort haben die Ausflugsboote ihren Platz, den sie meist erst am Abend beanspruchen. Zum Bunkern darf man kurzfristig vor der Tankstelle anlegen. Bei starken östlichen Winden kann plötzlich Wechselströmung im vorderen Teil des Hafens entstehen.

Der **Club Nautico Porto Cristo** (Telefon 821253) hat an den wiedererrichteten acht Schwimmstegen etwa 200 Liegeplätze mit Murings zur Verfügung. Gästebooten wird je nach Tiefgang ein Platz vom Personal zugewiesen.

Liegegebühr	Der Club Nautico nimmt für einen Tag hohe Liegegebühren (Wasser, Strom und Steuer inbegriffen), bei längerer Liegezeit ermäßigt.
Wasser/Strom	An allen Stegen.
Treibstoff	Tankstelle für Diesel und Benzin am öffentlichen Kai und bei der Werft an der Liftbox.
Lebensmittel	Gute Geschäfte und Supermärkte in der Stadt (vom C.N. um den Hafen herum 20 min Fußweg).
Restaurants	Clubrestaurant oberhalb des Büros beim Swimmingpool; große Auswahl in Porto Cristo und auf dem Weg dorthin.
Post/Telefon	Postamt in der Stadt; Telefonamt auf dem Platz nahe dem Hafen, dort auch Busse nach Palma.

Seitdem ausreichende Wassertiefen in der Fahrrinne und vor der Werft vorhanden sind, können auch große Yachten mit dem Travellift (70 t) an Land gehoben werden. Sämtliche Arbeiten werden ausgeführt (Holz, Motoren; Farben und Zubehör auf Lager). Da der Raum begrenzt ist (40 Landplätze), ist rechtzeitige Anmeldung notwendig: Astilleros Vermell Porto Cristo S.A., Apartado de Correos 103, 07680 Porto Cristo/Mallorca, Telefon 820832, 821411, Fax 821059.

Puerto Cristo ist ein hübscher Ort mit viel Atmosphäre und einer Menge Sehenswürdigkeiten, z. B. die berühmten Tropfsteinhöhlen Cuevas de Hams, Cuevas del Drach, ein Seewasser-Aquarium und der Auto-Safaripark, ein Wildgehege mit Elefanten, Antilopen, Zebras und vielen anderen Tieren.

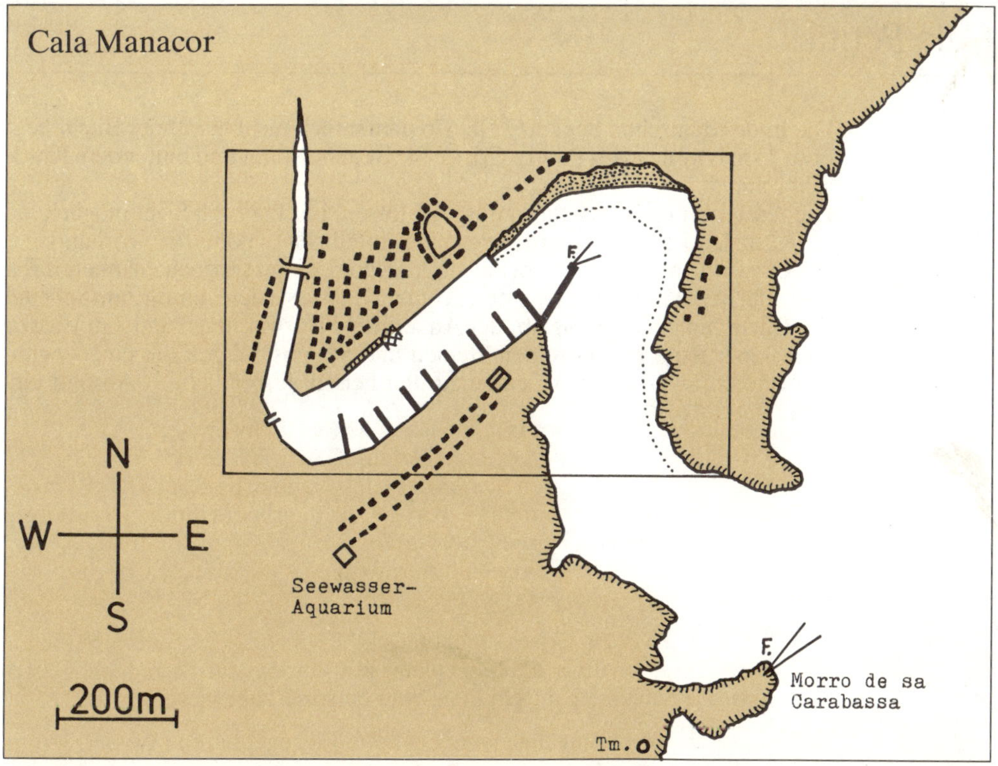

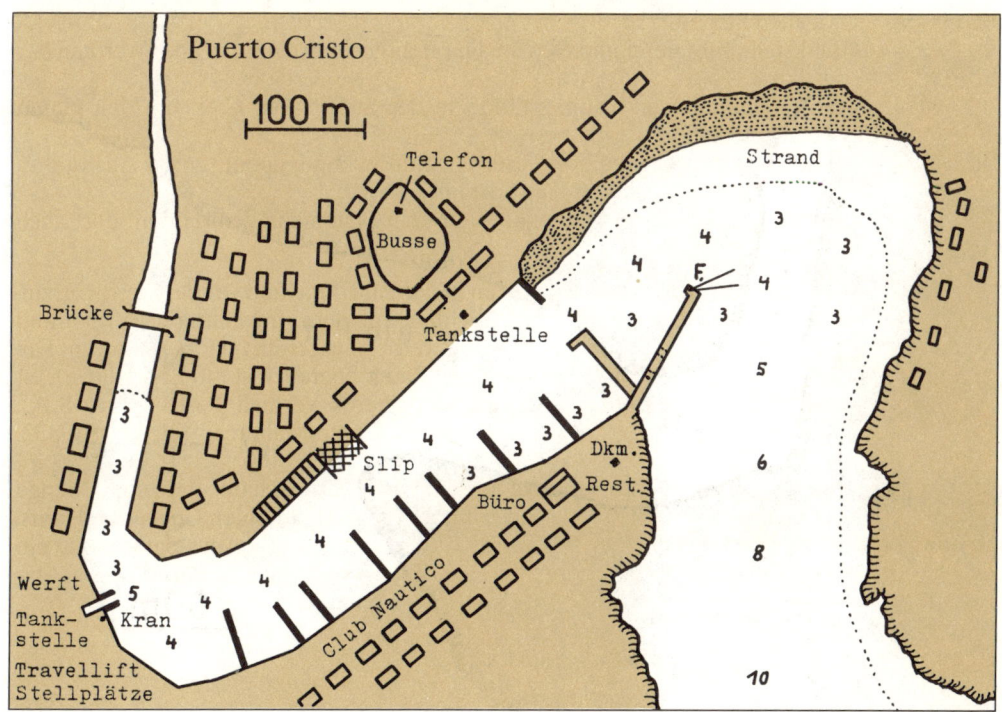

Cala Manacor

N
W — E
S

200m

Seewasser-
Aquarium

F.
Morro de sa
Carabassa

Tm. o

Puerto Cristo

100 m

Telefon

Busse

Strand

3
4
4
3
4
3
F.
4
3

Brücke

4
3
3

Tankstelle

4
3
3

5

Slip

4
4
3
3

Dkm.
Rest.

6

Büro

Club Nautico

8

Werft
Tank-
stelle
Travellift
Stellplätze

5
3
4
4

Kran

10

Cala Petita

Die in der deutschen Seekarte Nr. 676 namentlich nicht erwähnte Bucht liegt etwa 1 sm nördlich von Puerto Cristo. Sie ist unbewohnt und hinter dem Knick sehr schmal.

Die Ansteuerung ist bei Nacht ausgeschlossen, bei Tag nach Sicht möglich; da die Küste jedoch unbebaut ist, sind keine auffälligen Landmarken vorhanden.

Bei Ostwind und starkem Seegang unbrauchbar, bietet sie doch im inneren Teil bei südlichen Winden relativ guten Schutz. Die Wassertiefe nimmt zum Scheitel der Bucht hin gleichmäßig ab, der Ankergrund ist zwischen 6 und 3 m Wassertiefe feiner Sand mit einzelnen Steinen und Seegras. Wegen des eingeengten Schwenkkreises eventuell Leinen zu den Felsen ausbringen. – Absolut einsam.

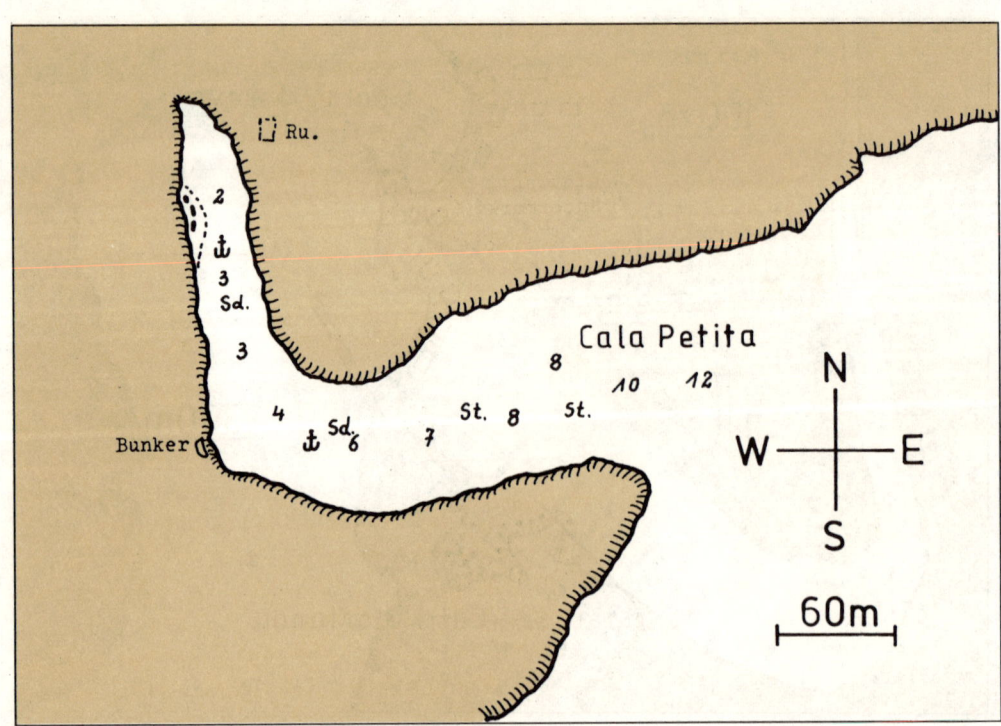

Cala Morlanda

Weite, offene Bucht, der Dünung aus Ost bis Süd ausgesetzt, guter Ankerplatz bei ablandigem Wind, mit feinem Sandgrund und viel Platz zum Schwojen.
Die Küste ist auffallend zerklüftet, am nördlichen Kap liegt die Ortschaft, an die sich – um Punta de na Moreya herum – die dichte Hotelbesiedlung von Cala Moreya (El Illot, auch S'Illot) anschließt.

Cala Moreya
(Playa de na Moreya)

39°33,9′N 003°22,5′E

Auch dieser Ankerplatz ist nur bei ablandigen Winden brauchbar. Die Felsinsel im Südosten der Cala Moreya bietet jedoch bei südlichen Winden einigen Schutz, wenn auch Restdünung zu bemerken ist. Gegen Winde aus Nord bis Ost ungeschützt.
Ausreichende Landmarke sind die vielen Hotels, die regen Badebetrieb mit sich bringen. Die Wassertiefen nehmen zum Strand hin gleichmäßig ab, der Ankergrund ist Sand mit kleinen Steinen.
Gute Restaurants, Grillstuben und Lebensmittelgeschäfte an der Wasserfront von S'Illot.

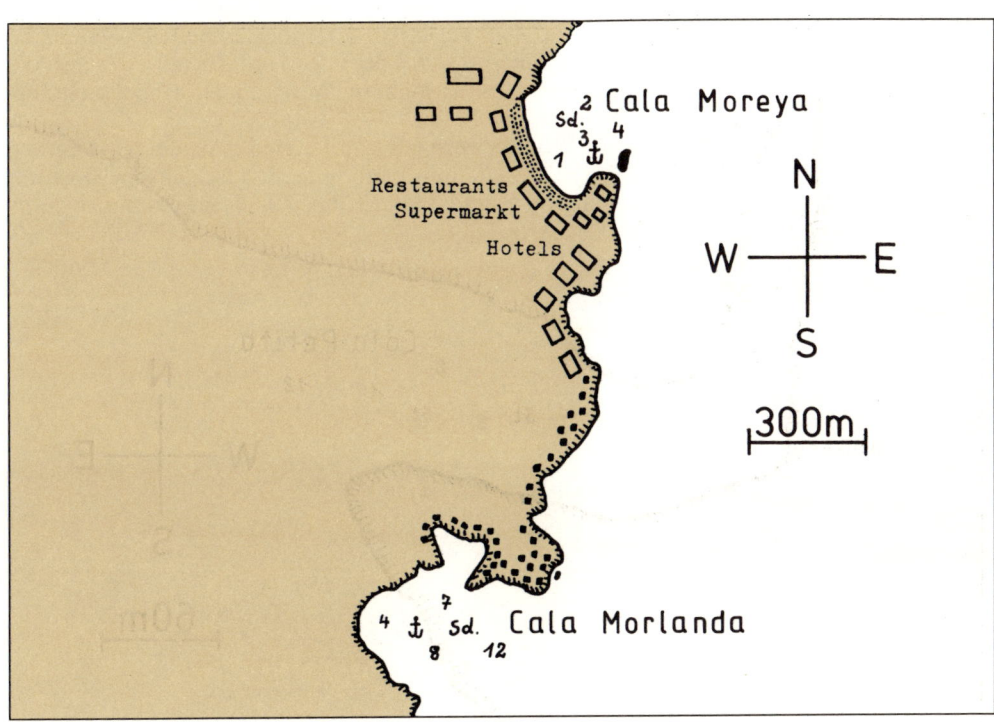

Hafen Cala Bona

Kleiner Fischerhafen in der weiten Bucht von Artá.

Die Ansteuerung ist bei Tag und Nacht einfach. Am Tag erkennt man beim Näherkommen deutlich die Molen mit den Feuerträgern.

Der Hafen sollte nur von kleinen Motor- oder Segelbooten bis maximal 1,6 m Tiefgang angelaufen werden, denn die Hafeneinfahrt ist sehr schmal (ca. 20 m). Sie hat Wassertiefen um 3 m. Im Hafen wird es zu den Kaimauern hin schnell flach. Sportboote können am Kopf der kleinen inneren Mole mit Buganker und Heckleinen festmachen oder – je nach Tiefgang – am Kai, sofern Platz ist. Der Ankergrund ist felsig, mit Mud- und Schlickmulden.

Im Hafen liegt man gegen Wind und Seegang gut geschützt. Nur bei starkem Ostwind kann Schwell entstehen. Je nach Windrichtung ist mit Wasserstandsschwankungen zu rechnen.

Yachten mit größerem Tiefgang können bei ruhiger See vor dem Hafen ankern; der Grund ist teilweise felsig. Auflandiger Wind wirft starke Brandung an den felsigen Strand.

Südwestlich des Hafens sind Buhnen zu erkennen, die einer Molenanlage ähneln; sie dienen dem Schutz der Badenden und sind für Boote nicht geeignet. Geplant ist seit langem eine Hafenerweiterung in nordöstlicher Richtung.

Wasser	Wasserhahn an der Gerätehalle der Fischer (vor Benutzung fragen).
Treibstoff	Nicht zu bekommen.
Lebensmittel	Supermarkt und kleine Läden in Hafennähe.
Restaurants	Rund um den Hafen und an der Straße entlang.
Post/Telefon	Postamt in Son Servera; Briefkasten und Münzfernsprecher am Hafen.

Trotz der vielen Hotels hat Cala Bona sich in der Nähe des sauberen Hafens die Stimmung eines kleinen Fischerortes bewahrt. Erst am Abend füllen sich die Lokale und Souvenirgeschäfte mit Urlaubern. Wer größeren Trubel sucht, findet ihn in der benachbarten Cala Millor.

In Cala Bona werden Fahrräder vermietet, mit denen man die Küstenstraße entlang oder nach Son Servera fahren kann, einem verschlafenen Dorf mit alten Häusern. – Ausflugsbusse und -boote bringen die Touristen zu der gewaltigen Tropfsteinhöhle von Artá.

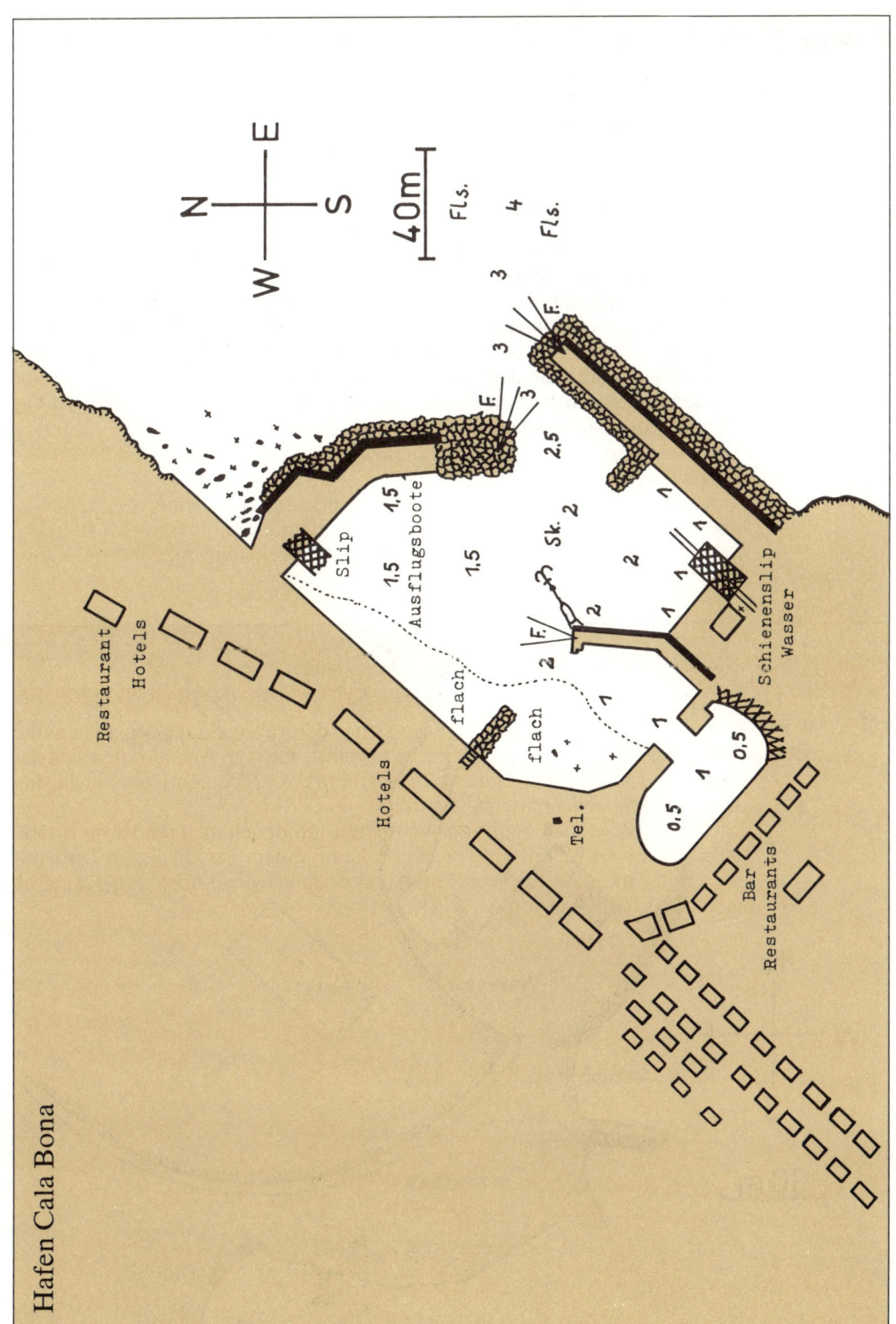

Hafen Cala Bona

An der Nordflanke der Bahia de Artá liegt ein wunderbarer Ankerplatz vor einer großen Hotelanlage mit einem winzig kleinen Hafen, der nur für Gleitboote geeignet ist.

Bei der Ansteuerung dient das Hotel inmitten des Pinienwaldes als gute Landmarke. Bei ruhigem Wetter kann man auf bequemer Wassertiefe ankern und mit dem Beiboot im kleinen Hafenbecken anlegen. Der Ankergrund vor dem Hafen ist teils Sand, teils Fels, mit Seegras bewachsen.

Am Strand, der aus Sand und Fels besteht, befinden sich mehrere Wasserhähne, eine Dusche und ein Kiosk mit Getränken und Süßigkeiten. In näherer Umgebung des Hotels, vorbei an den Sportanlagen, sind Bars, Restaurants, Souvenirläden, Telefon und ein großer Supermarkt.

Yachten ankern oft auch in der nordwestlichen Ecke der Bucht, die **Port Vey** genannt wird, vor dem langen Sandstrand.

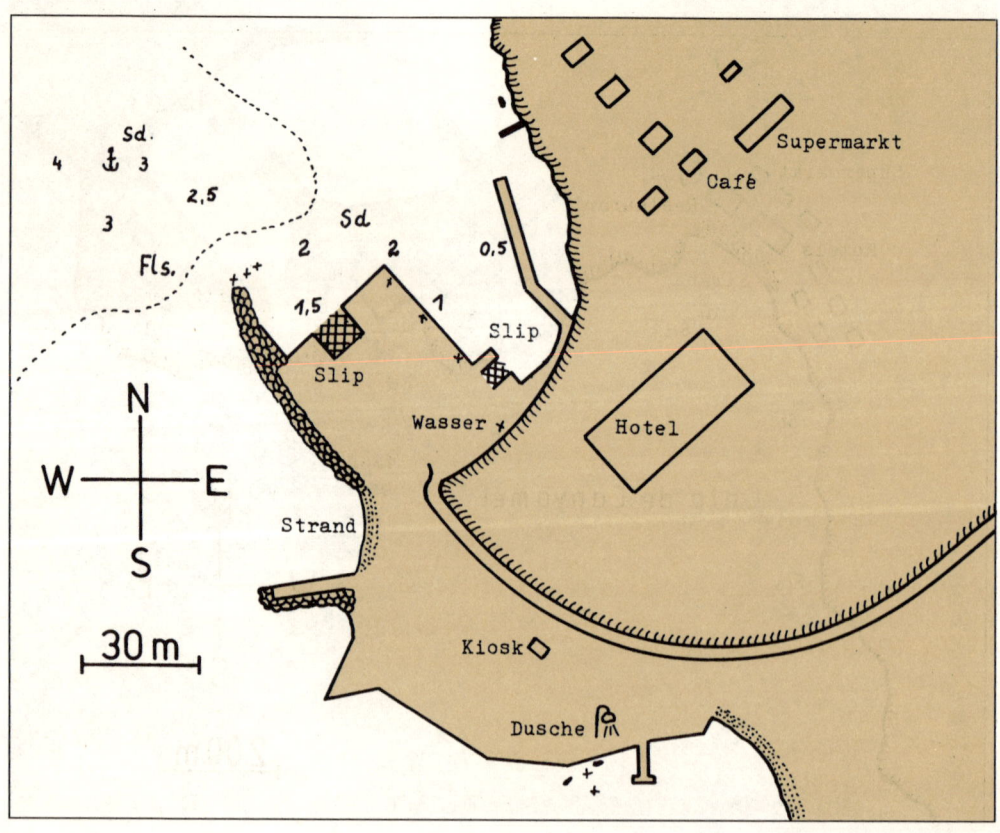

Zwischen Cabo del Pinar und Cabo Vermey liegt die Cala Canyamel in herrlicher Landschaft. Sie ist zwar nach Osten sehr offen, für einen kurzzeitigen Aufenthalt aber gut geeignet.

Auffällig bei der Ansteuerung von Süden ist der hohe Eingang zur Tropfsteinhöhle von Artá nahe dem kahlen Kap Vermey. Bei ruhigem Wetter kann man vor dem Sandstrand oder etwas näher unter dem Höhleneingang ankern. Ankergrund ist Sand. – Der kleine Anleger sollte für Ausflugsboote freigehalten werden, die meist für längere Zeit anlegen, um ein Picknick vorzubereiten. Bei Besichtigung der Höhle sollte man eine Ankerwache an Bord lassen. Die Führung dauert eine Stunde. – Die Höhlen von Artá sind in ihren Ausmaßen die gewaltigsten von ganz Mallorca. Schon der hohe Felseingang mit der steilen Treppe beeindruckt den Besucher. Dahinter breiten sich eine Halle von 25 m Höhe mit einem mächtigen Stalagmiten von über 22 m und ein weitverzweigtes Gewirr von Sälen und Gängen mit vielgestaltigen Tropfsteingebilden aus.

Versorgungsmöglichkeit in der Ferienanlage Canyamel: Supermarkt, Metzgerei, Telefon, Zeitungen, Restaurants.

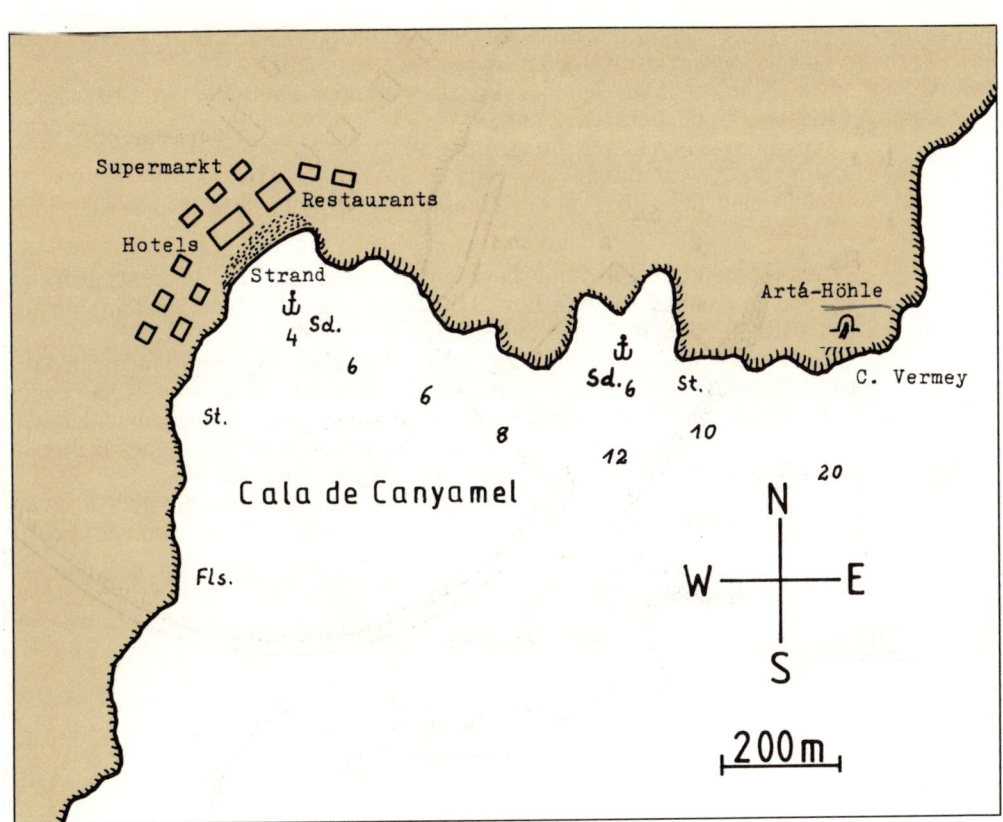

Hafen Cala Ratjada

Dieser Fischerhafen dient im allgemeinen den Sportbootfahrern als Absprungsort für die Fahrt nach Menorca, denn Ciudadela liegt von hier knapp 25 sm entfernt.

Die Ansteuerung ist bei Tag und Nacht einfach. Nachts brennt ein starkes Feuer auf der äußeren Mole. Am Tage ist diese mächtige Mole schon von weitem zu sehen, auch der Ort ist eine deutliche Orientierungshilfe.

An der Innenseite der Mole finden Yachten einen Liegeplatz am Kai im Päckchen. Das Längsseitsliegen wird deshalb vorgezogen, weil bei dem ständigen Schwell die Boote sonst in seitliche Schaukelbewegung geraten. Etwas besser liegt man vor Buganker an der Außenseite der Tankstellenpier; dort muß man jedoch auf Molenblöcke unter Wasser achten und lange Heckleinen benutzen. Im Fischerhafen werden Sportboote nicht geduldet.

Der **Club Nautico Cala Ratjada** hinter der westlichen befeuerten Mole hat während der Saison keine Plätze frei. Durch Veränderung der Stege soll in Kürze die Liegeplatzkapazität von 76 auf über 100 erhöht werden.

Für die Zukunft geplant ist der Bau eines großen Yachthafens mit 700 Liegeplätzen, geschützt durch zwei neue Molen, die den bisherigen Hafen umgeben sollen. Damit würde Cala Ratjada als Ziel- oder Starthafen für Transityachten an Bedeutung gewinnen.

Liegegebühr	Am Kai das amtliche Hafengeld.
Wasser/Strom	Anschlüsse zahlreich vorhanden. Verbindungsstück vom Hafenmeister oder Tankstellenwart zu erfragen.
Treibstoff	Diesel-Tankstelle an der Pier. Benzin von einer Tankstelle am Ortsausgang Richtung Capdepera (ca. 2 km).
Lebensmittel	Supermärkte und Geschäfte im Ort.
Restaurants	Sehr gute Restaurants in Cala Ratjada.
Post/Telefon	Telefon auf dem Platz an der Hauptstraße, Postamt 6 Straßen weiter nach Westen.

Cala Ratjada ist ein Ort mit starkem Fremdenverkehr und dementsprechend vielen Souvenirgeschäften, Bars, Diskotheken und Lokalen, die teilweise auf deutsche Bedürfnisse eingestellt sind.

Zu empfehlen sind Ausflüge durch das schöne bergige Hinterland nach Artá mit Museum (10-12 Uhr geöffnet) und der vorgeschichtlichen Steinsetzung „Ses Paisses" in einem Steineichenwäldchen; nach Capdepera, dem mittelalterlichen Ort um eine Festung mit gotischer Kapelle und gut erhaltenen Wehrgängen, von wo man eine herrliche Aussicht bis zum Meer hat.

Ein guter Ankerplatz zum Baden oder Ausweichen in unmittelbarer Nähe von Cala Ratjada befindet sich in der **Cala Gat** im Schutz der kleinen Felsinsel El Farayó. Ankergrund ist Sand.

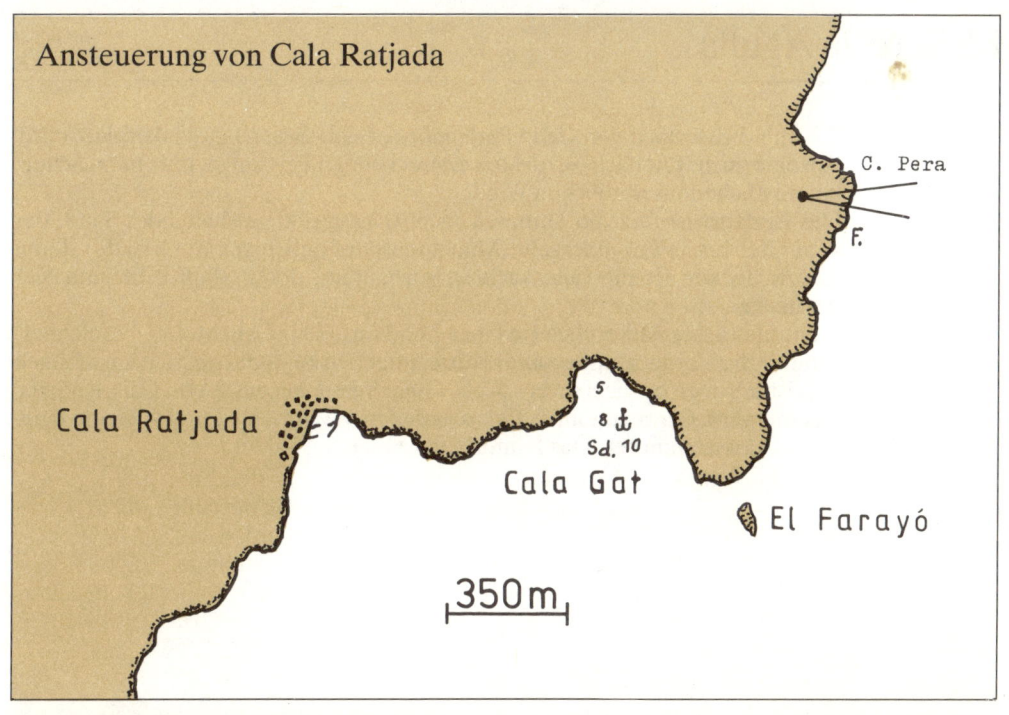

Ansteuerung von Cala Ratjada

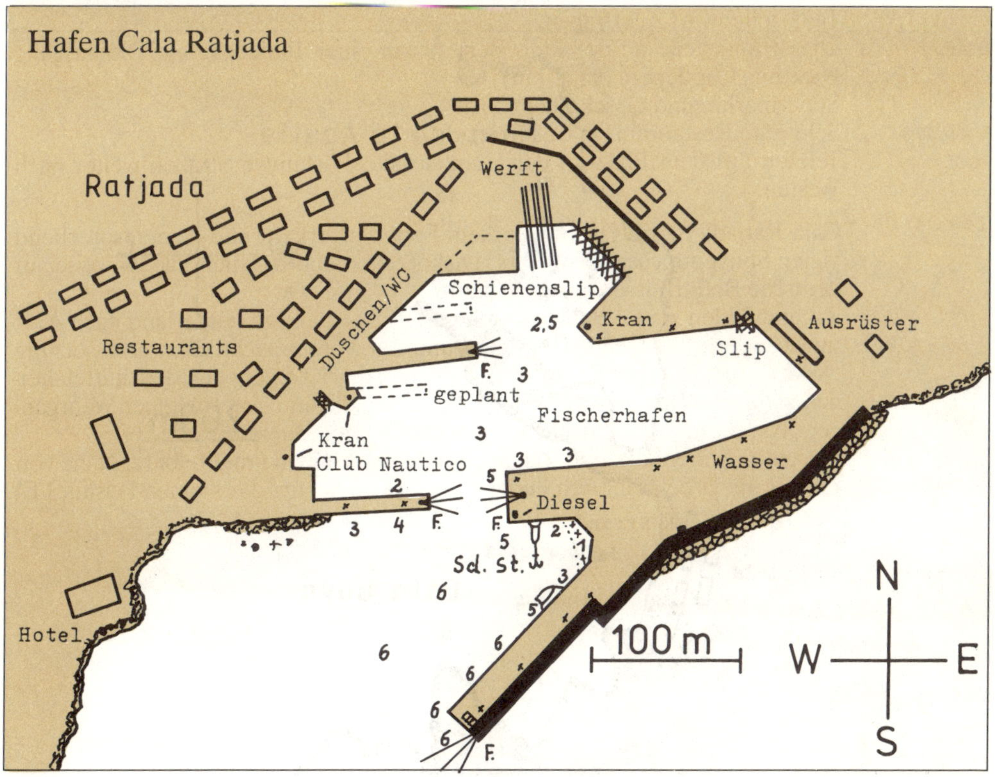

C. Pera

F.

Cala Ratjada

Cala Gat

5
8 ⚓
Sd. 10

El Farayó

350m

Hafen Cala Ratjada

Ratjada

Werft

Schienenslip

Duschen/WC

2,5

Kran

Ausrüster

Slip

Restaurants

F.

geplant

3

Fischerhafen

Kran
Club Nautico

1

3

3

3

Wasser

5

3

2

F.

Diesel

3

4

F.

F.

5

Hotel

Sd. St.

2

6

6

3

N

6

6

100 m

W

E

6

6

S

F.

1,3 sm nordwestlich von Cabo Pera befindet sich dieser Tagesankerplatz nördlich einer sich weit nach Nordosten erstreckenden Felszunge, mit gutem Schutz bei westlichen bis nördlichen Winden.

Die Einfahrt ist frei von Untiefen, der Ankergrund gut haltender Sand, der zum Ufer hin in Fels übergeht. Man ankert auf beliebiger Wassertiefe. Raum zum Schwojen ist für viele Yachten vorhanden, doch selten trifft man hier Boote an.

Während dieser Ankerplatz (in einer Landkarte als „Cala Moltó" bezeichnet) rundum von felsiger, unbebauter Küste umgeben ist, tummeln sich am schönen Sandstrand der benachbarten „Cala Guya" die Badegäste von Cala Ratjada, das mit Cala Guya zu einem Ort zusammengewachsen ist und wie eine deutsche Kolonie anmutet. Das Hinterland ist dicht bewaldet.

und zum überalten, abends wird es ruhiger

schöner Strand

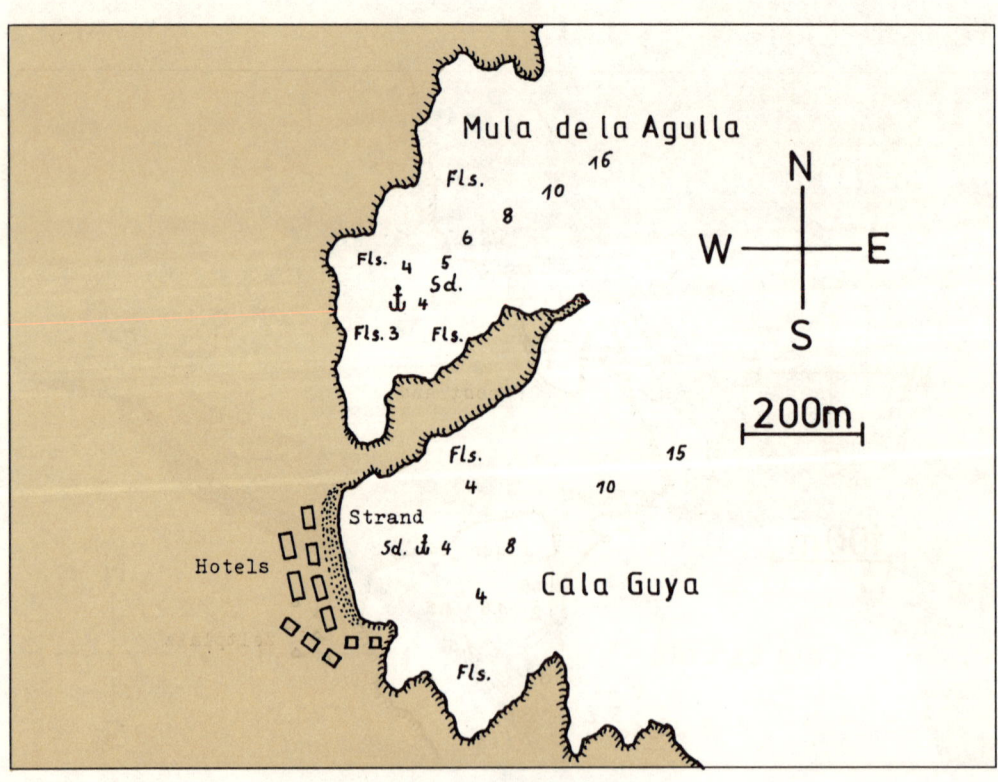

Cala Es Caló

(im Leuchtfeuer-Verzeichnis als „Dique-embarcadero de Cabo Farrutx" aufgeführt)

Nahe dem Kap Farrutx (Farruch) befindet sich ein Ankerplatz mit einer ca. 40 m langen Mole, die Booten mit maximal 1,6 m Tiefgang Schutz vor westlichen bis nördlichen Winden bieten kann. Nur 1,2 sm in Luftlinie von Cabo Farrutx in südwestlicher Richtung entfernt, muß man auf dem Seewege einen größeren Bogen um Punta Farrutx und Punta d'es Caló machen, um all den Klippen, die der felsigen Küste vorgelagert sind, aus dem Weg zu gehen. Am besten hält man so lange Abstand, bis man die Mole, die nachts befeuert ist, querab hat.
Um den Molenkopf liegen nahe unter der Wasseroberfläche Betonblöcke. Beim Einsteuern sollte man loten, da der Grund stufig ist und einzelne Felsen dicht mit Seegras bewachsen sind.
Yachten mit größerem Tiefgang können südlich der Mole ankern. Der Ankergrund ist hier besser als hinter der Mole: Zwischen Felsplatten sind Sandmulden und teilweise Seegras. Wegen der nachts ein- und auslaufenden Fischerboote Ankerlicht setzen!
Die Küste ist mit Pinien bewachsen, unter denen vor allem Einheimische zelten. Der Ankerplatz mit Blick auf den Atalaya de Morey (432 m) ist von großer landschaftlicher Schönheit.

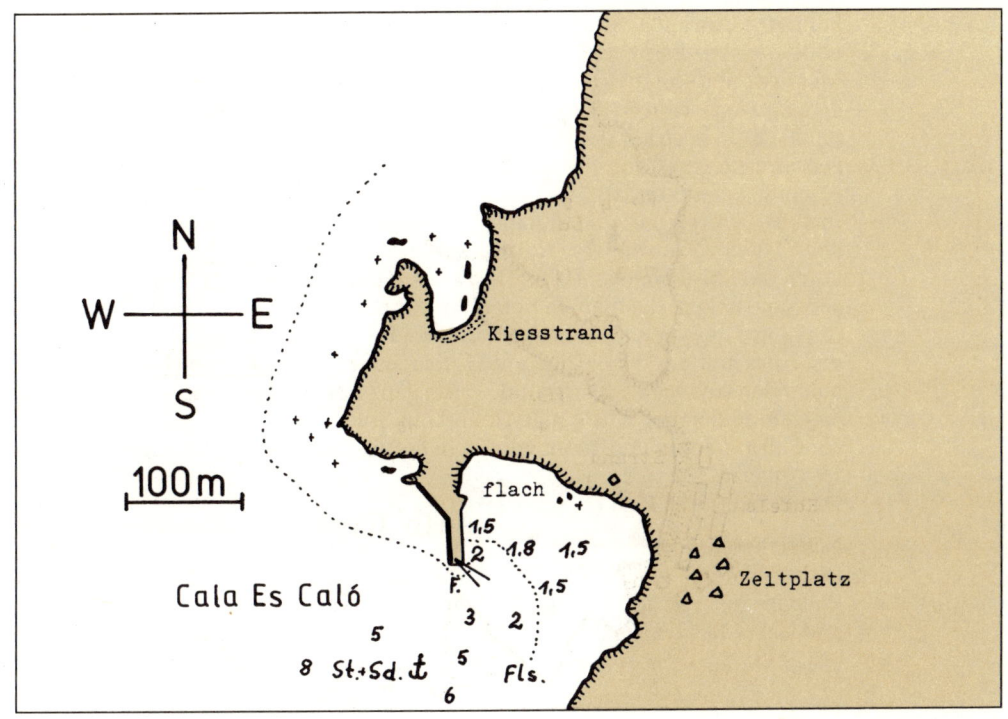

Bucht von Alcudia
bis Puerto de Sóller (Plan C)

In den Bahias de Alcudia und Pollensa weht tagsüber fast immer ein tüchtiger Wind aus Nord bis Nordost — ideal für Segler und Surfer. Doch während man in der Nordwestecke der Bucht, in Puerto de Alcudia, guten Schutz findet, sind Picafort und Serra-Nova bei auflandigem Seegang nicht anzulaufen.

Als große Halbinsel mit dem Atalaya de Alcudia (450 m) schieben sich die Kaps de Menorca und del Pinar ins Meer vor, erfordern vom Segler manchen Kreuzschlag zusätzlich, bis sich endlich die Bucht von Pollensa auftut, auch sie nur in ihrem Scheitel eben, rundum ansteigend zur höchsten und gewaltigsten Gebirgskette Mallorcas.

Sind schon die Berge unbeschreiblich eindrucksvoll, die sich bis zur äußersten nördlichen Spitze, dem Kap Formentor auf der gleichnamigen Halbinsel, weit ins Meer erstrecken, das Kap Formentor mit seinem Leuchtturm auf 210 m Höhe ist es erst recht: Eine endlos scheinende Serpentinenstraße führt dorthin, und man hat aus luftiger Höhe nicht nur die schönste Aussicht auf die Bucht von Pollensa und hinüber bis Menorca, sondern schaut gleichermaßen um die Ecke des wilden Kaps auf die Nordwestseite der Insel, die an Schroffheit und landschaftlicher Großartigkeit alles bisher Gesehene noch übertrifft.

Achtung   Auf die Ähnlichkeit der Leuchtfeuer von Cabo Formentor (Blz. (4)-20s) und Cabo Nati/Menorca (Blz. (3+1)-20s) wird hingewiesen.

Mit dem Boot kann es ein Stück Arbeit bedeuten, das Kap Formentor zu runden. Selten ist das Meer unbewegt, auch bei schwächeren Winden steht meist Seegang um die steil ins Meer abfallenden, zerfurchten und von Grotten durchhöhlten Felswände. Eine immer wieder sich verändernde Silhouette dieser unbewohnten Küste ist zu bestaunen. Das Hochgebirge dringt hier bis ans Meer vor und stürzt aus großer Höhe steil ab; so gibt es auch keine Straßen für den Bau von Hotels. Bis Puerto de Sóller beherrschen die Berge das Panorama, deren höchster der Puig Mayor mit 1445 m ist. Auf der ganzen 27 sm langen Strecke von Cabo Formentor bis Puerto de Sóller gibt es keinen wirklich geschützten Ankerplatz.

In **Cala Figuera,** mit gutem Sandgrund neben klar sichtbaren Untiefen, steht über Tag der Seegang von Nordosten herein, nachts fegt dafür der Landwind durch die Düse hinaus. — Die Bucht bei **Punta de la Troneta,** mit Felsen, einigen Sandstellen, die man im tiefen Wasser nur bei ruhiger See auf Sicht findet, ist ebenso unsicher. — **Cala San Vicente,** eine weit offene Bucht mit zwei felsigen Einschnitten, die einzige mit Hotels, hat zwar Sandstrände, aber schlecht haltenden steinigen Ankergrund. — Bei ganz ruhigem Wetter kann man sich an einigen Stellen der Küste nähern und ein Stück Ankergrund entdecken. Erst die Calas Calobra und Tuent greifen tiefer ins Land ein und erlauben gefahrloses Ankern.

Fortsetzung siehe Plan D (Seite 96).

Näher beschrieben werden: Club Nautico Serra-Nova und Colonia de San Pedro, Hafen Ca'n Picafort, Puerto de Alcudia, Hafen Bon Aire; Bucht von Pollensa mit Puerto de Pollensa, Hafen Barcarés, Cala del Pino de la Posada und Cala Murta; Cala de la Calobra, Cala Tuent, Puerto de Sóller.

PLAN C

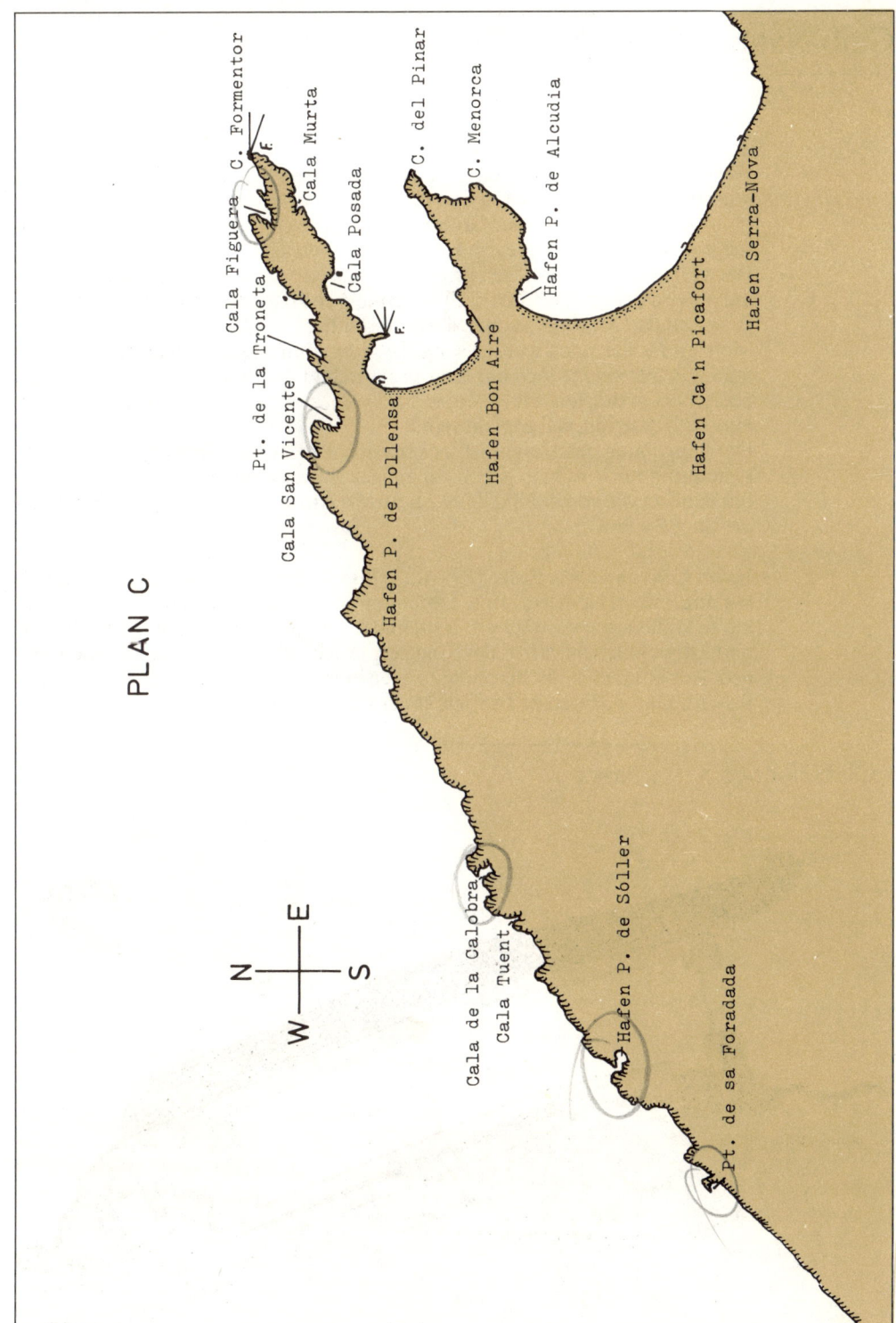

Cala Figuera C. Formentor
Cala Murta
Cala Posada
C. del Pinar
C. Menorca
Hafen P. de Alcudia
Pt. de la Troneta
Cala San Vicente
Hafen P. de Pollensa
Hafen Bon Aire
Hafen Ca'n Picafort
Hafen Serra-Nova
Cala de la Calobra
Cala Tuent
Hafen P. de Sóller
Pt. de sa Foradada

N
W — E
S

Club Nautico Serra-Nova

Kleiner Sportboothafen in der Bucht von Alcudia mit 126 Liegeplätzen, von denen 10 bis 20 für Gäste vorgesehen sind.

Wegen der noch nicht eindeutig bekannten Wassertiefen sollte man den Hafen nur mit kleinen Sportbooten und nur bei ruhiger See anlaufen. Es ist fraglich, ob – wie vorgesehen – der Grund vor der sehr schmalen Hafeneinfahrt inzwischen ausgebaggert wurde. Im Hafenbecken beträgt die Wassertiefe um 1,5 m. Bei auflandigem Wind, der grobe Grundseen vor der Hafeneinfahrt verursacht, wird der Hafen durch ein Tor hermetisch abgeschlossen. Dann liegen die Boote an den Murings absolut sicher und ruhig.

Mole und Kaianlagen wurden sorgfältig ausgeführt. Die im Plan eingezeichneten Gebäude sind jedoch nur teilweise errichtet worden. Die Molenfeuer sind noch nicht in Betrieb; die Südmole wird von einer Laterne angestrahlt. – Eine Hafenerweiterung soll geplant sein.

Die Umgebung des Hafens ist locker mit Villen bebaut. Versorgungsmöglichkeiten sind noch nicht gegeben. In einiger Entfernung, an der schnurgeraden Pinienallee, die von der Siedlung zur Straße Alcudia – Artá führt, befindet sich die Bar „Sis Pins“.

Hafen Colonia de San Pedro (39°44,2′N 003°16,5′E). Höchstens von Gleitbooten anzulaufen ist dieser urige Fischerhafen. Der nach Westen vorspringende kurze Wellenbrecher trägt ein Molenlicht auf roter Säule. Die ca. 5 m breite und 1 m tiefe Einfahrt kann bei Seegang durch ein Bohlentor geschlossen werden. Außer kleinen Fischerbooten liegen hier die Boote des Club Nautico. Das Restaurant am Hafen ist Treffpunkt der Clubmitglieder.

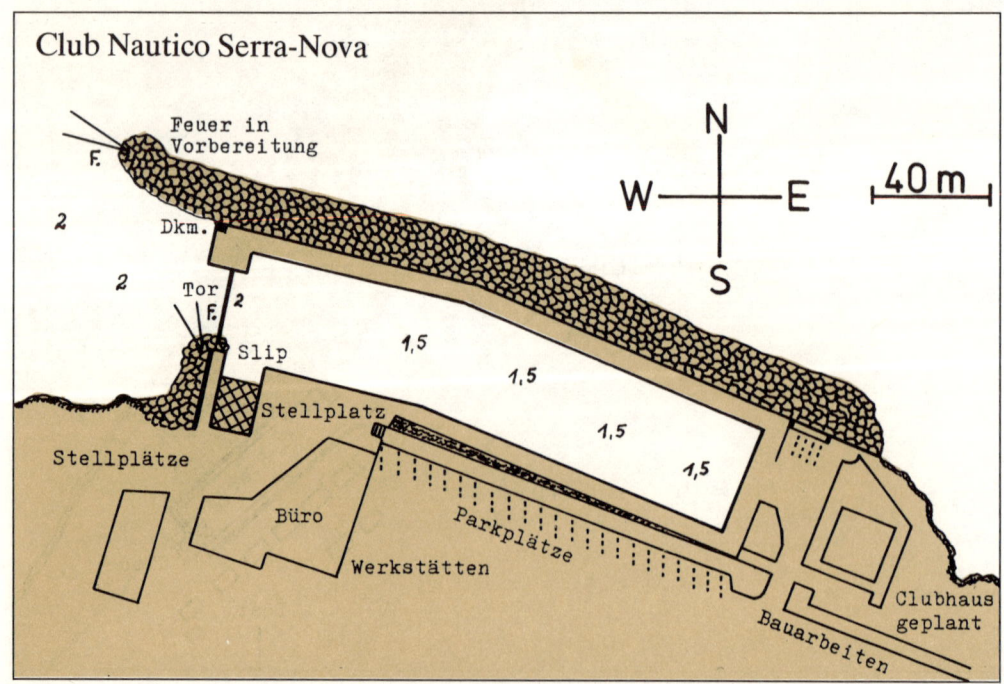

Club Nautico Serra-Nova

Puerto Deportivo Ca'n Picafort

Das dem Fischerhafen vorgebaute Becken mit 470 Muringplätzen ist wegen Versandungsgefahr in der Einfahrt nur für Boote mit geringerem Tiefgang geeignet. Von einer Ansteuerung bei auflandigem Wind und Seegang wird abgeraten; dann sollte man nach Alcudia ausweichen. Auch bei ruhiger See muß die Ansteuerung sehr behutsam erfolgen. Zunächst sieht man die Hotelbauten, beim Näherkommen am Ufer eine weiße Bake in Obeliskenform mit einer „4" (in der Seekarte Mk. 4). Eine Unterwasserklippe ca. 200 m nordwestlich der Einfahrt ist mit einer Spiere (Ost-Toppzeichen: s.g.s.) markiert, diese ist jedoch erst aus der Nähe auszumachen.

Die Einfahrt soll jetzt 2,5 m Wassertiefe haben, der Hafen bis 3 m. Es gibt Wasser/Strom, Duschen/WC, Slip, Stellplätze, Kran (3 t). Treibstoff per Tankwagen. Lebensmittel und Restaurants im sehr lebhaften Ort. Post, Touristeninformation im Gemeindeamt. – Liegeplätze werden vermietet oder verkauft (mittlere Preise); Telefon 850010.

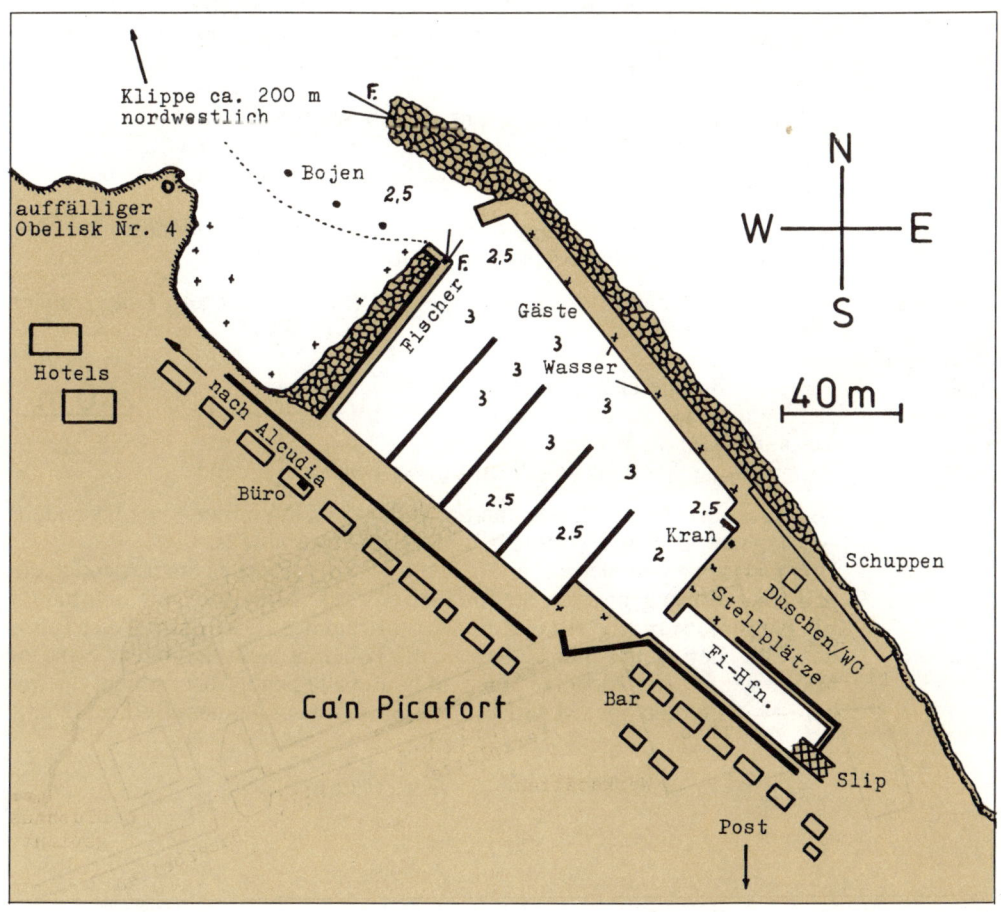

Geräumiger Industrie-, Fischer- und Yachthafen im Nordwesten der weiten Bucht von Alcudia, bei jeder Wetterlage anzulaufen.

Eine gute Ansteuerungshilfe bei Tag geben die beiden Fabrikschornsteine, in deren Fortsetzung nach Südwesten sich der Wellenbrecher erstreckt, hinter dem der Handelshafen liegt. Nachts richtet man sich nach den Leuchtfeuern auf der Insel Aucanada und am Kopf des Wellenbrechers. Auch die Tankerbrücke und die neue Yachthafen-Mole (Südmole) sind befeuert. Zwischen grünen und roten Bojen gelangt man um die Südmole herum in den Yachthafen.

Achtung

Eine unbeleuchtete grüne Tonne markiert den Baubereich der Fischerhafen-Mole (Nordmole); das Molenlicht des Fischerhafens befindet sich bis zum Abschluß der Bauarbeiten noch nicht am äußersten Ende dieses neuen Molenteils.

Gästebooten wird ein Platz an der Südmole oder der Tankstellenpier zugewiesen. Die Plätze an den Stegen sind mit Murings ausgestattet. Der Hafen wird Tag und Nacht bewacht.

Der Bau dieses sicheren Yachthafens mit nunmehr 728 Liegeplätzen soll 1992 endgültig abgeschlossen sein. Zwar stehen Duschen, Stellplätze, Travellift (80 t) und Mobilkran (8 t) bereits zur Verfügung, doch fehlen noch die geplanten Gebäude mit Werkstätten, Geschäften, einem größeren Sanitärbereich und schließlich der Verwaltung (Büro jetzt jenseits der Straße).

Anschrift: ALCUDIA MAR S.A. und TRAVELLIFT ALCUDIA S.A., Paseo Maritimo 44, 07410 Porto Alcudia/Mallorca, Telefon 546000-04, Fax 545920.

Außerhalb des Hafens können Yachten bei ablandigem Wind ankern. – Geringe Wasserstandsschwankungen wurden festgestellt.

Liegegebühr

Hohe Liegegebühren je Tag. Liegeplätze können für längere Zeit gemietet oder gekauft werden.

Wasser/Strom
Am Kai und an den Stegen.

Treibstoff
Tankstelle für Diesel und Benzin am Kopf der Südpier.

Lebensmittel
Geschäfte in den Seitenstraßen.

Restaurants
Restaurants an der Wasserfront.

Post/Telefon
Postamt in der Stadt Alcudia, Münzfernsprecher am Hafen.

Der Hafenort Puerto de Alcudia hat außer der Hafenfront keine besondere Atmosphäre. Die großen Hotelbauten liegen etwas abseits.

Unbedingt zu empfehlen ist ein Ausflug zur 2 km entfernten Stadt Alcudia, die von einer zinnengekrönten Stadtmauer aus dem Mittelalter mit wehrhaften Eingangstoren umgeben ist und ein sehr verträumtes Dasein führt. Auch Reste der römischen Hauptstadt Mallorcas, die Pollentia hieß, sind in der Nähe zu besichtigen. – Um Alcudia kann man häufig alte Schöpfräder sehen, die früher – von Pferden oder Maultieren bewegt – Wasser aus dem Boden holten.

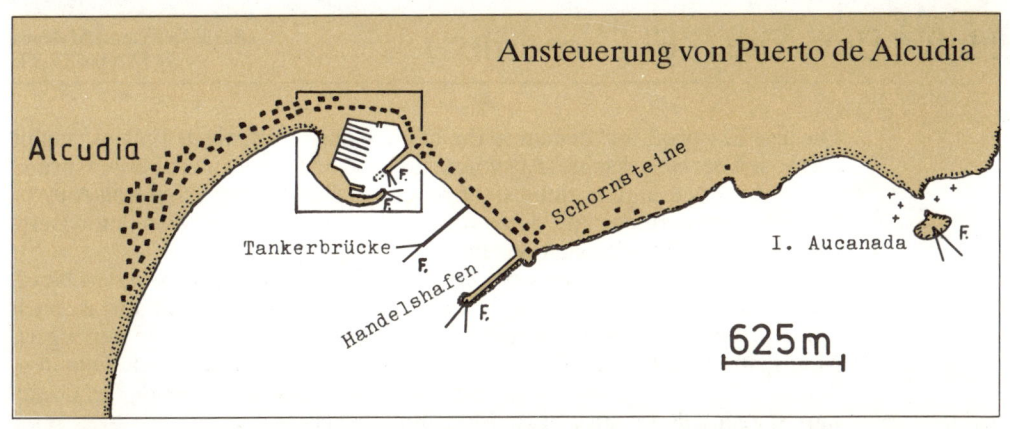

Ansteuerung von Puerto de Alcudia

Alcudia

Tankerbrücke

Handelshafen

Schornsteine

I. Aucanada

625m

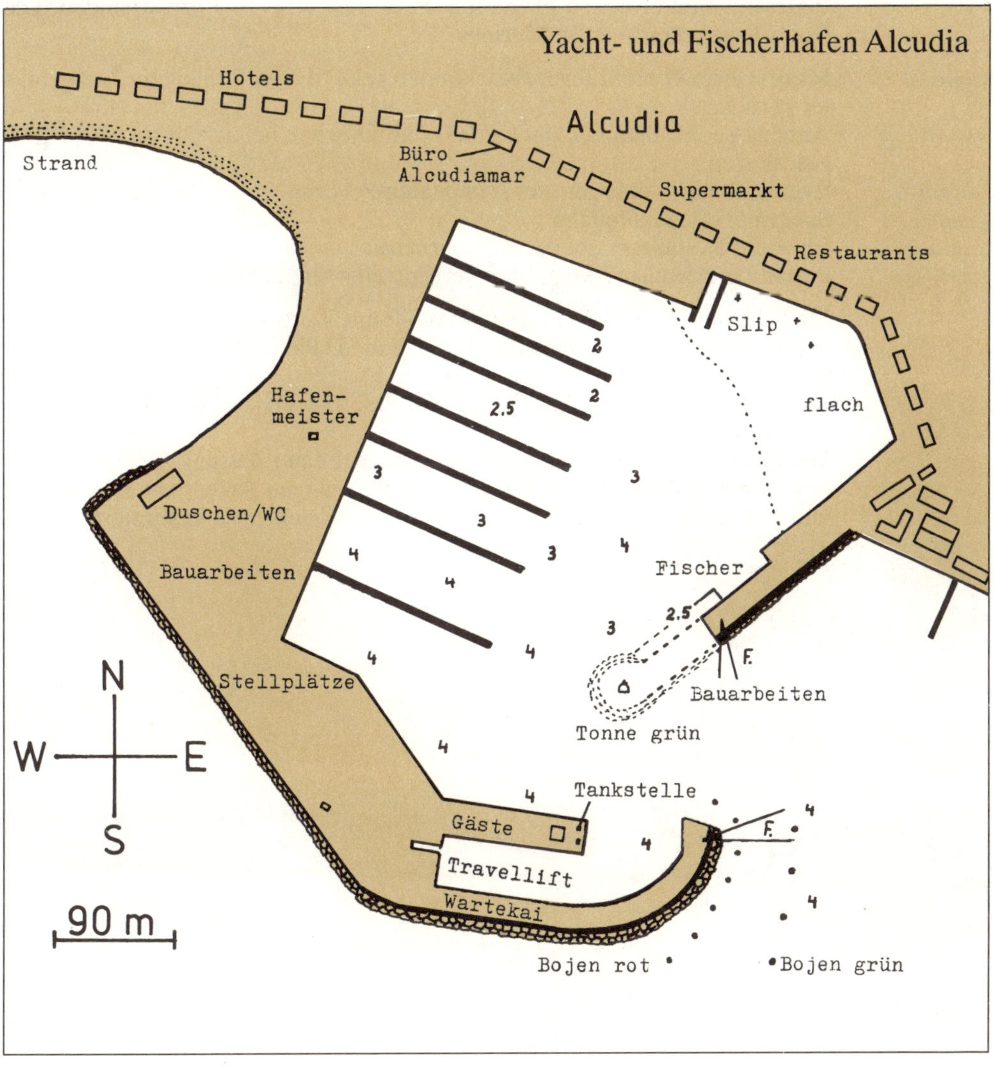

Yacht- und Fischerhafen Alcudia

Hotels

Alcudia

Strand

Büro
Alcudiamar

Supermarkt

Restaurants

Slip

flach

Hafen-
meister

Duschen/WC

Bauarbeiten

Stellplätze

Fischer

2.5

Bauarbeiten

Tonne grün

Tankstelle

Gäste

Travellift

Wartekai

Bojen rot

Bojen grün

N
W — E
S

90 m

85

Hafen Bon Aire („El Cocodrilo")

Die als „El Cocodrilo" bekannte Bucht im Süden der Bahia de Pollensa nennt sich – seit der wegen seines Aussehens als Krokodil bezeichnete Felsvorsprung in die Hafenbefestigung einbezogen wurde – „Puerto Deportivo Bon Aire".

Bei der Ansteuerung ist die Mole von weitem zu sehen. Am bewaldeten Berghang hinter dem Hafen viele Villen.

Die Schäden an der vor vielen Jahren bei einem Sturm eingestürzten Nordmole sind zwar notdürftig behoben worden, doch die Hafeneinfahrt ist nach wie vor durch die abgerutschten Steine verengt, die Wassertiefe verringert. Man sollte deshalb ohne Ortskenntnis den Hafen bei Seegang nicht anlaufen. Auch bei Nacht ist große Vorsicht geboten. Am seewärtigen Ende des Gästekais ist ebenfalls auf abgesackte Molenteile zu achten.

Insgesamt sind etwa 360 Plätze mit Wassertiefen bis zu 3 m vorhanden. Die Boote liegen durchweg an Murings.

Liegegebühr	Mittlere Preisklasse. Liegeplätze können gekauft oder für längere Zeit gemietet werden.
Wasser/Strom	Anschlüsse reichlich vorhanden. WC und Duschen bei der Pforte waren 1990 geschlossen.
Treibstoff	Eventuell mit Tankwagen, sonst im Hafen Pollensa.
Lebensmittel	Supermarkt in Hafennähe.
Restaurants	Ein gutes Restaurant über dem Supermarkt.
Post/Telefon	Postamt in Alcudia (2 km); Münzfernsprecher an der Straße.

Ein Schienenslip mit 90 t und ein Travellift mit 30 t Traglast ermöglichen Arbeiten am Boot und Winterlager an Land. Eine Halle für Gleitboote und Trailer ist vorhanden.

Anschrift: Marina Bon Aire S. A., Mal Pas, 07400 Alcudia/Mallorca, Telefon 546955, Fax 548564.

Wenn man Bon Aire auch nicht als Inbegriff einer leistungsfähigen Marina bezeichnen kann – der Hafen bietet einen ruhigen Aufenthalt in schönster Umgebung. Ringsum nur Villengrundstücke. Alcudia ist 2 km entfernt.

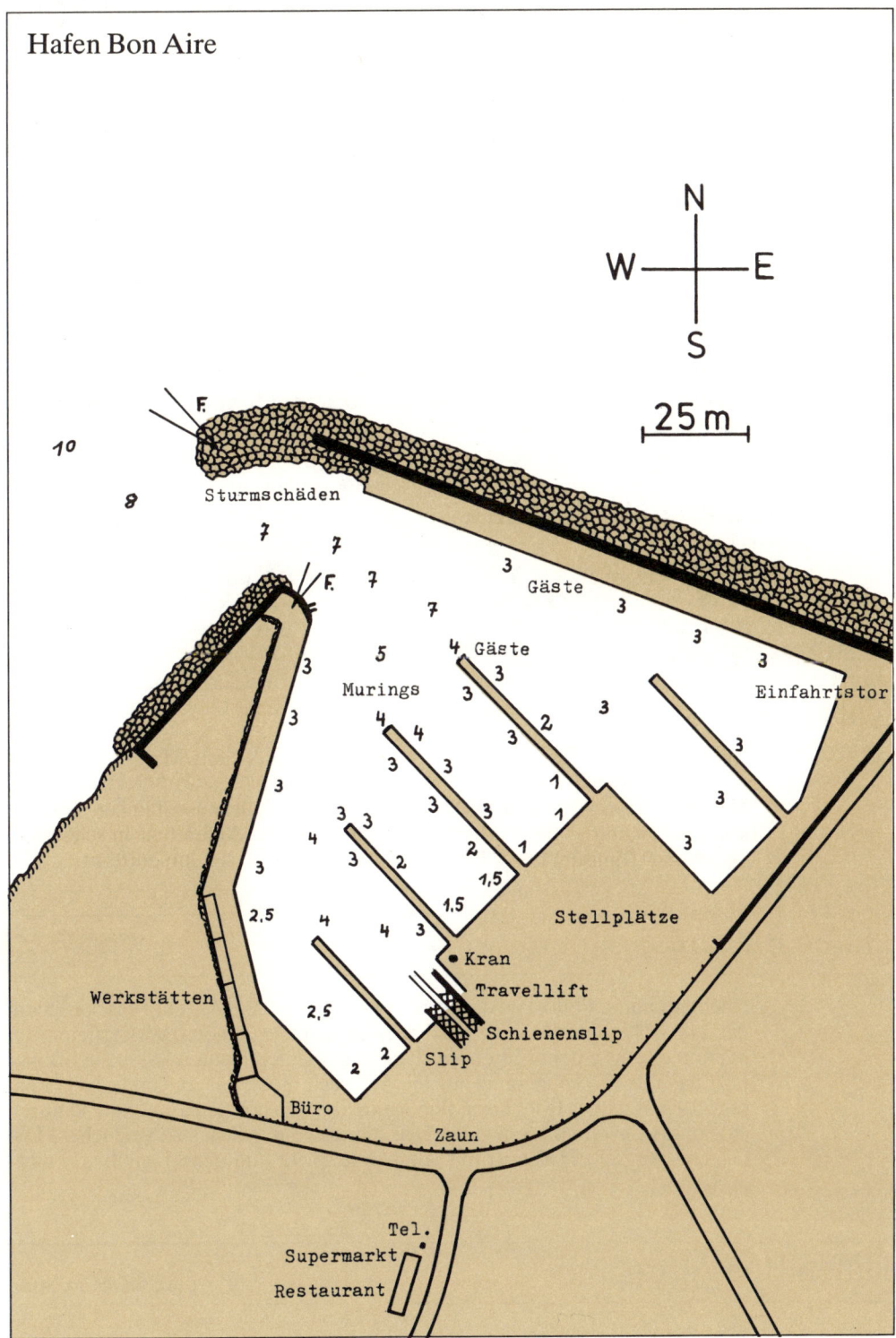

Hafen Bon Aire

N
W · E
S

25 m

10

8

F.
Sturmschäden

7

7

F. 7

7

3
Gäste

3

4 Gäste

3

3

3

Einfahrtstor

3

3

5
Murings

3

3

2

3

3

3

4 4

3

3

2

3

3

1

1

4 3 3

3

2

1

1

4

2

1,5

3

1,5

Stellplätze

2,5

3

4

4 4 3

Kran

Travellift

2,5

Schienenslip

Werkstätten

2 2

Slip

2

Büro

Zaun

Tel.
Supermarkt

Restaurant

Bucht von Pollensa

So sehr die zuverlässigen Segelwinde und das angenehme Klima in den Buchten von Alcudia und Pollensa gelobt werden – wenn der Sportbootfahrer Cabo del Pinar oder Cabo de Formentor gerundet hat, um in die Bucht von Pollensa einzulaufen, wird er überlegen müssen, welcher Ankerplatz für ihn bei der jeweiligen Wetterlage geeignet ist.

Daß der Nordwind vorherrscht und beträchtlichen Seegang an den Kaps verursacht, hat er inzwischen erfahren. Weiterhin sind die Fallböen nicht zu unterschätzen, die über das Gebirge der Halbinsel Formentor gezwängt werden und im flachen Hinterland des Hafens Pollensa freien Lauf haben. Hinzu kommt, daß die Wassertiefen westlich des Kaps Punta de la Avanzada unter die Vier- und Dreimeterlinie sinken, so daß der Hafen Pollensa bei starkem Seegang von tiefergehenden Yachten gar nicht angelaufen werden kann. Für diesen Fall können je nach Windrichtung die folgenden zwei Buchten als Ausweichplatz nützlich sein.

Cala del Pino de la Posada

(ohne Detailplan)
39°55,6′N 003°08′E

Dieser Ankerplatz vor dem Sandstrand des exklusiven Hotels Formentor im Nordwesten von Isla de Formentor bietet bei nördlichen Winden sehr guten Schutz. Ankergrund ist Sand. Der Anleger ist Ausflugsbooten vorbehalten.

Cala Murta

(ohne Detailplan)
39°56,4′N 003°10,8′E

Nur bei ablandigem Wind ist diese Bucht als Ankerplatz geeignet. Bei Ost- und Südostwind steht der Seegang voll hinein. Die rundum bewaldete Bucht ist von großem Liebreiz. Eine Felsinsel ist der Westhuk vorgelagert. Die Wassertiefe nimmt zum Strand hin gleichmäßig ab. Ankergrund Sand mit Seegras.

Hafen Barcarés

(ohne Detailplan)
39°51,8′N 003°07,2′E

Ebenfalls auf der Südseite der Bucht von Pollensa liegt der enge Fischerhafen, der auf der Nordmole ein grünes Feuer trägt und im Inneren Wassertiefen von kaum mehr als einem Meter hat. Er ist mit kleinen Booten voll belegt. Zwar reizt die hübsche Umgebung zu einem Besuch, doch seit ich von Land her ein sehr flachgehendes Boot bei auflandigem Seegang dort einlaufen sah, kann ich jedem nur davon abraten, ohne Ortskenntnis ein gleiches zu versuchen. Die Gegend vor dem Hafen ist mit Klippen gespickt und ohne Detailkarte nicht passierbar.

Hafen Bon Aire

siehe vorstehende Seiten

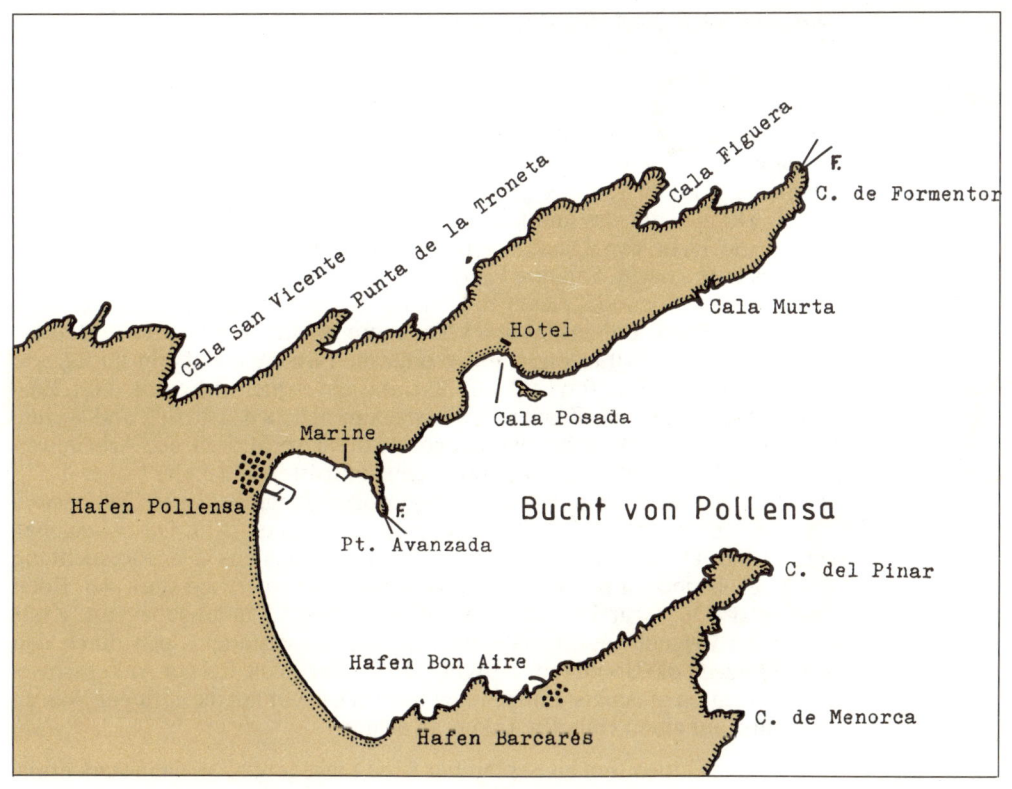

Hafen Pollensa

Die Ansteuerung des Hafens Pollensa in der Nordwestecke der Bahia de Pollensa bereitet an sich bei Tag und Nacht keine Schwierigkeiten, sofern nicht Seegang ein Anlaufen überhaupt verhindert. Bei stürmischen Nordost- bis Südostwinden entsteht in der weitläufigen, recht flachen Bucht schnell beträchtlicher Seegang; dann sollte man diesen Hafen mit tiefgehenden Booten nicht anlaufen. Bei Nordwinden eignet sich als Ausweichankerplatz die Bucht Cala del Pino de la Posada im Schutz der Isla de Formentor (siehe Seite 88).

Nähert man sich der Halbinsel Punta de la Avanzada, erkennt man zunächst das Kastell Sa Fortaleza. Nachdem man Pt. Avanzada mit dem Leuchtturm querab hat, kann man direkt auf den Hafen zuhalten. Nachts erleichtern die Molenfeuer die Ansteuerung.

Für die Ansteuerung des Hafens ist unbedingt eine detaillierte Seekarte neuesten Datums erforderlich (z. B. D 679 Plan B); denn durch die Hafenerweiterung haben sich grundlegende örtliche Veränderungen ergeben (siehe Detailplan auf Seite 91).

In jedem Fall sollte man den Hafen vorsichtig lotend anlaufen, denn die Einfahrt und auch die Umgebung des neuen Gästekais außerhalb der Mole neigen

zum Versanden. Nach dem Ausbaggern betrug die Wassertiefe in der Hafeneinfahrt zwar 3,5 m, doch muß man inzwischen mit geringeren Wassertiefen rechnen.

Im Hafen Pollensa gibt es für Yachten folgende Möglichkeiten zum Anlegen,
wenn man nicht das freie Ankern vorzieht.

Der öffentliche Kai und die drei Stege im alten westlichen Hafenteil (im Plan
durch die gestrichelte Linie gekennzeichnet) werden von der Gemeinde ver-
waltet. Da hier nur das amtliche Hafengeld erhoben wird, sind die wenigen
Plätze, die nicht von Dauerliegern blockiert sind, selten frei. Es wird an
Murings festgemacht. Sanitäre Einrichtungen gibt es nicht.

Die Liegeplätze jenseits dieses Kais hinter der nach Süden gerichteten Mole
gehören zur **Werft Cabanellas** und können nur benutzt werden, wenn Reparaturen durch die Werft erfolgen sollen oder die Firma die Aufsicht für längere
Zeit übernimmt. Ein Travellift mit 30 t und ein Schienenslip mit 100 t Tragfähigkeit stehen zur Verfügung. Stellplätze ermöglichen Arbeiten und Winterlager an Land. Die Werft bietet ihre Dienste für alle erforderlichen Arbeiten an
und hat Zubehör auf Lager. Mehrere Schiffsausrüster sind in der Nähe.

Der **Club Nautico Puerto Pollensa** verfügt wegen der großzügigen Hafenerweiterung nunmehr über 375 Plätze an Murings, von denen 75 für Gäste freigehalten werden. Der Gästekai, an der Außenseite des Hafens in Nordostrichtung
ausgelegt, ist jedoch bei dem vorherrschenden Sommerwind stark den Böen
ausgesetzt. Der Grund vor diesem Kai wurde auf 2,8 m ausgebaggert. Zwar
sind diese Liegeplätze ebenfalls mit Murings ausgestattet, doch durch den
Schwell liegen die Boote sehr unruhig. Besser liegen die frei vor Anker schwo-
jenden Yachten in einiger Entfernung; hierbei ist aber auf die geringen Wassertiefen und auf guten Halt des Ankers zu achten.

Liegegebühr	Beim Club Nautico Juni bis September hohe Liegegebühren, dann stark ermä-ßigt. Anschrift des C.N.: Muelle Viejo s/n, 07470 Puerto Pollensa/Mallorca, Telefon 531648, Fax 533517.
Wasser/Strom	An den Stegen und Kais. Duschen/WC siehe Plan.
Treibstoff	Tankstelle für Diesel und Benzin am Kai in der Hafenmitte.
Lebensmittel	Reichliche Auswahl im Ort.
Restaurants	Sehr gute Lokale auf dem Kai und in Hafennähe.
Post/Telefon	Im Ort.

Puerto de Pollensa ist ein lebhafter Touristenort mit einem reichen Angebot an
Sport und Unterhaltung. – Die alte Stadt Pollensa liegt etwa 5 km landein-
wärts am Fuße hoher Berge. Sie ist eine der sehenswertesten Städte der ganzen
Insel: Römischen Ursprungs, hat sich hier manches Zeichen der Vergangenheit erhalten. Die Kirchen und Häuser aus Bruchstein geben den Gassen ein
mittelalterliches Gepräge. Zum Kalvarienberg führen 365 Stufen im Schatten
dunkler Zypressen.

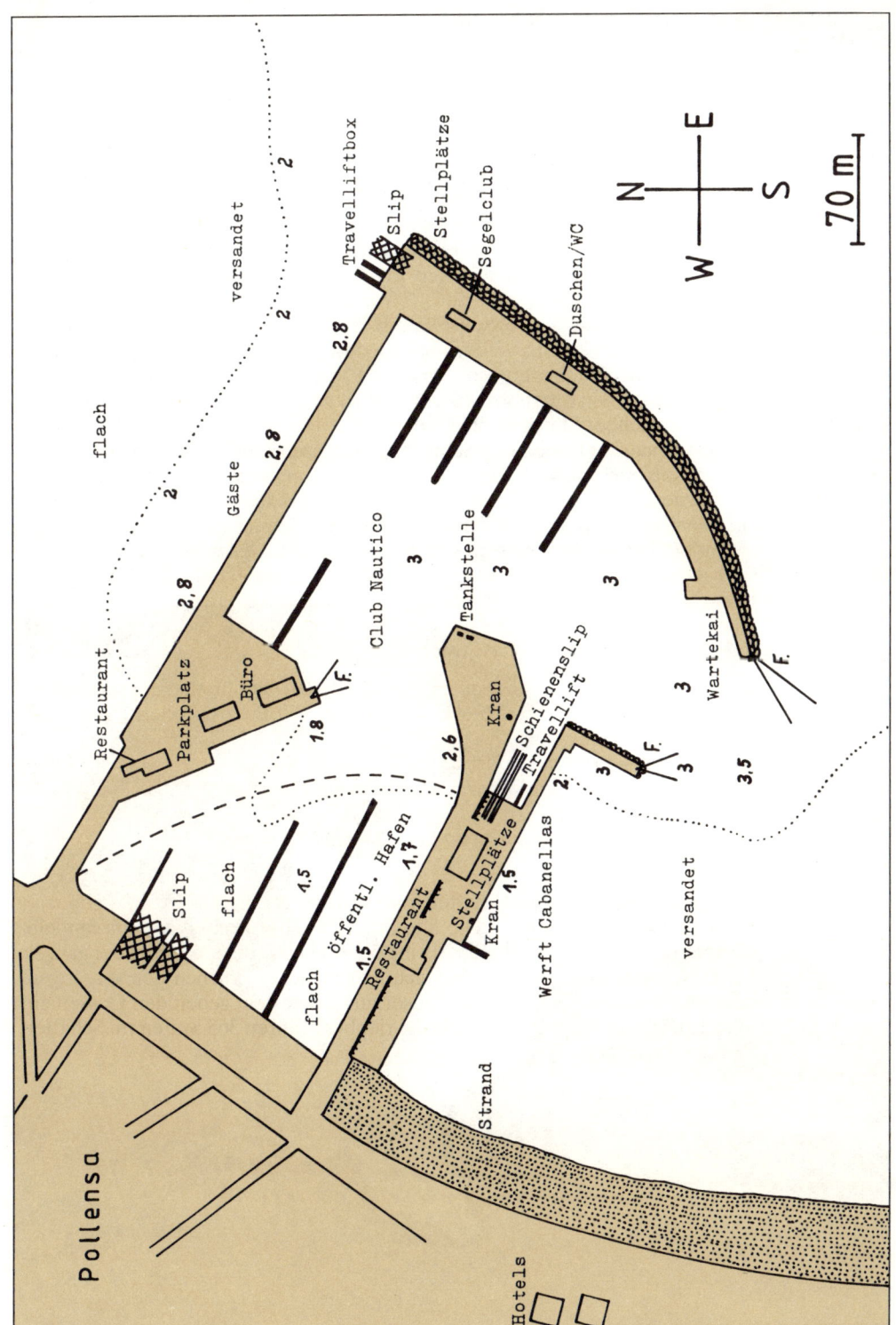

91

Von Norden kommend, bietet diese tief ins Land einschneidende Bucht die erste Ankermöglichkeit an der Nordwestküste. Zwar ist auch bei ruhigem Wetter etwas reflektierender Seegang vorhanden, doch wird man dafür durch die herrliche Lage zwischen steilen Felsen belohnt.

Bei der Ansteuerung von Norden kann man die wenigen Häuser im Süden der Cala sehen. Außerdem fällt der schmale Strand zwischen der hohen Felspforte auf, hinter der sich die im Sommer fast trockene Wildbachschlucht des Torrent de Pareis öffnet.

Der Grund vor dem Kiesstrand fällt schnell zu großer Tiefe ab, so daß man nahe der Felspforte auf grobem Sand ankern kann. Vor dem Hotel im Süden der Bucht ist der Ankergrund Sand mit Steinen. Man sollte dort genügend Raum für die Ausflugsboote lassen, die an dem kleinen Anleger festmachen. Ausflugslokale reichlich vorhanden.

Eine Wanderung durch die Schlucht des Torrent de Pareis mit ihren bis zu 400 m senkrecht ansteigenden Felswänden ist ein Erlebnis. Man kann, eine Ankerwache an Bord lassend, von der Mündung hinaufsteigen, soweit es möglich ist. Der Abstieg durch das ganze Flußbett dauert jedoch mindestens vier Stunden. Diesen Ausflug sollte man von Puerto de Sóller aus unternehmen.

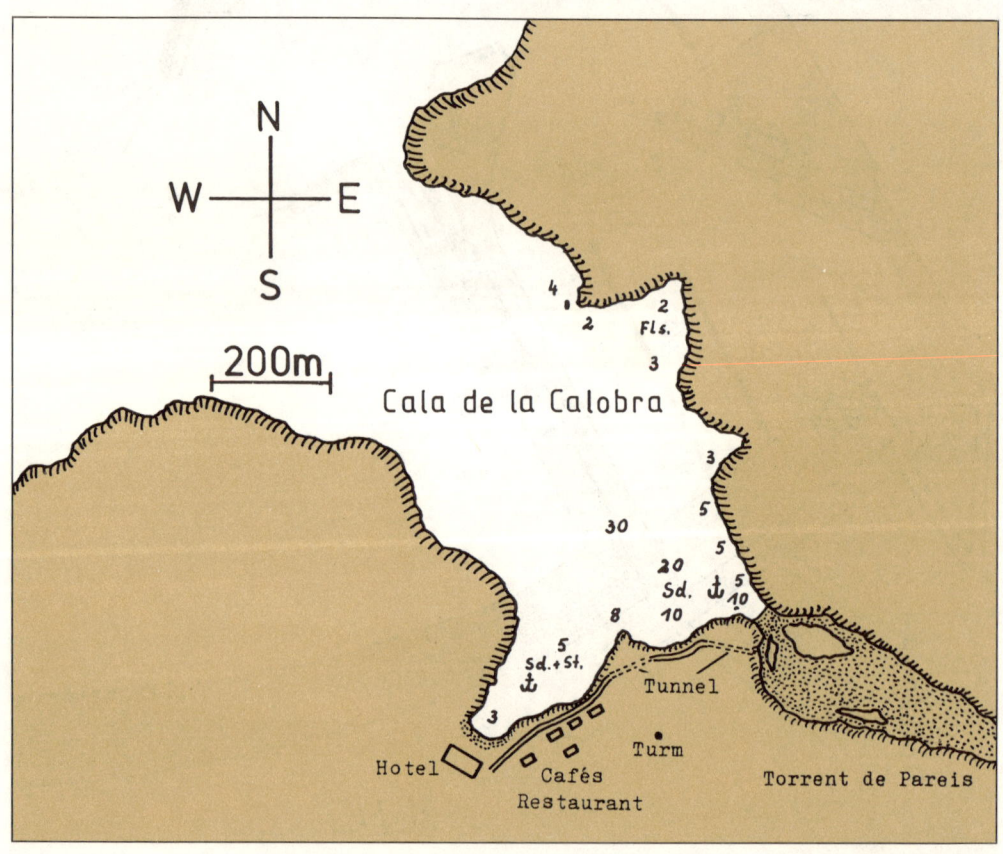

Cala Tuent

Bei den meist vorherrschenden Winden aus Nordost liegt man hier besser als in der Cala Calobra, wo es durch reflektierenden Seegang sehr unruhig werden kann. Cala Tuent ist zum Übernachten deshalb besser geeignet.

Die Bucht ist frei von Untiefen, die Wassertiefe nimmt von 16 m in der Einfahrt zum Scheitel der Bucht hin gleichmäßig ab. Der Ankergrund ist feiner Sand, nur an den Seiten bis 25 m vom Ufer entfernt sind Steine und Felsen. Bei Nord- bis Westwinden ist die Bucht dem Seegang ausgesetzt und unbrauchbar. Nächster sicherer Hafen ist Puerto de Sóller, knapp 5 sm südwestlich.

Obwohl eine Straße zur Cala Tuent führt, ist wenig Touristenbetrieb. Einige Einheimische zelten hier. Ein Restaurant befindet sich an der Südflanke der Bucht (15 min Fußweg). Sonst keine Versorgungsmöglichkeit.

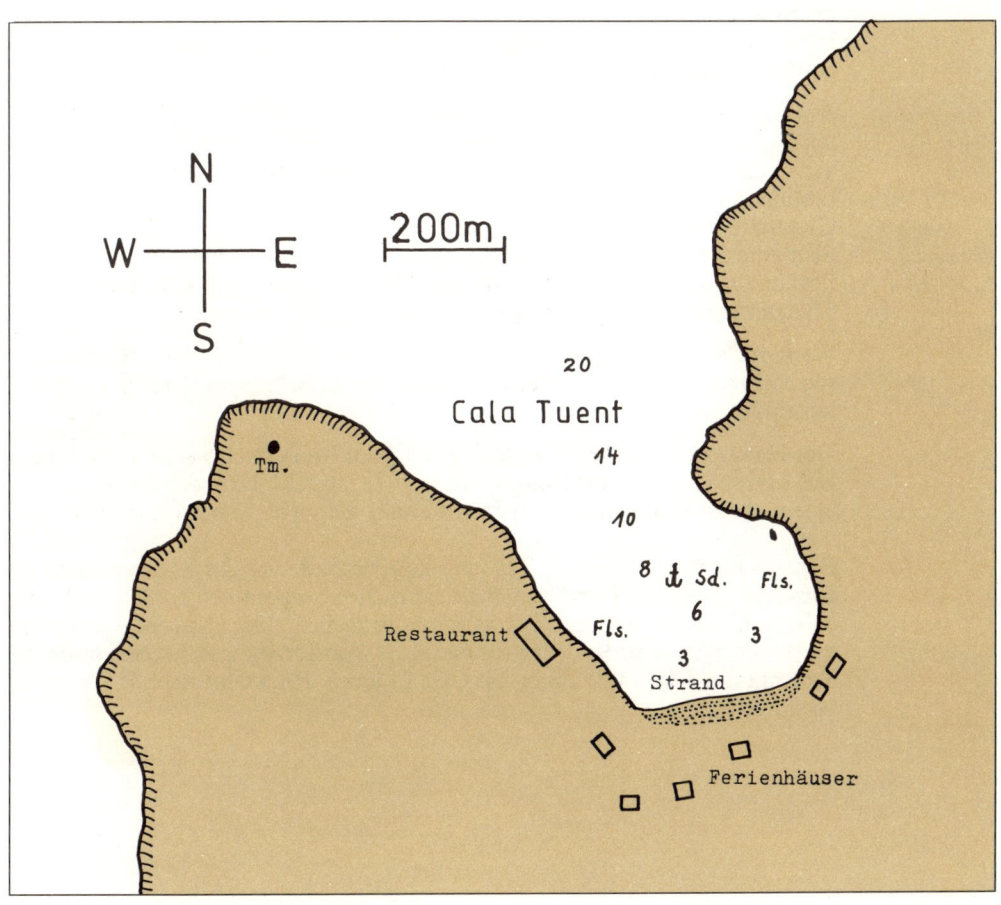

Puerto de Sóller

Einziger Hafen an der Nordwestküste Mallorcas, bei jedem Wetter anzulaufen. Die Ansteuerung ist bei Tag und Nacht einfach. Ein starkes Feuer brennt nachts auf der westlichen Einfahrtshuk Cabo Gros und auf der östlichen, Punta de Sa Creu, außerdem ein Richtfeuer in 126,6°. Bei Tage sind der renovierte Wachtturm Torre Picada und der Leuchtturm auf Cabo Gros gute Landmarken, auch eine stufenförmige Reihe weißer Ferienhäuser auf der nordöstlichen Steilküste zwischen Punta Grossa und Punta de Sa Creu fällt auf.

Die Hafenanlagen befinden sich im Norden der geräumigen Bucht und sind gegen alle Winde sehr gut geschützt. Nur bei Nordwest- und Nordstürmen im Frühjahr und Herbst kann Schwell durch auslaufenden Seegang entstehen. Im Sommer treten Gewitter auf, und nachts ist mit plötzlich aufkommendem Landwind zu rechnen.

Die Westseite des Hafens ist als militärisches Gebiet für Yachten gesperrt. Nur an der Stirnseite des L-förmigen Handelskais (Muelle Comercial) können Sportboote mit Buganker und Heckleinen anlegen, gegebenenfalls auch an dem Steg des Club Nautico nordwestlich davon. Die Innenseite des Kais ist unbedingt für Ausflugsboote freizuhalten. Den Platz hinter der Tankstelle beanspruchen die Fischer.

Ist am Kai kein Platz vorhanden, kann man auch nahe dem Strand auf beliebiger Wassertiefe ankern (nachts Ankerlicht setzen!).

Liegegebühr	Amtliches Hafengeld.
Wasser	Anschluß auf dem Kai. − Öffentliches Waschhaus in einer Parallelstraße.
Treibstoff	Tankstelle für Diesel und Benzin auf dem Kai (nicht täglich und nur zu bestimmten Zeiten besetzt).
Lebensmittel	Geschäfte in Hafennähe, Supermärkte in einer Seitenstraße.
Restaurants	Sehr gute Restaurants in allen Preislagen um die ganze Bucht.
Post/Telefon	Postamt in der Stadt Sóller (mit der altertümlichen Straßenbahn 15 min). Münzfernsprecher an der Straße.

Werft mit Schienenslip für Schiffe bis 30 t; Termin und Dauer der Arbeiten müssen rechtzeitig vereinbart werden. Gutsortierter Schiffsausrüster in einer Seitenstraße.

Der Hafenort Sóller wird tagsüber von vielen Touristen besucht, die mit dem Bus kommen und per Ausflugsboot in die Cala Calobra oder zur Foradada, einem malerischen durchlöcherten Felsen, gebracht werden. Abends kehrt wieder Ruhe ein.

Besonderes in Stichworten: Täglich Flaggenparade vor der Marinestation. − Busverbindung mit Palma auf abenteuerlichen Serpentinenstraßen. − Eisenbahn von Stadt Sóller nach Palma durch Tunnels, Felder, Wiesen. − Ausflüge mit Leihwagen oder Roller in die Berge. − Wanderung von Escora durch die Schlucht des Torrent de Pareis bis Cala Calobra, Rückfahrt nach P. Sóller mit Ausflugsboot.

Ansteuerung von Puerto de Sóller

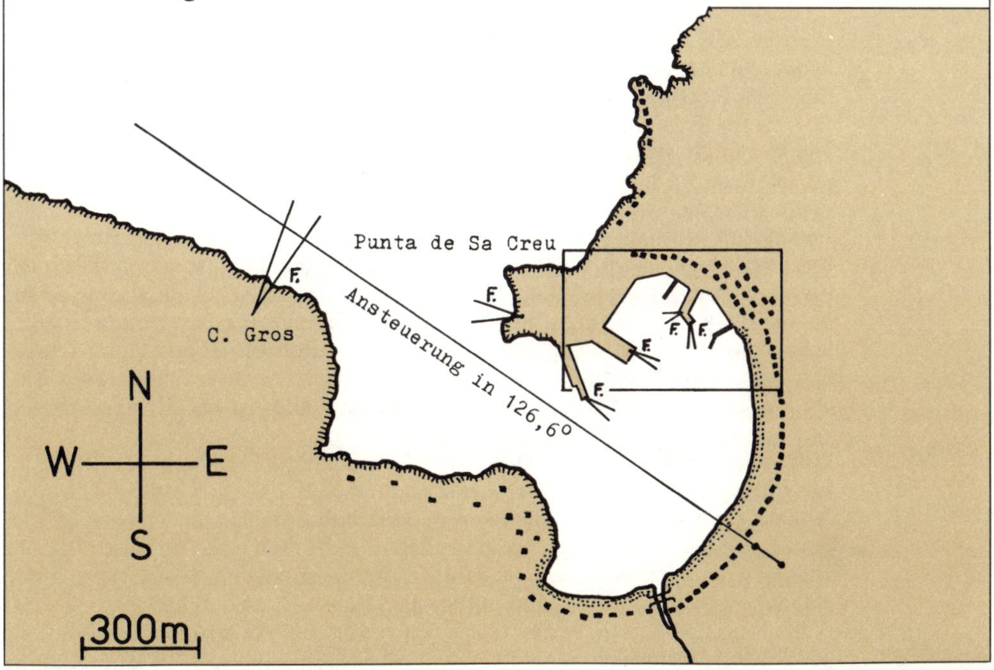

Punta de Sa Creu

F.

Ansteuerung in 126,6°

C. Gros

F.

F.

F.

F.

F.

N

W — E

S

300m

Puerto de Sóller

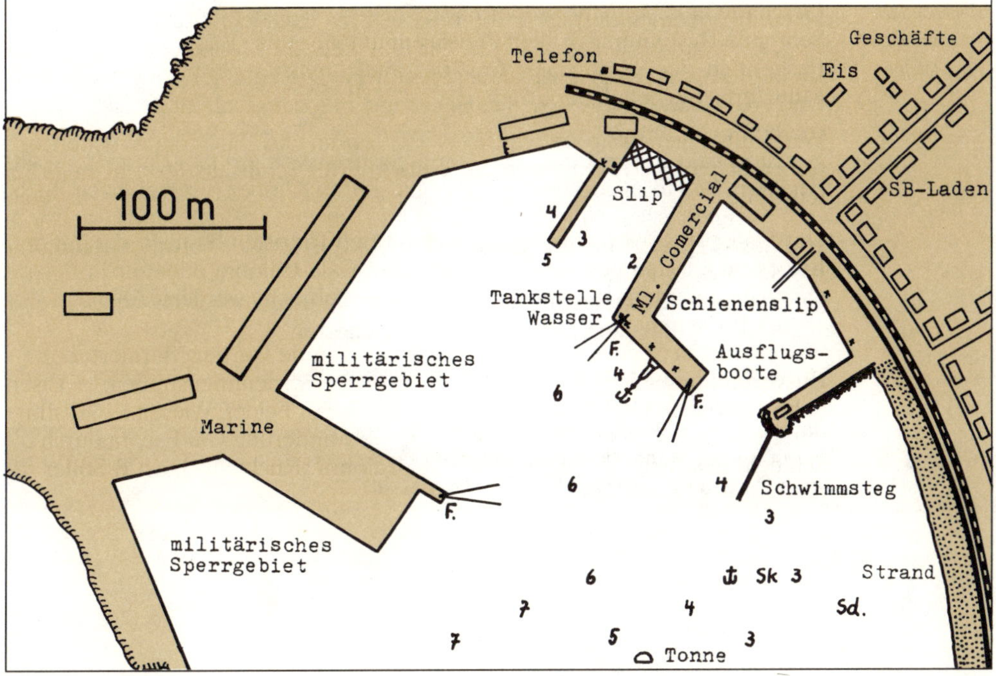

Telefon

Geschäfte

Eis

SB-Laden

Slip

Ml. Comercial

4

3

5

2

Tankstelle
Wasser

Schienenslip

F.

4

Ausflugs-
boote

6

F.

100 m

militärisches
Sperrgebiet

Marine

6

F.

4

Schwimmsteg

3

militärisches
Sperrgebiet

6

⚓ Sk 3

Strand

Sd.

7

6

4

7

5

3

7

5

◯ Tonne

Puerto de Sóller bis Hafen Palma (Plan D)

Während die Küste nördlich von Puerto de Sóller noch im Einflußbereich nördlicher Winde steht, kommen die vorherrschenden Winde zwischen Sóller und der Insel Dragonera im Sommer aus westlicher Richtung. Häufig wird Flaute festgestellt. Erst hinter der Durchfahrt zwischen Mallorca und Dragonera bläst wieder der zuverlässige tägliche Süd- bis Südwestwind. In den Bergen um Sóller entstehen oft Wärmegewitter, so daß auch die Küste mit ihren Winden davon betroffen werden kann.

Die weitere Küste in südwestlicher Richtung, die sogenannte Costa Brava Mallorquina, ist gebirgig, aber nicht mehr so schroff und kahl, sondern mit Pinien bis hinab an die felsigen Ufer bewachsen. Bezaubernd ist der Blick von See auf die dichtbewaldeten Hügel mit den vorspringenden Kaps, bewohnten Hochtälern und terrassenförmigen Anpflanzungen. Die Felsformation ist unterschiedlich in Farbe und Gestalt. Felsblöcke türmen sich an der Küste, auch unter Wasser, so daß beim Aufsuchen eines zeitweiligen Ankerplatzes Vorsicht geboten ist.

Hinter der durchlöcherten, 60 m hohen Felsmauer **Sa Foradada,** beliebtes Ziel für Piratenfahrten, 4 sm südwestlich von Sóller, ist geringer Schutz beim Ankern gegeben. — **Deyá, Valldemosa, Bañalbufar** und **Estallenchs** sind Landeplätze für die in den Bergen liegenden Ortschaften, nur für Fischerboote gedacht, die nach Gebrauch an Land genommen werden. Der Grund in der Nähe dieser Plätze ist tief, aber mit großen Felsbrocken durchsetzt, so daß ein Anlaufen nur bei ruhiger See mit Ausguck und ein Ankern nur bei Sicht auf den Grund ratsam sind.

Auf den letzten Seemeilen vor Dragonera treten wieder steilere, unzugängliche Felsabhänge in den Vordergrund, die grünen Hügel bleiben zurück. Isla Dragonera schiebt sich mit ihrer auffälligen Form vor den Bug, kahl und zackig wie ein Drachen, nach dem sie ihren Namen hat. Bei der Durchfahrt zwischen Dragonera und Mallorca ist wegen der Untiefen, die Dragonera und der kleinen Insel Mitjana vorgelagert sind, genau zu navigieren. Hier kann bei starkem Wind grobe See stehen, so daß es sich manchmal empfiehlt, außen um Dragonera herumzufahren.

Die Südwestküste bis Punta de Cala Figuera ist von großem Liebreiz, wechselnd zwischen felsigen Kaps, auch vorgelagerten Klippen, und sandigen Buchten, mit einem grünen hügeligen Hinterland, mit vielen Hotels und Feriensiedlungen, viel Betrieb und doch auch stillen Plätzen, für jeden etwas, ein gemütliches Segelrevier und so recht zum Genießen.

An der Westseite der Bucht von Palma folgen dann noch zwei schöne Calas und einige Häfen, umgeben von modernen Ferienorten.

Nachstehend werden beschrieben: Cala Basset und Isla Dragonera (Cala Lladó), San Telmo; Südwestküste mit Puerto de Andraitx, Calas Marmacen, Llamp, Camp de Mar und Fornells, Marina Santa Ponsa und Port Adriano; Westseite der Bahia de Palma mit Cala Figuera, Cala de Portals, Hafen Palma Nova, Marina Puerto Portals, Hafen Calanova.

PLAN D

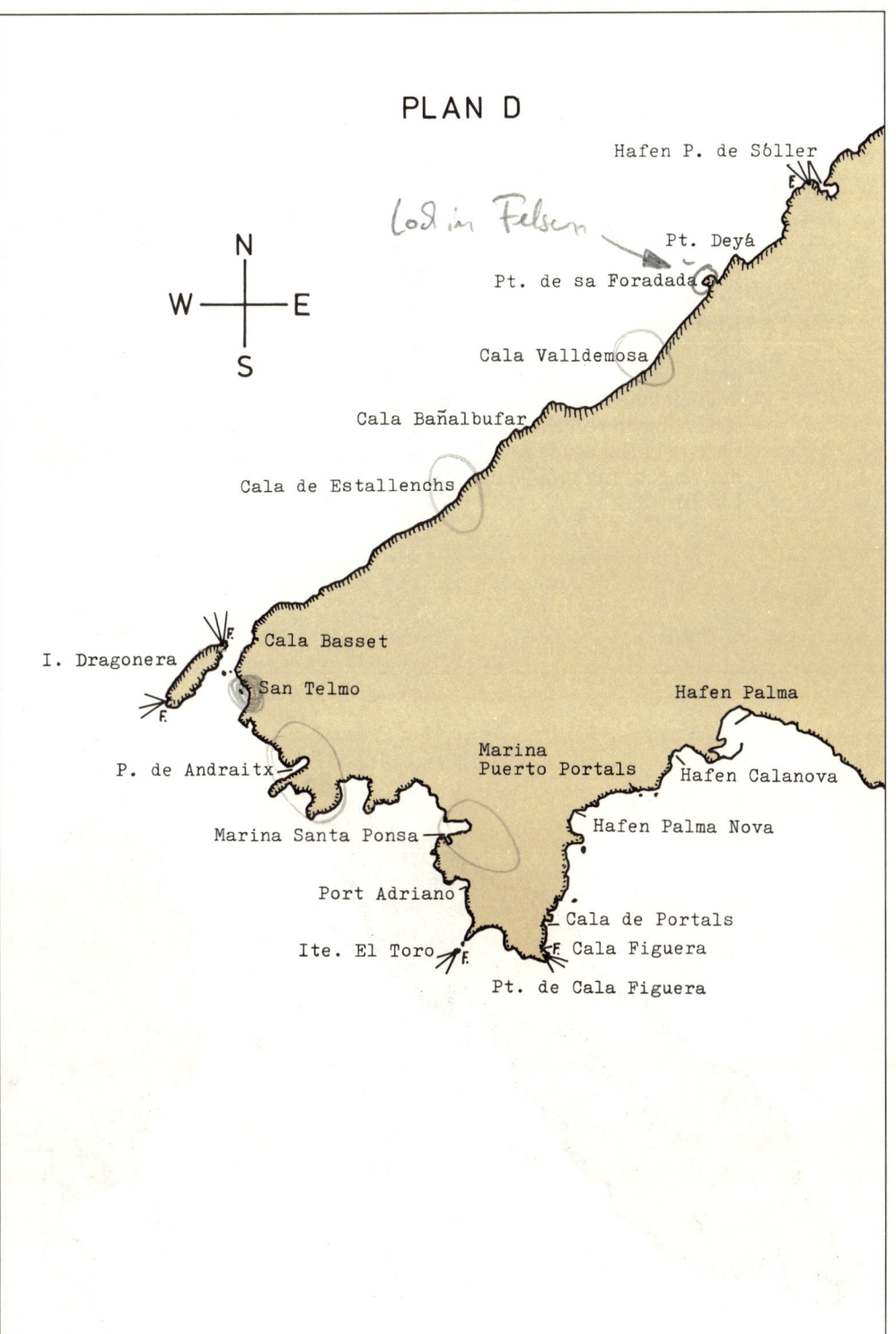

Hafen P. de Sóller

Lod in Felsen

Pt. Deyá

Pt. de sa Foradada

Cala Valldemosa

Cala Bañalbufar

Cala de Estallenchs

N
W — E
S

Cala Basset

I. Dragonera

San Telmo

Hafen Palma

P. de Andraitx

Marina
Puerto Portals

Hafen Calanova

Marina Santa Ponsa

Hafen Palma Nova

Port Adriano

Cala de Portals

Ite. El Toro

Cala Figuera

Pt. de Cala Figuera

97

Kommt man von Norden, gibt es nahe bei der Durchfahrt zwischen Mallorca und der Insel Dragonera einen Ankerplatz, der bei ruhigem Wetter für einen kurzen Aufenthalt geeignet ist. Der Turm auf der Steilküste dient als Ansteuerungshilfe. Die Felsküste an Backbord steigt zu großen Höhen auf.
Die Bucht ist nicht frei von Untiefen, die bis 2 m und weniger unter die Wasseroberfläche reichen. Man sollte deshalb nur auf Sicht einlaufen. Zwischen den Unterwasserfelsen findet man Sandstellen zum Ankern.

Isla Dragonera

Die Insel Dragonera bildet das imposante Schlußlicht der Nordwestküste Mallorcas. Von allen Seiten betrachtet, ragt die Insel steil aus dem Meer empor. Während die Nordwestseite völlig unzugänglich ist, findet man an der Südostseite Klippen vorgelagert und einige Buchten eingeschnitten. Alle haben felsigen oder steinigen Grund und sind deshalb als zeitweilige Tagesankerplätze nur bei ganz ruhigem Wetter und mit größter Vorsicht zu benutzen (z. B. Cala Lladó).

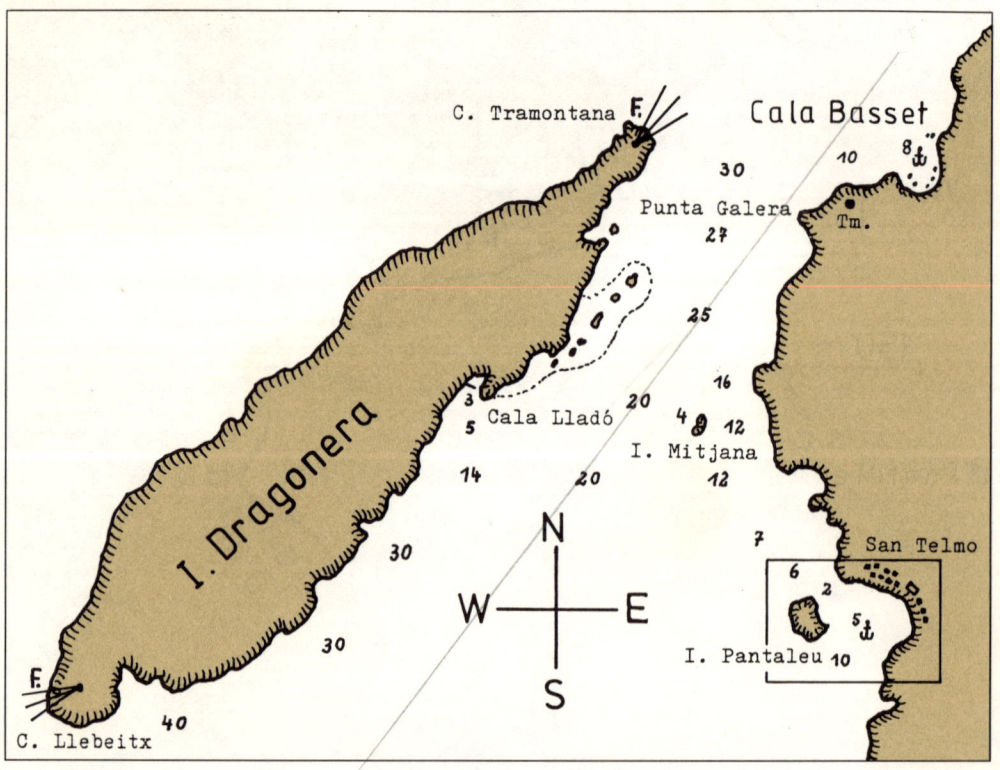

Wenn man nach der Durchfahrt zwischen Mallorca und der Insel Dragonera einen Badeaufenthalt einlegen will, bietet sich die Bucht vor dem Sandstrand von San Telmo an. Sie ist durch die kleine Insel Pantaleu gut geschützt und hat feinen Sandgrund.

Zwischen I. Pantaleu und Mallorca sollte man nicht durchfahren, da die Wassertiefe höchstens 2 m beträgt und der Grund unrein ist. Das Wasser in der Bucht San Telmo ist sehr klar, der Badebetrieb durch das große Hotel lebhaft. Bei stabiler Wetterlage kann man hier auch übernachten.

Die seltsamen Schreie in der Nacht kommen von der Insel Dragonera herüber und stammen von nistenden Möwen.

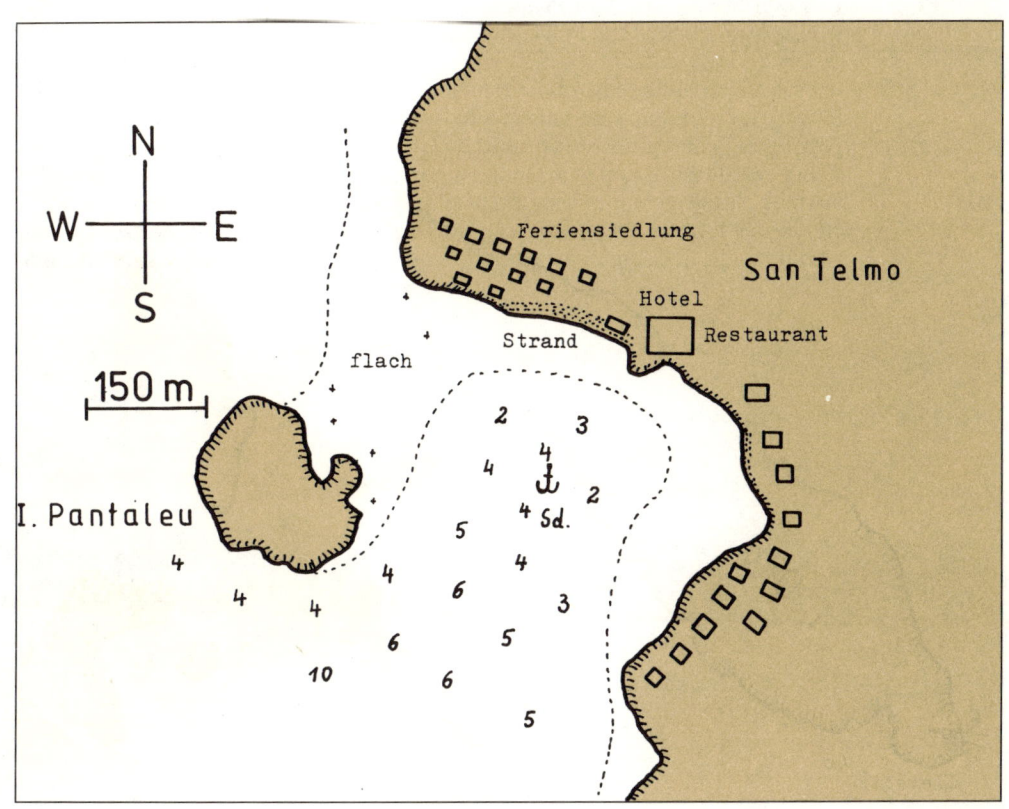

Die Südwestküste von Puerto de Andraitx bis Insel El Toro

Dieser Küstenabschnitt ist für den Yachttourismus wie auch für jede andere Art von Wassersport sehr ergiebig. Sportbootfahrer können sich in der küstennahen Navigation üben, wenn sie die vielen Kaps mit den vorspringenden Inseln anpeilen, und in den zahlreichen mehr oder weniger geschützten Ankerbuchten kommen Schwimmer und Taucher gleichermaßen auf ihre Kosten. Die geringen Entfernungen erleichtern die Tageseinteilung, und schnell ist der nächste Hafen erreicht.

Puerto de Andraitx wird auf den nächsten Seiten ausführlich beschrieben. Dieser Hafen ist so recht dafür geschaffen, die Zeit zu vergessen und sich länger als beabsichtigt hier aufzuhalten. Manche wählen die Hafenbucht zu ihrem ständigen Liegeplatz und laufen nur aus, um sich in den benachbarten Calas umzuschauen.

Cala Marmacen, Cala Llamp und **Cala Camp de Mar** sind solche Tagesankerplätze, zwar nicht frei von Badebetrieb, aber in wunderbarer Landschaft eingebettet.

Cala Fornells ist eine schöne Ankerbucht im Nordwesten von Ensenada de Santa Ponsa, versteckt hinter der Felsnase von Punta de la Cerdana. Aldea Fornells, eine sehr eigenwillig gestaltete Ferienanlage, wirkt von See aus etwas unfertig, hat aber überraschend hübsche Winkel.

Um den Sandstrand von **Paguera** drängen sich die Hotels, auch die östliche Einbuchtung von Santa Ponsa ist Touristenregion.

Abgeschieden vom alltäglichen Urlaubstrubel liegt die **Marina Santa Ponsa** in der schmalen Südbucht von Ensenada de Santa Ponsa. Die hohe Mole und der Hügel, auf dem ein Steinkreuz steht, erlauben einen guten Rundblick auf die gepflegten Villengrundstücke und auf die Hotels der Cala Santa Ponsa. Das Kreuz wurde zur Erinnerung an König Jaime I. von Aragón errichtet, der 1229 an dieser Stelle gelandet war, um Mallorca von den Mauren zu befreien.

Bevor das letzte Kap auf dieser Strecke mit der vorgelagerten Insel El Toro zu runden ist, findet man in der Cala Peñas Rojas den Yachthafen **Port Adriano.**

Puerto de Andraitx

Mallorca
39°32,8′N 002°23′E

Puerto de Andraitx ist nicht nur ein sicherer Hafen für Sportboote im Sommer wie im Winter, sondern auch ein ausnehmend schöner Platz, mit einer schützenden Felsmauer zum Meer hin und einem sanft ansteigenden fruchtbaren Tal in nördlicher Richtung. See- und Landbrise bringen Abkühlung und machen die Bucht zu einem äußerst beliebten, angenehmen Aufenthaltsort.

Der tief ins Land einschneidende Naturhafen kann bei jeder Wetterlage angesteuert werden. Er wird in seinem Inneren von drei Wellenbrechern geschützt, die nachts befeuert sind. Eine markante Ansteuerungshilfe ist zunächst die weit vorspringende, 110 m hohe Halbinsel Cabo de la Mola mit dem Leuchtturm, die man – vor allem von Ibiza kommend – schon von weitem ausmachen kann. Bei Tage fällt auch die dichte Besiedlung auf der nördlichen Einfahrtshuk auf.

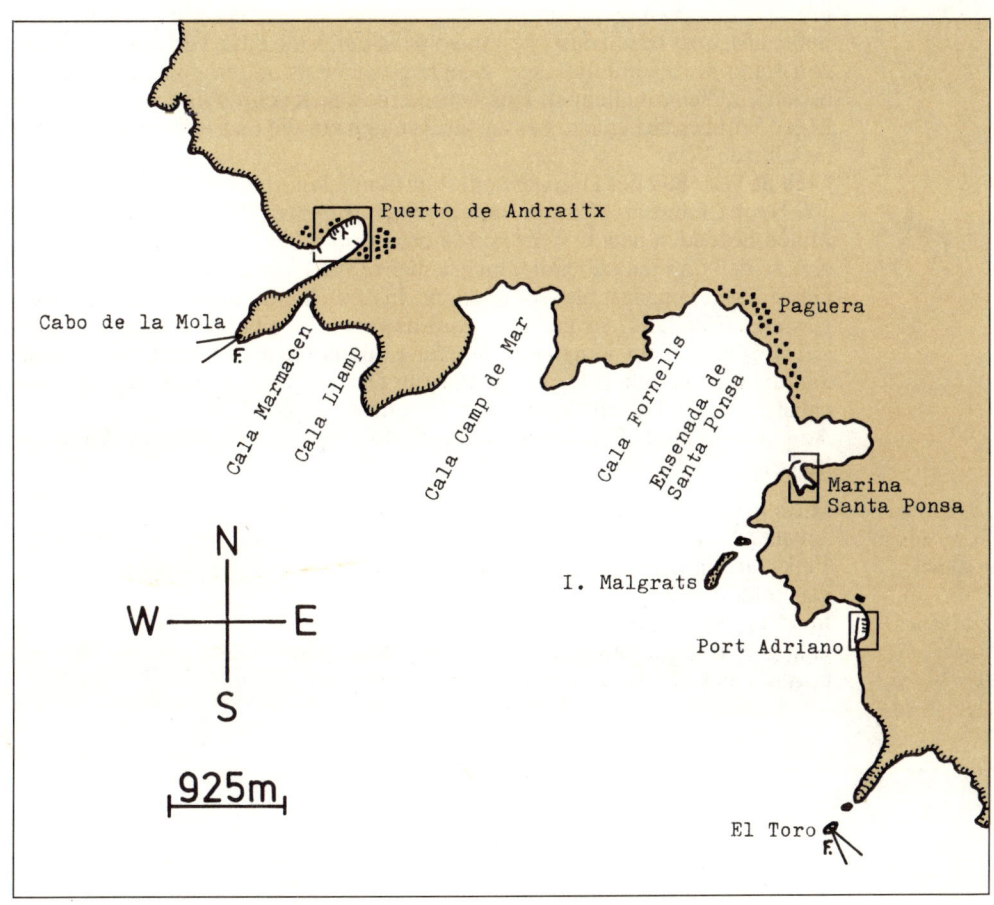

Bereits im Vorhafen, hinter dem ersten Wellenbrecher, liegen Yachten vor Anker oder an privaten Murings. Auf die in Plan E der Seekarte D 679 eingezeichnete unreine Stelle durch Wracks ist beim Ankern besonders zu achten, ebenso auf die kaum über der Wasseroberfläche sichtbaren Hummerkästen. Der Fußweg von diesem Ankerplatz zum Ort Puerto de Andraitx beträgt ca. 30 Minuten.

Auch südwestlich der „Handelsmole" vor dem Ort, also noch außerhalb des Hafens, ankern in der Hochsaison Yachten. Hier bedenke man, daß die Zufahrt zum Hafen freibleiben muß. Der Schwojekreis ist durch die abnehmende Wassertiefe eingeschränkt.

Der bequemste Liegeplatz befindet sich am Kai der „Handelsmole" direkt vor dem Ort. Leider ist dieser Kai meist mit Dauerliegern voll belegt. Die Wassertiefe von 4 bis 5 m nimmt zum inneren Winkel hin ab. Zusätzliche Liegeplätze sind durch den Schwimmsteg geschaffen worden (mit Stromanschluß). Der Kai an der Straße ist den Fischern vorbehalten.

Gern ankern Yachten in der Mitte des Hafens (Schlickgrund), was in Grenzen geduldet wird, sofern dadurch die großen Fischerboote beim Ein- und Auslaufen nicht behindert werden (Ankerlicht!). Ein ausreichender Schwenkkreis ist zu berücksichtigen, da regelmäßig nachts der Wind dreht und durch die Düse vom Land zum Meer weht. Hier wie am Handelskai und am Schwimmsteg wird das amtliche Hafengeld kassiert.

Für alle freien Ankerplätze gilt, daß man das Boot nicht über längere Zeit unbeaufsichtigt lassen darf, weil sowohl die durch die Düse verstärkten Winde von Land als auch auflandiger Seegang bei Westwind erhebliche Gefahren bedeuten, dies vor allem im Hinblick auf die engen Schwenkkreise der Ankerlieger. Wirklich sicher sind bei starken Winden nur die Liegeplätze an Murings im Club de Vela.

Club de Vela. Seit der Hafenerweiterung kann diese vielbesuchte Marina über 500 Boote, meist an Murings, unterbringen. Bei dem Bau der außerhalb der Molen liegenden neuen Stege wurde das ehemals flache Gebiet mit einbezogen, so daß dort jetzt überall mindestens 3 m Wassertiefe vorhanden sind.

Gäste legen zunächst am Wartekai an, bis sie einen Platz vom Personal zugewiesen erhalten. Das Gelände wird bewacht. Es gibt Stellplätze, Travellift (50 t), Schienenslip, Kran (3 t), Slip für Trailerboote mit Laufkatze, Werkstätten und Geschäfte mit Bootszubehör (im Ort). Damit ist Puerto de Andraitx ein attraktiver Platz für Winterlager, Instandhaltung und Reparaturen.

Anschrift: Club de Vela, Avda. Gabriel Roca s/n, 07157 Puerto de Andraitx/Mallorca, Telefon 671721, 672337.

Liegegebühr	Mittlere Preisklasse plus Nebenkosten, im Winter ermäßigt.
Wasser/Strom	An allen Stegen, separat berechnet.
Treibstoff	Tankstelle für Diesel und Benzin siehe Plan; Diesel-Tankstelle auch am Fischerkai hinter dem Slip.
Lebensmittel	Im Ort große Auswahl.
Restaurants	Sehr gute Restaurants auch in den Seitenstraßen des Ortes.
Post/Telefon	Postamt im Ort, Münzfernsprecher beim Eingang Club de Vela und im Ort.

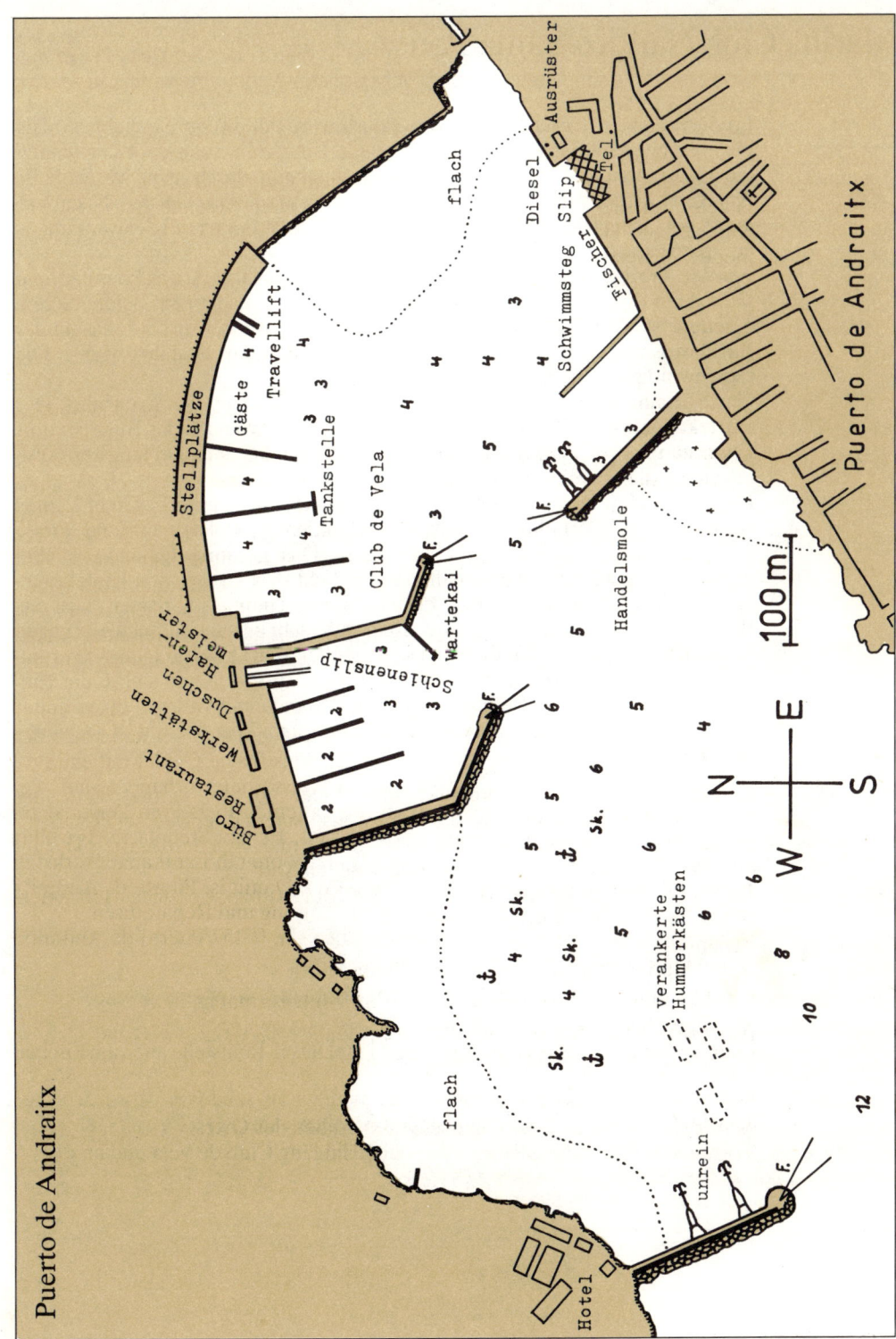

Puerto de Andraitx

Marina Club Nautico Santa Ponsa

Im Südosten der Ensenada de Santa Ponsa wurde die frühere beliebte Anker-bucht zu einer modernen Marina ausgebaut. Eine hohe Steinschüttung schützt die Hafeneinfahrt vor Seegang. Der Hafen kann durch seine verwinkelte Anlage als sicher gegen alle Winde und Seegang bezeichnet werden. Nach Aus-kunft von Bootseignern sollen hier gelegentlich Wasserstandsschwankungen aufgetreten sein.

Bei der Ansteuerung hält man zunächst auf die Cala de Santa Ponsa zu und sieht dann deutlich die schmale Hafeneinfahrt, die nachts auf beiden Seiten befeuert ist. Am Tage fällt ein hohes Denkmal in Kreuzform auf, das an der Backbordseite der schneckenhausartig verlaufenden Einfahrt steht. Die Geschwindigkeit ist auf 2 kn zu reduzieren.

Gäste erhalten meistens einen Liegeplatz in der Nähe der Hafenausfahrt. Der Wartekai befindet sich gegenüber auf der Ostseite, wo auch das Büro ist; dort kann man bis zur Zuweisung eines Platzes durch das Personal längsseits fest-machen. Alle anderen Plätze sind mit Murings versehen.

Die Marina Santa Ponsa verfügt über 520 Plätze für Schiffe bis 20 m Länge. Kran, Slip und Portallift bis 27 t sind vorhanden, Stellplätze an Land, große Parkplätze, Werkstätten und Lagerhallen. Das gesamte Gelände ist ein-gezäunt, Liegeplatzinhaber erhalten einen Schlüssel zu den drei Einfahrtsto-ren. Gäste können das Gelände deshalb nur wochentags verlassen, weil das Büro von Samstagnachmittag bis Montag früh nicht besetzt ist (Schlüssel gegen Kaution). Es scheint, daß die Abgeschiedenheit der Umgebung mit den ruhi-gen Villengrundstücken auch in der Marina gewahrt bleiben soll. Gute Ein-kaufsmöglichkeiten, Restaurants, Cafés und mancherlei Vergnügungen findet man dagegen in dem Touristenort Santa Ponsa. Der Weg dorthin ist allerdings sehr weit.

Liegegebühr	Juni bis September außerordenlich hohe Liegegebühren je Tag (Staffelung z. B. 9, 11, 14 m), in der Mittel- und Wintersaison mehr oder weniger ermäßigt.
Wasser/Strom	An allen Plätzen Spezialsteckanschlüsse, für die man vom Personal das Verbin-dungsstück erhält. Schlüssel für Duschen gegen Kaution.
Treibstoff	Tankstelle für Diesel und Benzin an der Mole (unterschiedliche Öffnungs-zeiten, montags geschlossen).
Lebensmittel	In Santa Ponsa.
Restaurants	In der Marina und große Auswahl in Santa Ponsa.
Post/Telefon	Post in Santa Ponsa, Hauptplatz; Münzfernsprecher im Marinagelände.

Anschrift: Club Nautico Santa Ponsa, Via de la Cruz 46, 07180 Calvia/ Mallorca, Telefon 690311, Fax 693058.

In der Bucht Cala de Santa Ponsa kann man gut auf 4 bis 5 m Wassertiefe frei ankern. Grund Seegras mit Sandstellen (siehe Seekarte D 679, Plan M).

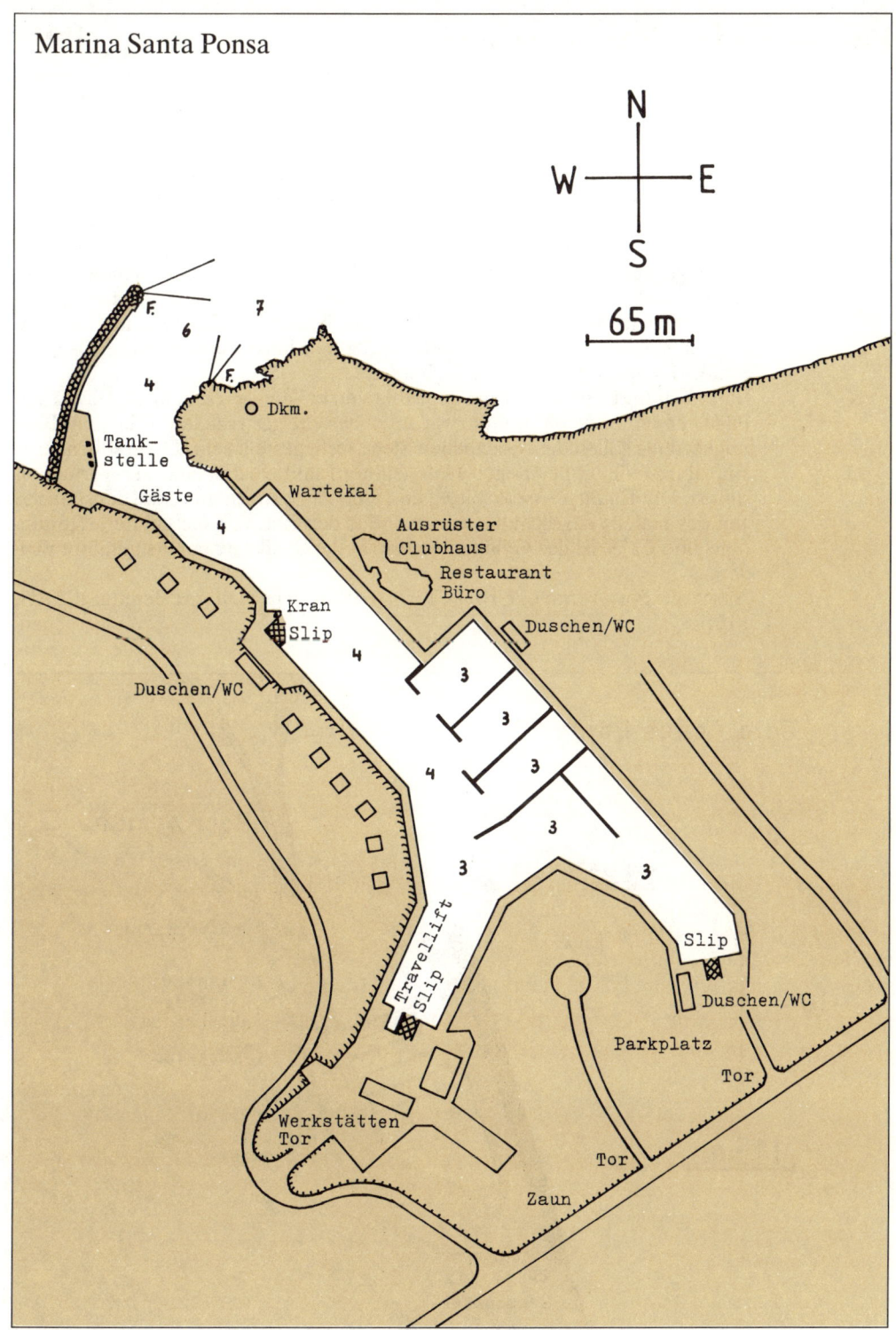

Marina Santa Ponsa

N
W — E
S

65 m

F.

7

6

4

F.

O Dkm.

Tank-
stelle

Gäste

Wartekai

Ausrüster
Clubhaus
Restaurant
Büro

4

Kran
Slip

Duschen/WC

Duschen/WC

4

3

3

3

3

3

3

4

Slip

Duschen/WC

Travellift
Slip

Parkplatz

Tor

Werkstätten
Tor

Tor

Zaun

„Port Adriano" ist der neue Name dieses immer noch nicht fertiggestellten Hafens in der Cala Peñas Rojas, bisher „Pedro Nadal Salas" oder einfach „El Toro" nach der Leuchtturminsel genannt, die 1,7 sm südlich liegt und als Ansteuerungshilfe dient. Auffällige Landmarke ist bei Tag das kolossale Hotel im Scheitel der fast kahlen Bucht.

Zwar wird der Hafen bereits seit Jahren eifrig benutzt, doch konnte man weder den angegebenen Wassertiefen von 4 bis 5 m an den Stegen beziehungsweise am Kai noch den Murings überall trauen. Auch die sanitären Einrichtungen waren bis jetzt äußerst mangelhaft. Es gibt Wasser und Strom, eine Bar nahe der sorgsam verschlossenen Pforte und einen Supermarkt oberhalb an der Straße. Liegegebühren werden erhoben.

Bauarbeiten zur Verlängerung der Mole sind im Gange. Der Hafen soll auf 466 Plätze erweitert werden, und zwar so, wie es die gestrichelten Linien im Plan zeigen. 1992 sollen die zusätzlichen Stege fertiggestellt sein. Dann sollen auch eine Tankstelle an der neuen Hafeneinfahrt und ein Travellift zur Verfügung stehen. Um Raum für Werkstätten und Stellplätze zu schaffen, soll der südliche Teil des Hafens zugeschüttet werden. Für den Bau von Geschäften, Restaurants und Cafés ist das Gelände unterhalb der Steilküste bereits geräumt worden.

Anschrift: Port Adriano, Urb. El Toro, 07180 Calvia/Mallorca, Telefon 102405, 102494.

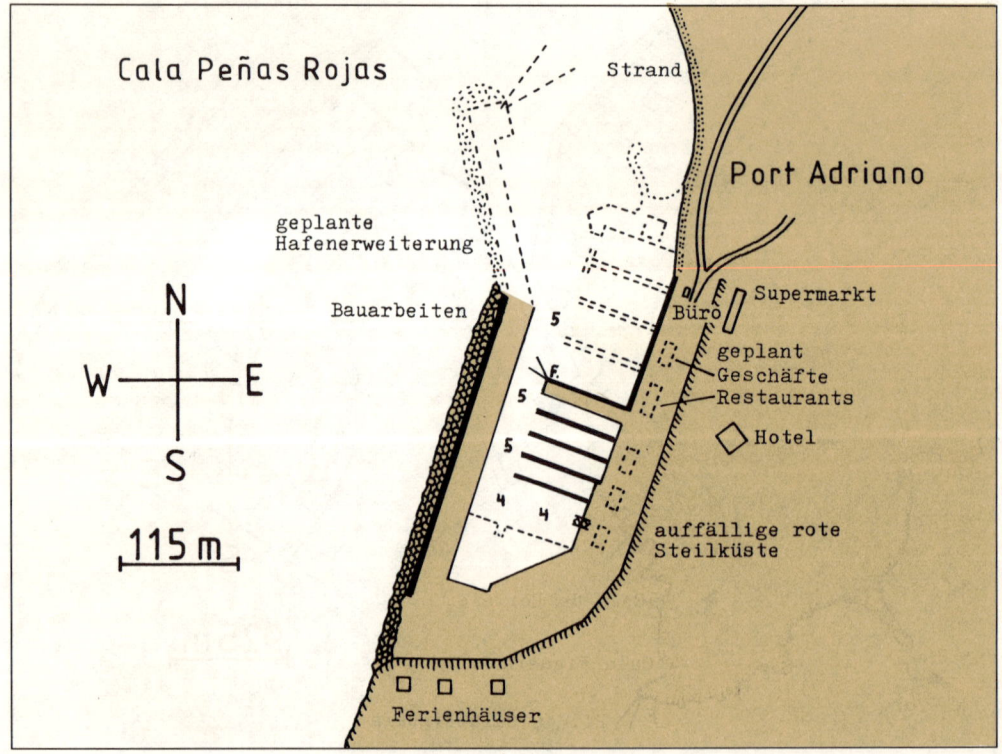

Die Westseite der Bahia de Palma

Mit dem Runden der Punta de Cala Figuera hat der Sportbootfahrer die Bahia de Palma erreicht, die von hier bis zum östlichen Begrenzungspunkt, Cabo Blanco, fast 14 sm breit ist. Die zahlreichen Häfen an der Ostseite der Bucht wurden am Anfang der Inselumrundung behandelt. Die Westseite hat ebenfalls noch einige sowohl landschaftlich als auch versorgungsmäßig attraktive Landeplätze, die auf den folgenden Seiten näher beschrieben werden.

Der Ankerplatz in der **Cala Figuera** (ohne Detailplan), in unmittelbarer Nähe des Leuchtturmkaps gelegen, wird zu einem Zwischenaufenthalt gern aufgesucht, zur Übernachtung eignet er sich nicht. Bei der Ansteuerung sollte man wegen einer flachen felsigen Stelle ca. 20 m Abstand vom südlichen Ufer der Einfahrt halten. Die Cala hat Sandgrund mit Steinen, dicht mit Seegras bewachsen.

Achtung Je nach Kurs muß man bei der Weiterfahrt auf die nachts unbeleuchtete flache Insel del Sech und die nordöstlich davon liegende Untiefe Bajo El Sech achten.

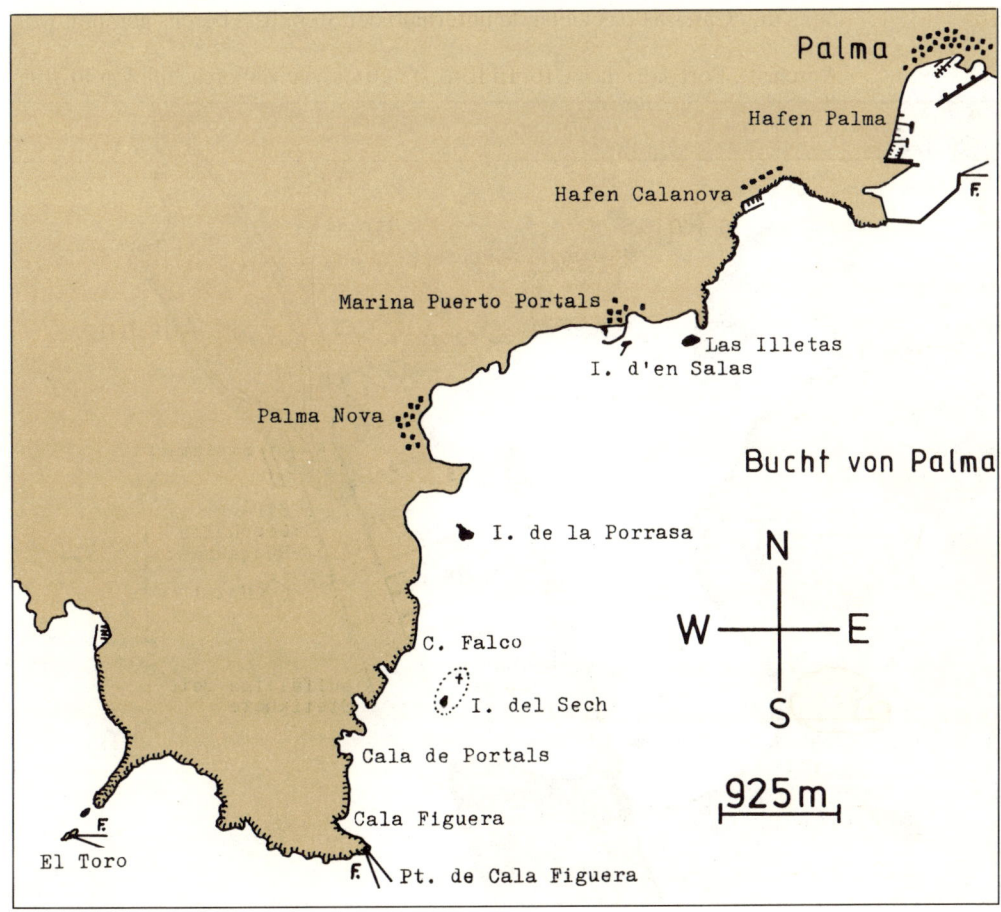

Hübsche Bucht mit drei Einschnitten, 1 sm nördlich der Punta de Cala Figuera gelegen. Bei der Ansteuerung dient ein alter Wachtturm auf der nördlichen Einfahrtshuk als Landmarke. Die Bucht ist frei von Untiefen, Ankergrund ist gut haltender Sand. Zu den Stränden hin nehmen die Wassertiefen gleichmäßig ab.

Tagsüber herrscht viel Badebetrieb und ein ständiges Kommen und Gehen von Zubringerbooten. An den Stränden kann man sich verpflegen. Abends wird es still. Wenn der Wind nicht auflandig ist, kann man hier gut übernachten.

Das Molenlicht des kleinen **Privathafens „Sol de Mallorca"** (Puerto Deportivo Portals Vells mit etwa 70 Plätzen) ist nicht immer in Betrieb. Es können Boote mit höchstens 10 m Länge einlaufen. Die Wassertiefe im Hafen ist ausreichend, doch die Einfahrt neigt zum Versanden, auch schwankt der Wasserstand bei reflektierendem Seegang. Da die Plätze den Bootseignern vorbehalten sind, die gleichzeitig ein Apartment in der Feriensiedlung bewohnen, sollten Fremde nicht einlaufen, es sei denn, daß es sich um einen Notfall handelt. 3-t-Kran vorhanden.

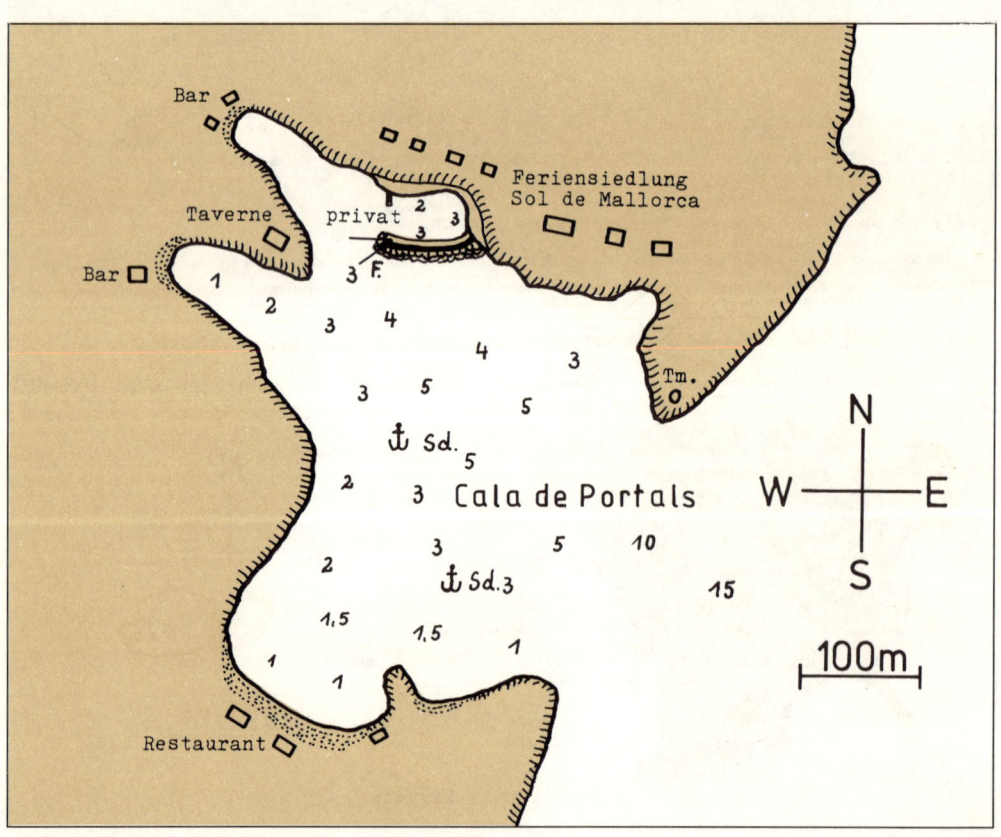

Dieser kleine Hafen des Club Nautico Palma Nova in der Nordostecke der Bucht von Palma Nova ist mit Kleinfischerbooten und kleinen Sportbooten voll belegt (insgesamt 72 Plätze). Gäste finden keine Aufnahme. Trotzdem sei der Hafen erwähnt, falls man vor dem Strand ankert und mit dem Beiboot landen will, um Einkäufe zu machen.

Die Zufahrt zum Hafen neigt zum Versanden; in der Einfahrt beträgt die Wassertiefe nur noch 1,2 m, im Hafen 1 m und weniger. Wasserhähne an mehreren Stellen, Kran und Slip sind vorhanden. Der Hafenmeister hat seine Wohnung an der Wurzel der Südmole.

Der Ankerplatz vor dem Hafen hat Grund aus Sand mit Seegras. Meist steht etwas Dünung in die Bucht, weshalb dieser Ankerplatz zum Übernachten nur bei ganz ruhiger Wetterlage geeignet ist.

Palma Nova, die für den Tourismus aus dem Boden gestampfte Hotelstadt, hat mehrere Supermärkte, gute Restaurants in der Hauptstraße parallel zur Wasserfront und natürlich unzählige Souvenirgeschäfte.

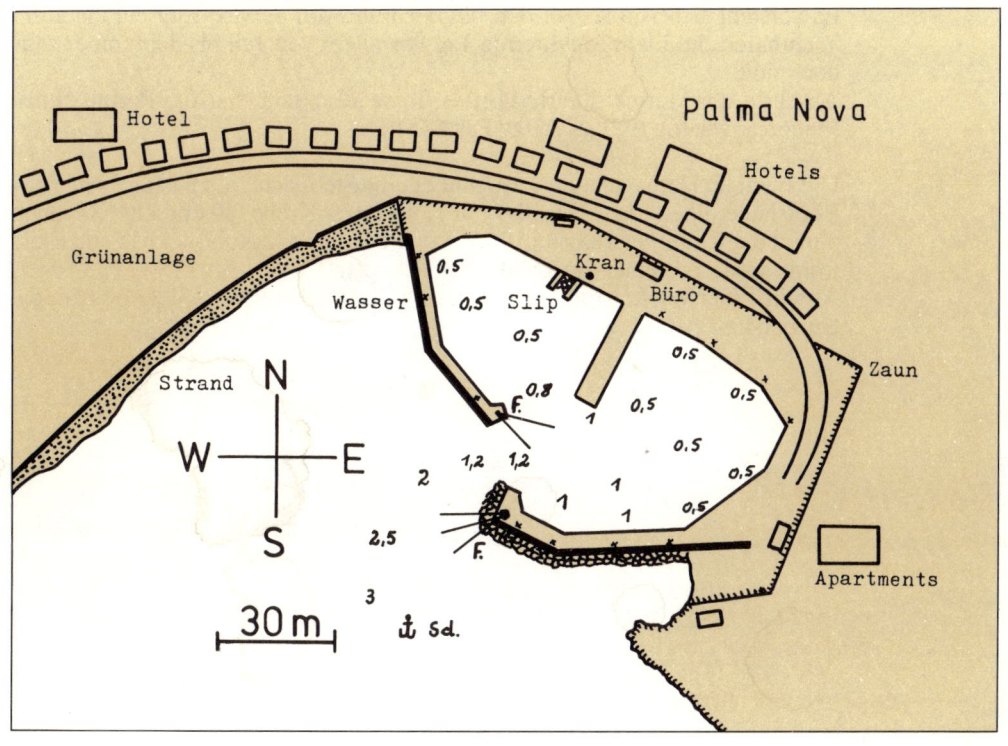

Seit ihrer Eröffnung im Juli 1986 hat diese exklusive Marina alle hochgesteckten Erwartungen erfüllt. Nur knapp 4 sm südwestlich von Palma gelegen, bietet sie durch ihre Nähe zur Stadtmitte (9 km, Autobahnausfahrt Portals Nous) und zum Flughafen (16 km) einen idealen Standort für Dauerlieger und Transityachten.

Es stehen insgesamt 670 Liegeplätze mit allem Komfort zur Verfügung. Die Muringplätze sind für Boote von 8 bis 38 m Länge eingerichtet, außerdem gibt es zwei Plätze für Schiffe bis 60 m Länge. Sämtliche Stege sind mit Wasser- und Stromanschlüssen versehen, die Boxen für Boote über 12 m Länge haben außerdem Telefon- und TV-Anschluß.

Die Marina wird rund um die Uhr bewacht. Vor Seegang schützt eine mächtige Mole von über 900 m Länge. Man kann sie bei der Ansteuerung am Tage von weitem ausmachen; außerdem fällt der hohe Tower der Capitania auf. Nachts sind beide Molenköpfe befeuert. Auf das unbeleuchtete Eiland I. d'en Salas östlich der Mole ist zu achten. – Gern liegen Yachten in der Nähe der Nordmole frei vor Anker.

Der Wartekai befindet sich an der Hafeneinfahrt bei der Tankstelle, die Diesel und Benzin bereithält. Im Kontrollturm sind Anmeldung, Büro des Hafenkapitäns, Telefonzentrale und Funkstation untergebracht (Anruf über Kanal 9); hier ist auch der Wetterbericht zu erfragen. Rund um den Hafen findet man in gepflegtem Rahmen Restaurants, Cafés, eine Disco; ferner Supermarkt, Bank und alle möglichen Geschäfte und Agenturen, Liegeplätze werden vermietet und verkauft, Firmen für Yachtcharter und Autovermietung sind vertreten.

Es versteht sich von selbst, daß bei der Fülle von Service-Einrichtungen im Yachthafen die Liegegebühren je Tag vor allem von Juli bis September sehr hoch sind.

Anschrift der Marina: Puerto Portals, Torre „Capitania", 07015 Portals Nous/Mallorca, Telefon (971) 676300, Fax 675403.

Die Werft im Hafengelände verfügt über eine Stellfläche von 8000 m^2 mit einer Bootshalle, über einen Travellift (80 t) und zwei Kräne (10 und 2 t). Sie übernimmt die Winterlagerung und führt Reparaturen an Motor, Elektrik und Elektronik sowie Schreiner- und Malerarbeiten aus.

Anschrift der Werft: Mundimar Portals S.A., Puerto Portals, Telefon 676369, Fax 676409.

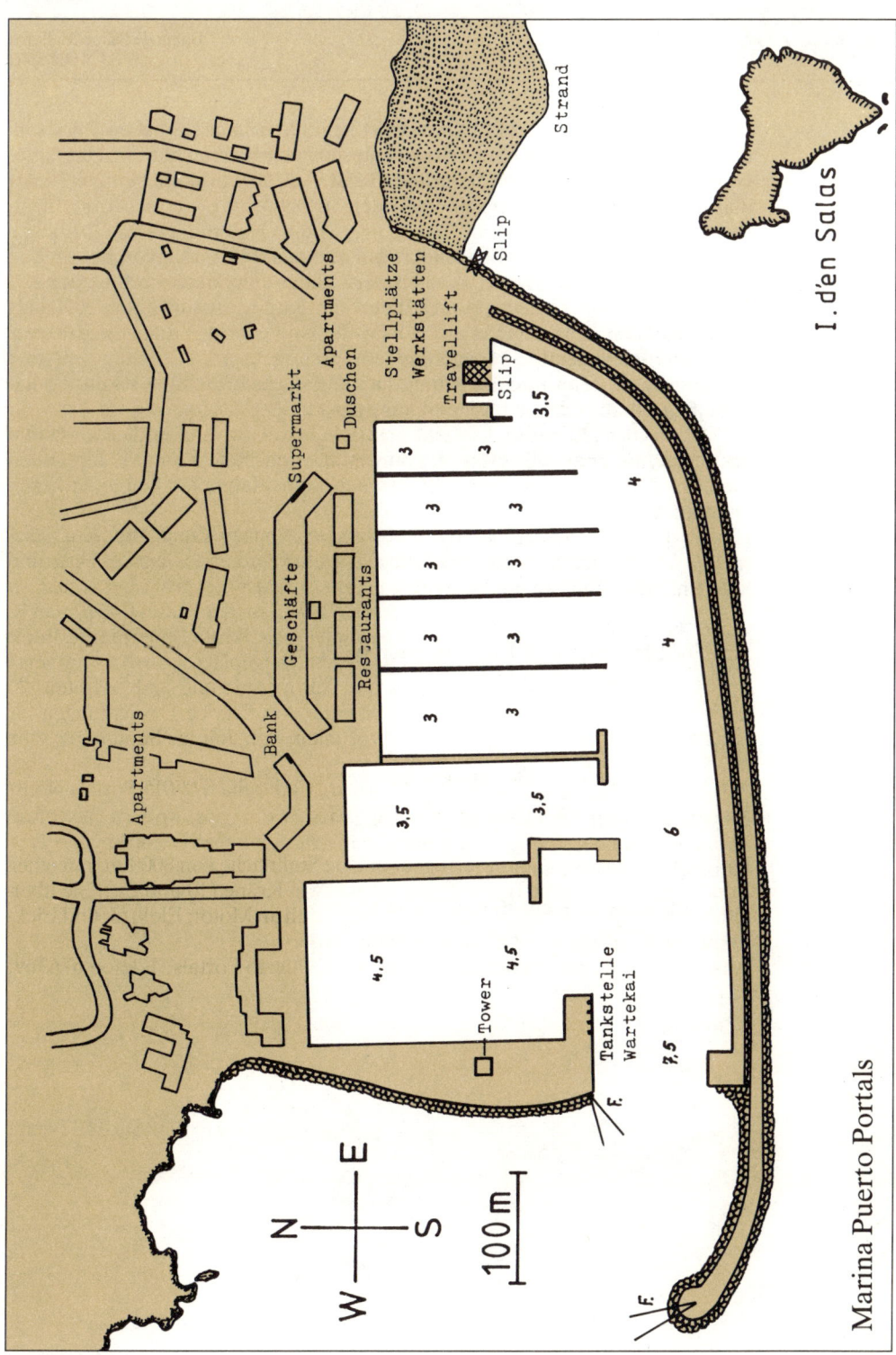

Marina Puerto Portals

Hafen Calanova

„Escuela Nacional de Vela Calanova" ist keine Marina im üblichen Sinn, sondern eine staatlich geförderte Segelschule mit umfangreichen Segelkursprogrammen in verschiedenen Sprachen. So ist von den vorhandenen 200 Liegeplätzen nur eine geringe Anzahl für Gäste verfügbar.

Der gut geschützte, sehr großzügig eingerichtete Hafen liegt etwa 2 sm südwestlich von Palma in der benachbarten Ensenada de Cala Mayor. Bei Tage ist die Mole schon von weitem zu erkennen. Von Süden kommend, ist der alte Wachtturm auf der Inselgruppe Las Illetas eine gute Ansteuerungshilfe. Nachts brennt nicht immer das Feuer auf dem Molenkopf, weshalb dann die Ansteuerung durch die vielen Lichter an Land sehr erschwert wird. Die Südmole ist erst auszumachen, wenn man sie schon querab hat, denn die Steinschüttung hat dieselbe Färbung wie die felsigen Ufer ringsum.

Im Inneren des Hafens sind überall ausreichende Wassertiefen. Da der Hafen das ganze Jahr über voll belegt ist, können Gäste nur für ein bis zwei Tage einen Platz an Murings oder längsseits am Kai vom Hafenpersonal zugewiesen bekommen.

Ein Travellift für Yachten bis 50 t ist vorhanden, ebenso Kräne und Slip. Kurzfristige Reparaturen an Land können ausgeführt werden. Werkstätten und Schiffshändler sind private Unternehmen.

Liegegebühr	Gehobene Mittelklasse.
Wasser/Strom	An allen Stegen und am Kai (gesondert berechnet).
Treibstoff	Tankstelle für Diesel und Benzin am Kopf der Nordmole (Mo. bis Sa. vormittag).
Lebensmittel	Geschäfte entlang der Straße.
Restaurants	Im Clubgelände und außerhalb.
Post/Telefon	Briefkasten an der Straße, Münzfernsprecher im Hafengelände.

Im gut gepflegten Hafen herrscht eine angenehme Clubatmosphäre. Der Lärm der nahen, vielbefahrenen Küstenstraße macht sich kaum bemerkbar. – Busverbindung mit Palma.

Anschrift: Puerto Deportivo Calanova, Joan Miró s/n, 07015 San Augustin/ Palma de Mallorca, Telefon 402512, 402551, 402749, Fax 403911.

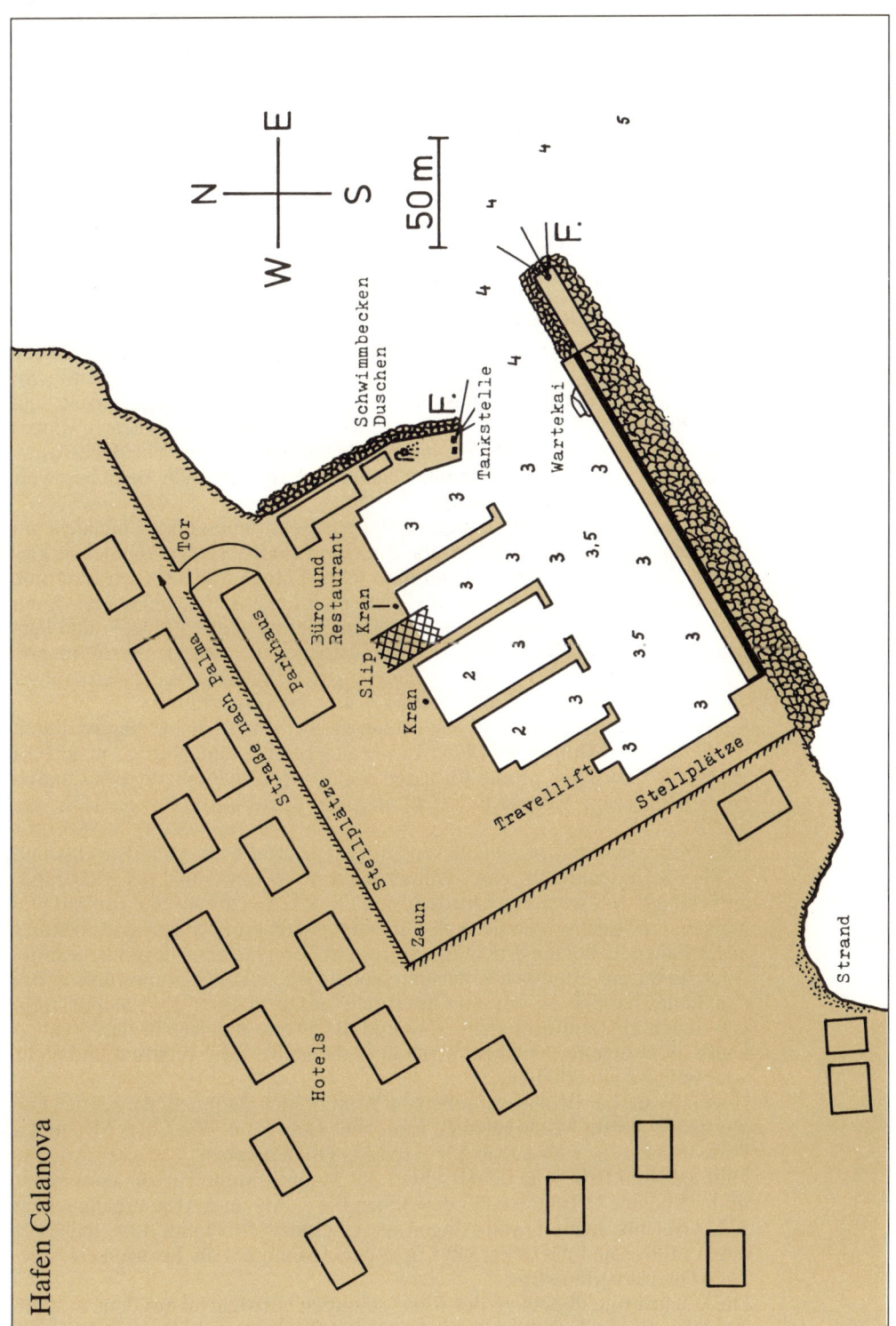

Hafen Calanova

N E S W

50 m

F.
5
4
4
4
4
4
Schwimmbecken
Duschen
F.
Tankstelle
Wartekai
3
3
3
Tor
Straße nach Palma
Parkhaus
Büro und
Restaurant
Slip Kran
Kran
3
3
3
3
3,5
3
3
2
2
3
3,5
3
3
2
3
3
Travellift
Stellplätze
Stellplätze
Zaun
Hotels
Strand

113

Menorca

(670 km², 60000 Bewohner)
Inselinneres — Sehenswürdigkeiten und Ausflüge

Menorca ist durch Fähren und Flugzeuge mit dem Ausland, dem spanischen Festland und mit Mallorca verbunden, es hat ausgedehnte Touristenzentren mit allem Komfort und musterhafte Feriensiedlungen, aber trotzdem hält sich der Fremdenverkehr in Grenzen. Ebenso verlieren sich die Sportboote an der Küste. Die drei Häfen, Mahón, Ciudadela und Fornells, sind zwar in der Hochsaison voll belegt, aber in den unzähligen Buchten — vor allem an der kaum besiedelten Nordküste — findet man noch die vielbegehrte Einsamkeit. Die Insel, die schon die Römer im Gegensatz zu Mallorca als „Balearis Minor" oder „Minorica" bezeichneten, hat ihre liebenswürdige, bescheidene Atmosphäre bewahrt, was sie vor allen anderen Baleareninseln besuchenswert macht.

Für einen Ausflug ins Inselinnere sind die Häfen Mahón oder Ciudadela am praktischsten. Eine gute Straße führt quer über die Insel und verbindet die größeren Orte miteinander. So kann man schnell einen umfassenden Eindruck von der Insel bekommen. Im Frühsommer wird man saftige blühende Wiesen und ausgedehnte Getreidefelder antreffen, die mit sanften Hügeln und lieblichen Tälern abwechseln. Weit auseinander liegen die einzelnen Gehöfte, sauber weiß gekalkt, mit Bruchsteinwällen umgeben; auch die Felder sind so abgegrenzt, um den Boden vor den starken Nordwinden zu schützen.

Sind auf Mallorca Berge und Schluchten unüberschaubar gewaltig, so muten die Größenverhältnisse auf Menorca wie eine Miniatur an: Nur 358 m hoch ist die größte Erhebung, Monte Toro, und doch von jedem Punkt der Insel überragender Blickfang. Ebenso übersieht man von dem Platz in luftiger Höhe die ganze Insel.

Eine Sehenswürdigkeit ganz besonderer Art sind die Talayots, Navetas und Taulas, Steindenkmäler einer frühen Kultur, die etwa 3000 bis 3500 Jahre zurückliegt. Aus schweren Quadern sind die Talayots erbaut, die zur Verteidigung und möglicherweise auch als Fürstengrab dienten. Navetas sind ebenfalls aus behauenen Steinen errichtet, und zwar in Form kieloben liegender Schiffe. Auch sie waren vermutlich Wohnstätten oder Gräber von Stammesfürsten. Bei den Taulas handelt es sich um Opfertische aus zwei gewaltigen Steinplatten, von denen eine aufrecht steht, während die zweite waagerecht darüberliegt. Diese Steinsetzungen sind zahlreich über die ganze Insel verstreut und mehr oder weniger gut erhalten.

Ebenfalls aus der Bronzezeit sollen die Wohnhöhlen stammen, die aus den Felsen der Südküste herausgehauen sind, zum Beispiel in den Calas Macarella, Porté und Covas. Cala Covas allein soll 145 Höhlen haben.

Fünf Jahrhunderte lang beherrschten die Mauren Menorca; aus dieser Zeit sind noch viele Ortsnamen mit den Silben Bini-, Ala- und Alca- erhalten. Erst 1232 erreichte Jaime I. von Aragón die Übergabe durch eine List, indem er durch zahlreiche Lagerfeuer um Capdepera (Mallorca) die Invasion eines riesigen Heeres vortäuschte.

Die Wachttürme überall an der Küste stammen vorwiegend aus dem 16. Jahrhundert, als die Balearen durch Seeräuberüberfälle verheerenden Schaden

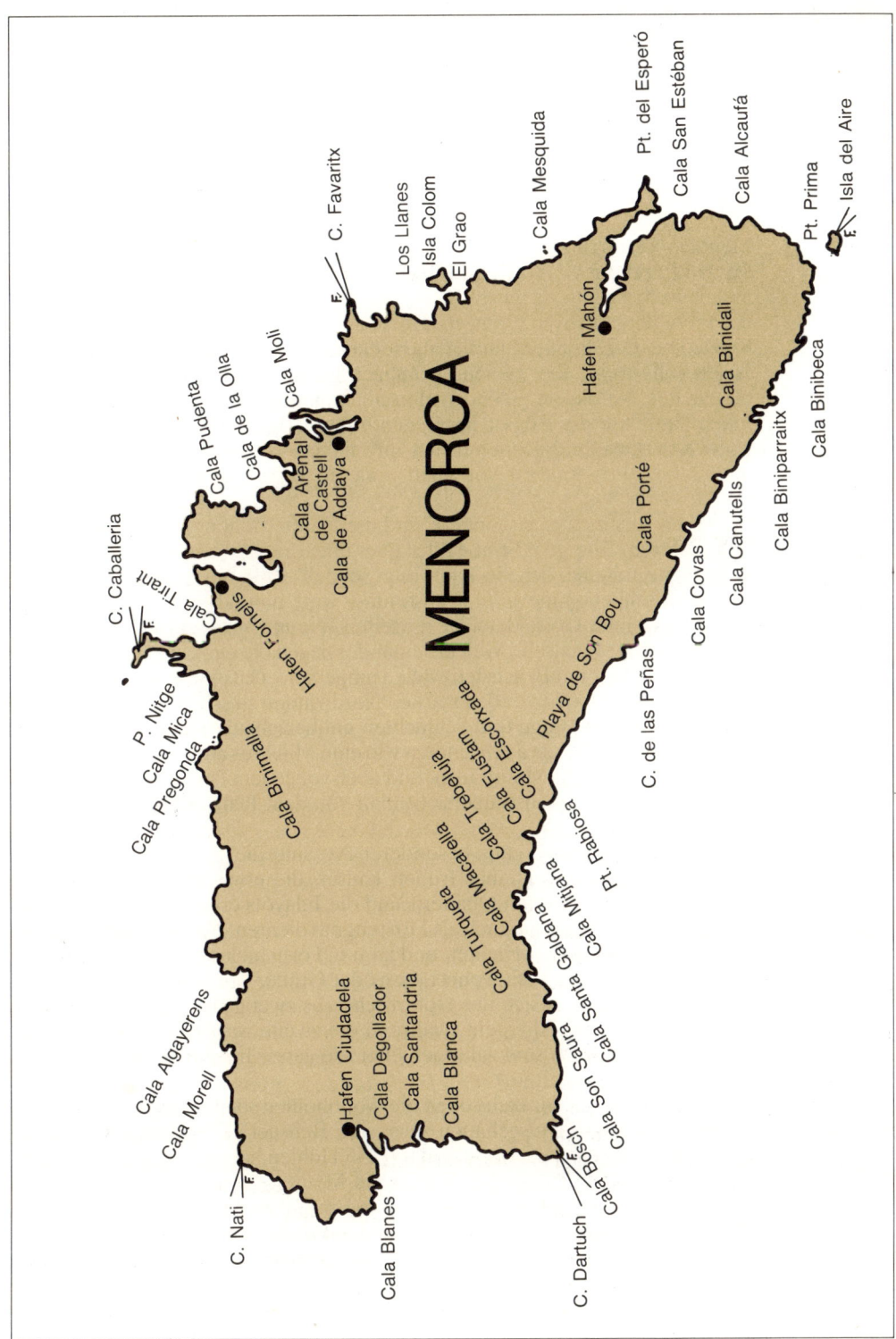

MENORCA

C. Favaritx
Los Llanes
Isla Colom
El Grao
Cala Mesquida
Pt. del Esperó
Cala San Estéban
Cala Alcaufá
Pt. Prima
Isla del Aire
Hafen Mahón
Cala Binidali
Cala Binibeca
Cala Biniparraitx
Cala Binibeca
Cala Canutells
Cala Covas
Cala Porté
C. de las Peñas
Playa de Son Bou
Pt. Rabiosa
Cala Mitjana
Cala Galdana
Cala Santa
Cala Trebelúja
Cala Macarella
Cala Turúnbeja
Cala Fustam
Cala Escorxapéu
Cala Saura
Cala Son Bosch
C. Dartuch
Cala Blanca
Cala Santandria
Cala Degollador
Hafen Ciudadela
Cala Blanes
C. Nati
Cala Morell
Cala Algayerens
Cala Pregonda
Cala Mica
P. Nitge
C. Caballeria
Cala Tirant
Hafen Fornells
Cala Binimalla
Cala de Addaya
Cala Arénal de Castell
Cala Molí
Cala de la Olla
Cala Pudenta

erlitten. So wurden 1535 Mahón und 1558 Ciudadela völlig zerstört und fast alle Überlebenden als Sklaven verkauft. Heute dienen die meist schon zerbröckelnden Wachttürme höchstens noch als Ansteuerungshilfe oder Aussichtspunkt.

Küste und Windverhältnisse

Von Mallorca kommend, laufen Yachten meist erst Ciudadela an, weshalb die Inselbeschreibung von hier aus erfolgt. Für die Umrundung Menorcas wird wegen der vorherrschenden nördlichen Winde die Fahrt im Uhrzeigersinn empfohlen. Auf diese Weise hat man nur das verhältnismäßig kurze Stück bis Cabo Nati aufzukreuzen.

Achtung An dieser Stelle sei vorsichtshalber auf die Ähnlichkeit der Leuchtfeuer von Cabo Formentor/Mallorca (Blz. (4)- 20s) und Cabo Nati (Blz. (3+1)- 20s) hingewiesen.

Schon an der Nordwestseite der Insel steigt die Küste an, ist unnahbar, ohne Vegetation und unbesiedelt, ab Cabo Nati wird sie noch schroffer, die ersten Buchten öffnen sich und lassen den Blick auf ein hügeliges grünes Hinterland frei.

Die gesamte Nord- und Nordostküste Menorcas ist von großer landschaftlicher Schönheit. Schroffe rote Felsabhänge, von weitem eine kahle, baumlose Silhouette, zum Teil plateauartig, dann wieder in weichere Hügelketten übergehend – ein stetig wechselndes Bild. Delphine kann man hier draußen antreffen, aber sehr wenige Sportboote.

Nähert man sich den Sandstränden, was zum Beispiel bei Cala Pregonda wegen der Klippen mit größter Vorsicht geschehen muß, wird man entzückt sein von der malerischen Umgebung der Ankerplätze. Das Wasser ist makellos klar, so klar, daß man die Wassertiefe meist weit unterschätzt. Viele Buchten sind unbewohnt, und selbst die vorhandenen vereinzelten Hotels und Feriensiedlungen verursachen meist nur mäßigen Badebetrieb. Weite Sandstrände in allen Farbschattierungen von Weiß, Gelb und Ocker, zwischen merkwürdigen Felsschichtungen und bizarren Formationen, blaßgrau, rostrot und schwarz, vom Meer abgeschliffen oder scharf ausgewaschen; jede Bucht für sich ein kleines Meisterwerk der Natur, rote Erde zwischen harten Sträuchern, ein trockenes Flußbett hinter feinem Sandstrand, mit Tamarisken und Sternhyazinthen.

Fornells und Addaya sind tief ins Land führende grüne Fjorde, Schutz bietend bei jeder Wetterlage. Wieder folgt eine Strecke steiler, wildromantischer Küstenformation, die gegen Osten etwas niedriger wird und mit schwarzgrauen Klippen flach ins Meer ausläuft.

Isla Colom und El Grao: Ankerplätze, die die Zeit vergessen lassen, Dünenlandschaft, Schilf und Buschwerk um die Lagune, Albufera, wo zahlreiche Wasservögel nisten. Cala Mesquida, obwohl schon nahe der Hauptstadt, hat einen kaum besuchten gelben Sandstrand zwischen dunklen Klippen. Noch einmal steigt die Küste zu voller Höhe an, um den Fjord von Mahón wie eine anthrazitfarbene Schutzmauer gegen Nordosten zu umgeben; von 80 m Höhe stürzt das östlichste Kap Spaniens, Punta del Esperó, ins Meer ab.

Südlich von Mahón ist die Küste ein niedriges Felsplateau, unterspült vom ständigen Seegang, den wechselnden Winden ausgesetzt. Punta Prima, ein schöner Badestrand gegenüber der Insel del Aire, beliebt bei Landurlaubern, für Sportbootfahrer aber zu ungeschützt.

Die Südküste Menorcas bleibt zunächst flach und felsig, steigt dann wieder bis zu einer Höhe um 80 m an, wirkt von weitem wie eine natürliche abschüssige Wand, in die einige zauberhafte Calas einschneiden, so schmal, daß sich die Einfahrt von der Umgebung aus einiger Entfernung kaum abhebt. Hier münden kleine Flußläufe, die im Sommer völlig ausgetrocknet sind. Erstaunlich, wieviel Grün sich trotzdem an die steinigen Ufer klammert!

Auf dem Abschnitt von Cabo de las Peñas bis Punta Rabiosa weicht die Küste etwas zurück und ist flach, mit einigen vorgelagerten Klippen. Die Hügel erheben sich erst wieder in größerem Abstand vom Meer und lassen dazwischen Raum für Felder und Wiesen.

Noch einmal wird die Küste abschüssig, von Grotten durchsetzt, mit Föhren bis an die Steilabhänge bewachsen. Stufiges weißes Gestein mit zarten Grautönen, lieblicher Kontrast zu dem lichten Grün der Nadelbäume. Das deutlich nach Westen vorgeschobene Kap Dartuch beendet diese Küstenlinie.

Im Verhältnis zur Größe Mallorcas hat Menorca ebenso viele Buchten, aber nur vier Häfen. Es liegt vielleicht an den häufig ablandigen Winden, daß die Calas an der Südküste von Sportbooten stärker besucht sind. Die landschaftliche Eigenart ist so vielfältig, daß man schwer dem einen oder anderen Teil der Insel den Vorzug geben mag.

Wer sich an die Nordküste begibt, muß immer mit plötzlich aufkommendem Nordwind rechnen, der so stürmisch werden kann, daß das Liegen in offenen Buchten nicht nur ungemütlich, sondern auch gefährlich wird. Dann sind Fornells oder Addaya die sichersten Plätze. Im allgemeinen ist dieser sommerliche starke Nordwind, der als Ausläufer eines Sturmes aus dem Golfe du Lion bis Menorca kommt, in ein bis zwei Tagen vorüber. Es herrscht dabei strahlender Sonnenschein, doch die Luft kühlt stark ab.

An den Nordwindtagen ist natürlich in den Buchten der Südküste bestes Ankern möglich, während bei Windstille oder südlichen Winden die Calas der Südküste je nach Lage von reflektierendem Seegang betroffen sind.

Reihenfolge der beschriebenen Häfen und Ankerplätze: Hafen Ciudadela und Cala Degollador, Cala Blanes, Cala Morell, Cala Algayerens; Calas Pregonda, Binimalla, Mica, Puerto Nitge; Cala Tirant, Hafen Fornells, Calas Pudenta und de la Olla, Cala Arenal de Castell, Cala Moli und Cala de Addaya (Puerto Addaya), Ankerplätze Los Llanes und El Grao, Cala Mesquida, Cala San Estéban, Hafen Mahón (Calas Llonga, Taulera, Fonts und Corp), Cala Alcaufá, Isla del Aire; Cala Binibeca, Torret, Binibeca Vell; Calas Biniparraitx und Binidali, Cala Canutells, Cala Covas, Cala Porté; Playa Son Bou, Calas Escorxada, Fustam, Trebeluja; Cala Mitjana, Cala Santa Galdana, Calas Macarella und Macarelleta, Calas Turqueta und Son Saura, Cala Bosch, Calas Santandria und Blanca.

Hafen Ciudadela

Von Mallorca kommend, wird der Yachtfahrer zunächst Cabo Dartuch ansteuern, dessen Leuchtfeuer auch bei Nacht als erstes zu erkennen ist. Fährt man die hier gleichförmige, plateauartige Küste 4,5 sm nordwärts, steht man unmittelbar vor der Einfahrt nach Ciudadela, deren Westhuk, Punta de sa Farola, wiederum einen Leuchtturm trägt, während auf der Osthuk der achteckige Wachtturm Torre Nicolás und ein Hotelkomplex auffallen.

Nachts ist der Fjord selbst bis zum Hafen deutlich befeuert. — Starker Südwestwind kann vor der Hafeneinfahrt groben Seegang verursachen, so daß dann das Einlaufen ohne starken Motor riskant ist.

Die weit nach Nordosten ins Land einschneidende Cala hat bis an die Felswände heran tiefes Wasser; erst im letzten Teil läuft sie flach aus. Die Ufer sind im etwas breiter werdenden Hafenteil zu Kaianlagen ausgebaut (siehe Detailplan auf Seite 120). Frachter und Fähren beanspruchen den nördlichen Kai; auf Anweisung können daran anschließend Yachten festmachen, wegen des Andrangs meist längsseits im Päckchen.

Der eigentliche **Yachtkai** gegenüber ist großenteils durch Dauerlieger blockiert, die Murings benutzen. Dazwischen finden sich manchmal einzelne freie Plätze. Wegen der Muringkette auf dem Grund sollte man den Anker (sofern man keine passende Muring zugewiesen bekommt) über die Mitte des Hafens hinaus ausbringen und unbedingt eine Sorgleine daran befestigen.

Durch seine Lage ist der Hafen Ciudadela an sich sehr gut geschützt. Einzige Unsicherheit besteht durch ein sich unregelmäßig wiederholendes Phänomen: Wechselströmungen, die möglicherweise bei zu erwartendem Schirokko und gleichzeitigem Zusammentreffen weiterer meteorologischer Besonderheiten eintreten, können im Hafenschlauch ein Steigen und Fallen des Wasserstandes zwischen 0,3 und 1 m innerhalb weniger Minuten verursachen (spanisch „Rissagues"). Da eine Vorhersage über Stärke und Dauer unmöglich ist, kann auch keine Warnung erfolgen. In jedem Fall ist es dann notwendig, zusätzlich zu fendern, einen Zweitanker auszubringen und Heckleinen und Masten zu beobachten. Meistens beginnt das Schwanken des Wasserstandes allmählich und ebbt ebenso wieder ab. Daß der Hafen im Verlauf der Wechselströmung trockenfällt und das Wasser wenig später als Flutwelle in den Fjord hineinstürzt, wie es im Juni 1984 geschah, ist hoffentlich als äußerst seltenes Ereignis anzusehen. Damals war an zahlreichen Yachten und Fischerbooten enormer Schaden entstanden (Mastbrüche!), viele Boote sanken.

Der **Club Nautico de Ciudadela** im Westteil des Hafens betreut 100 Liegeplätze. Obwohl 25 Plätze davon für Gäste vorgesehen sind, ist auch hier meist alles voll belegt. Die Yachten liegen an Murings.

Im Clubgelände gibt es Kräne (5 t und 1,5 t), im Clubhaus Duschen (gegen Bezahlung). Werkstätten, Motor-Servicestationen und Schiffsausrüster in der Nähe. Die Diesel-Tankstelle befindet sich auf dem Kai des Clubs außerhalb des Detailplanes (siehe Seite 120).

Von dem vor Jahren geplanten Yachthafenbau in der benachbarten Bucht **Cala Degollador** ist keine Rede mehr. Diese Bucht eignet sich jedoch gut zum Ausweichen, wenn im Hafen Ciudadela absolut kein Platz zu bekommen ist. Auch die Cala Santandria 1 sm südlich ist für diesen Fall zu empfehlen (s. Seite 153).

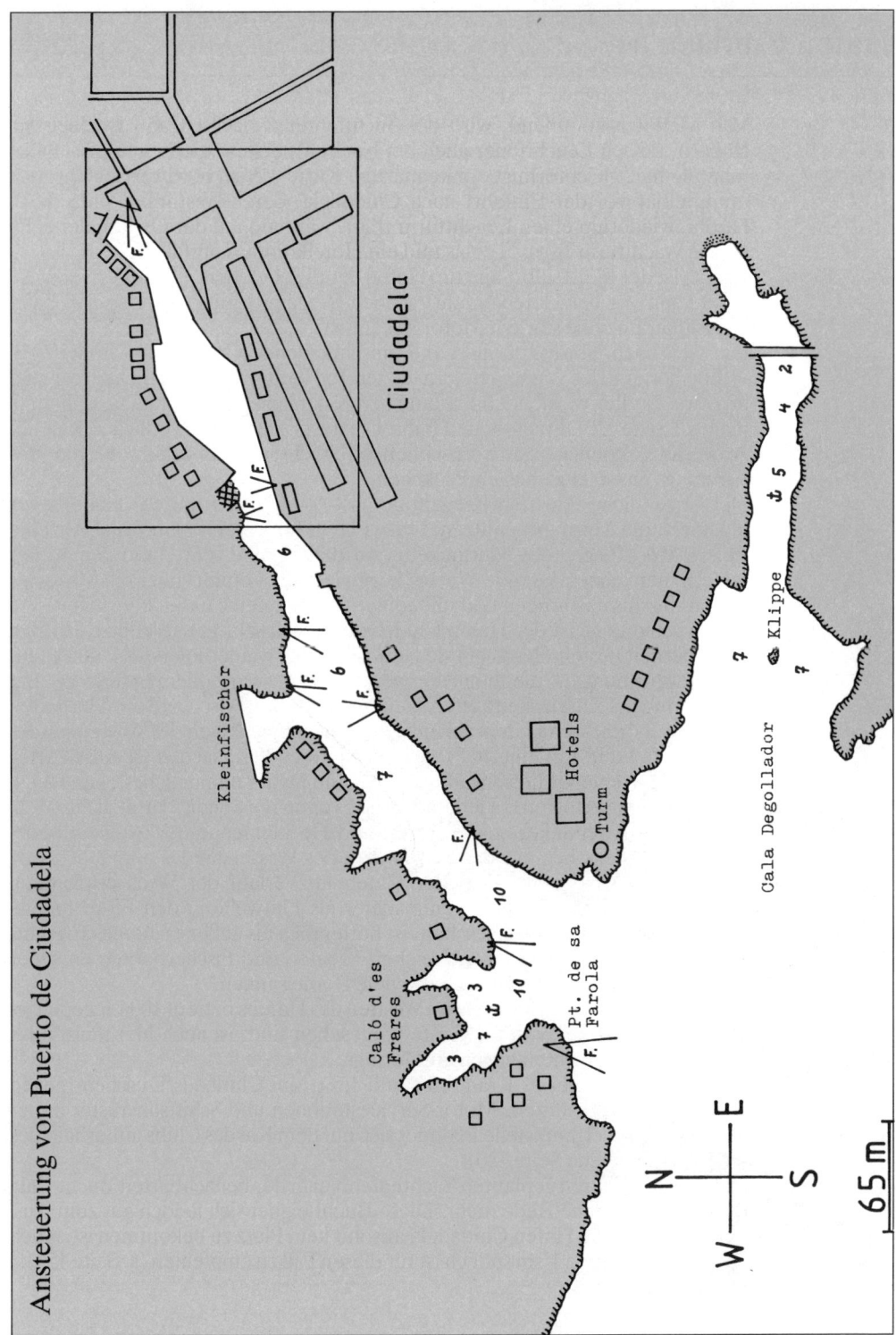

Ansteuerung von Puerto de Ciudadela

Ciudadela

Kleinfischer

Caló d'es Frares

Pt. de sa Farola

Hotels

Turm

Klippe

Cala Degollador

N E S W

65 m

119

Liegegebühr	Am Handelskai Hafengeld, im C. N. hohe Liegegebühren.
Wasser	Schläuche liegen auf beiden Seiten aus (Wasser leicht salzig).
Treibstoff	Diesel-Tankstelle beim Club Nautico.
Lebensmittel	Beste Versorgung in der Stadt und auf dem Markt.
Restaurants	Speiselokale und Felsenbars rund um den Hafen, weitere Auswahl in der Stadt.
Post/Telefon	Siehe Plan.

Ciudadela (17000 Einwohner), ältester Bischofssitz der Balearen, bis 1722 Hauptstadt Menorcas, hat nicht nur einen sehr stimmungsvollen Hafen, sondern ist auch eine sehenswerte alte Stadt mit schönen Kirchen, verwinkelten Gassen, mit einem urigen Markt und Adelspalästen voll kostbaren Inventars. Erst gegen Abend wird es unter den Arkaden und auf den Plätzen lebendig. Die Stadt ist für ihr Juwelierhandwerk und – schon seit 1883 – für die Herstellung eleganter Schuhe bekannt.

Ciudadela eignet sich gut als Ausgangspunkt für einen Besuch der Naveta d'es Tudóns, des besterhaltenen prähistorischen Steingrabmals in Schiffsform auf Menorca.

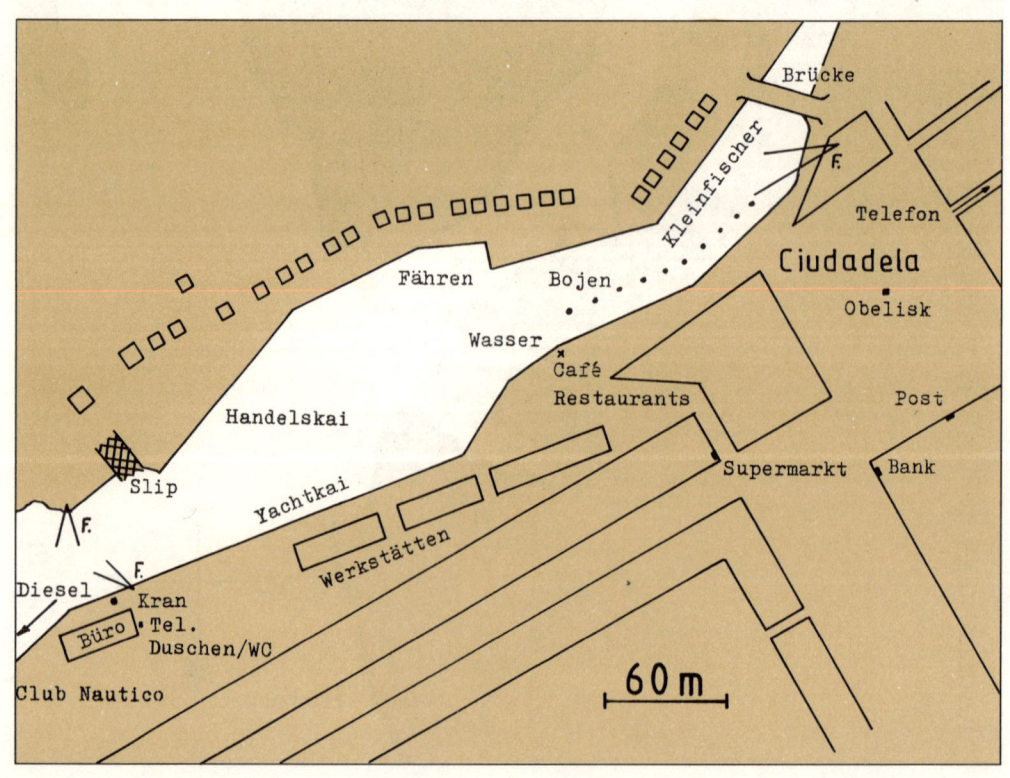

Cala Blanes

Diese Bucht, 0,6 sm westlich der Einfahrt von Ciudadela, ist zum Ausweichen gut geeignet oder wenn man vor dem Einlaufen in den Hafen einen kurzen Badeaufenthalt einlegen will.

Cala Blanes schneidet tief nach Norden ein. Die Westseite ist mit Villen bebaut, die Ostseite ohne Besiedlung und ohne Bewuchs. Im Scheitel der Bucht, die Sandstrand hat, befindet sich ein Hotel.

In der Einfahrt beträgt die Wassertiefe 17 m, sie nimmt gleichmäßig ab. Die Seitenwände sind felsig und teilweise steil abfallend. Bei 4 m Wassertiefe beträgt die Breite der Bucht noch ca. 60 m, so daß eventuell ein Heckanker oder eine Leine zum Land nützlich ist.

Cala Blanes ist bei Südwind Seegang ausgesetzt; dann ist die Cala Santandria 1,5 sm südlich von Ciudadela zum Ankern besser geeignet.

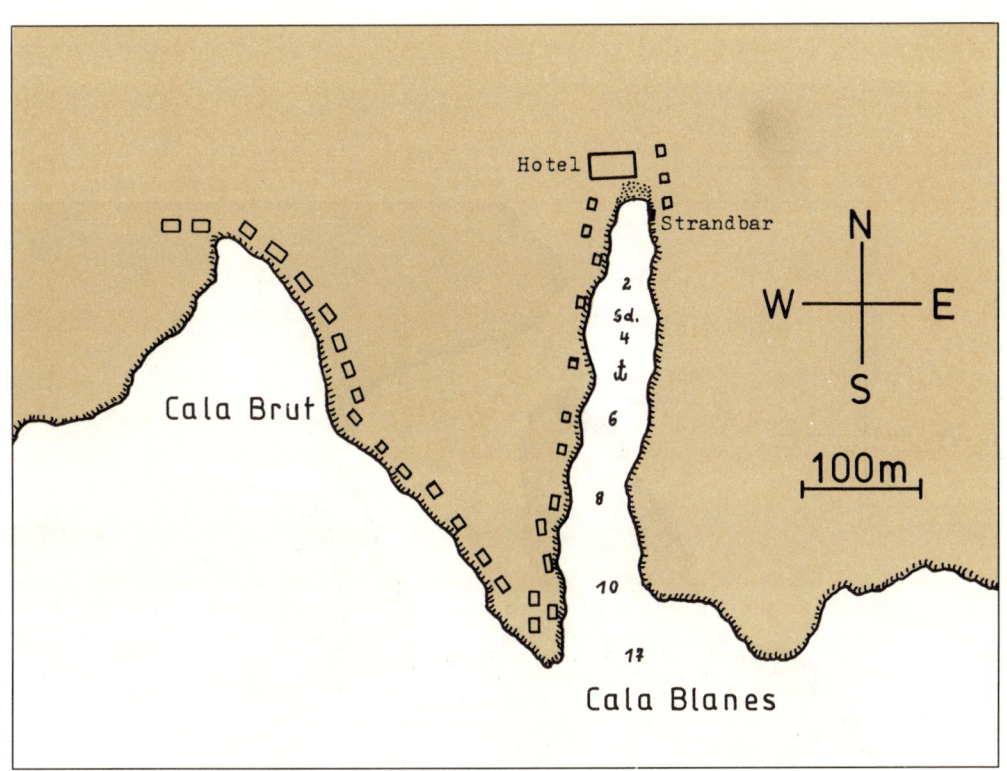

121

Cala Morell

Gegen alle Winde und Seegang gut geschützte Bucht an der Nordküste Menorcas, knapp 3 sm östlich von Cabo Nati, landschaftlich außerordentlich reizvoll in kahle rote Felsen eingebettet.

Die Ansteuerung wird durch die auf dem Hügel hinter der Bucht liegenden weißen Ferienhäuser erleichtert. Außerdem fallen die bizarr geformten Felsen auf der südlichen Einfahrtshuk ins Auge.

In der ca. 250 m breiten Bucht liegen etwa 150 m östlich der Einfahrt zwei gefährliche Klippen dicht unter Wasser. Man halte sich deshalb mehr an die Westseite und lote sorgfältig den Schwojekreis aus. Dabei ist auch auf Muringbojen zu achten. Im Westen der Bucht ist der Ankergrund gut haltender Sand, während die östliche Seite große Steine und Felsen aufweist. Bei Nordwind liegt man durch reflektierenden Seegang unruhig; dann ist ein Heckanker zweckmäßig, um sich in die Richtung der Wellen zu stellen.

Da die architektonisch sehr hübschen Ferienhäuser nur teilweise bewohnt sind, bietet die Bucht auch in der Hochsaison einen ruhigen, angenehmen Aufenthalt. Die Siedlung setzt sich im Hinterland fort. − Für die Verpflegung sorgt das gemütliche Terrassenrestaurant und ein kleiner Supermarkt an der Straße oberhalb der Bucht (Saisonbetrieb).

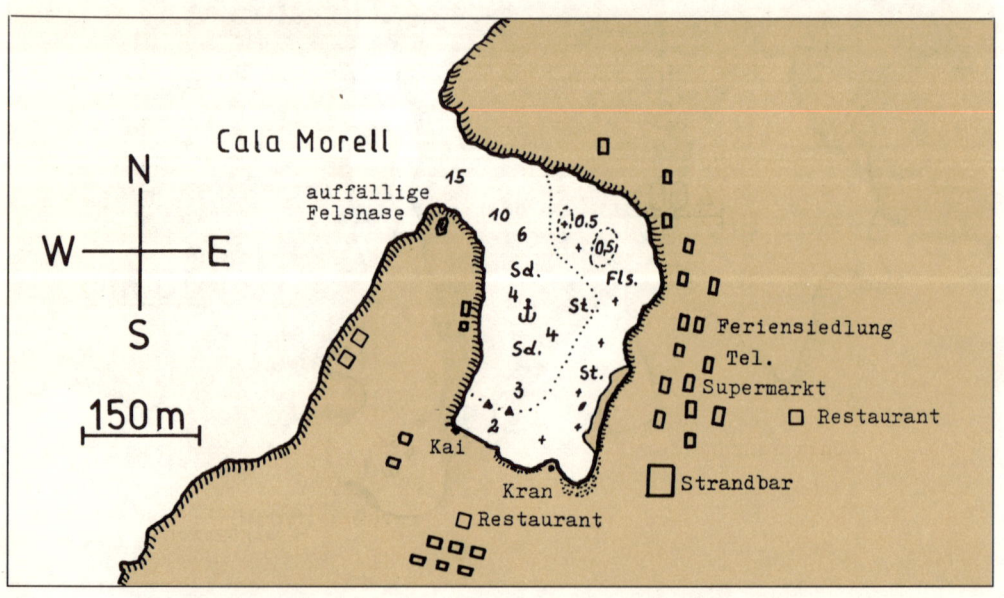

Cala Algayerens

Landschaftlich sehr schöne Cala mit drei Einschnitten, 4,5 sm östlich von Cabo Nati gelegen. Während das Mittelmeer-Handbuch des BSH diese Bucht als „Las Fontanellas" bezeichnet, unterscheidet die spanische Seekarte Nr. 6A zwischen der Cala Fontanellas, der Cala grande und der Cala pequeña de Algayerens.

Bei der Ansteuerung hilft die unterschiedliche Färbung der Felsküste: Die westliche Huk ist grau und durchhöhlt, die östliche hat eine auffällige dunkelrote, plattenartige Formation. Die Bucht ist frei von Untiefen bis auf die Klippe nordwestlich der roten Einfahrtshuk, die an der helleren Wasserfärbung und bei Seegang an der Brandung zu erkennen ist.

Im Scheitel der Cala grande de Algayerens ist ein breiter Sandstrand mit einer vorgelagerten Felsbank, dahinter ist das Land sanft hügelig und bewaldet. Ankergrund reiner Sand. Gern ankern Boote auch in der kleineren östlichen Einbuchtung (Cala pequeña de Algayerens).

Keine Hotels; durch eine hierher führende schlechte Straße nur mäßiger Badebetrieb. Keine Versorgungsmöglichkeit.

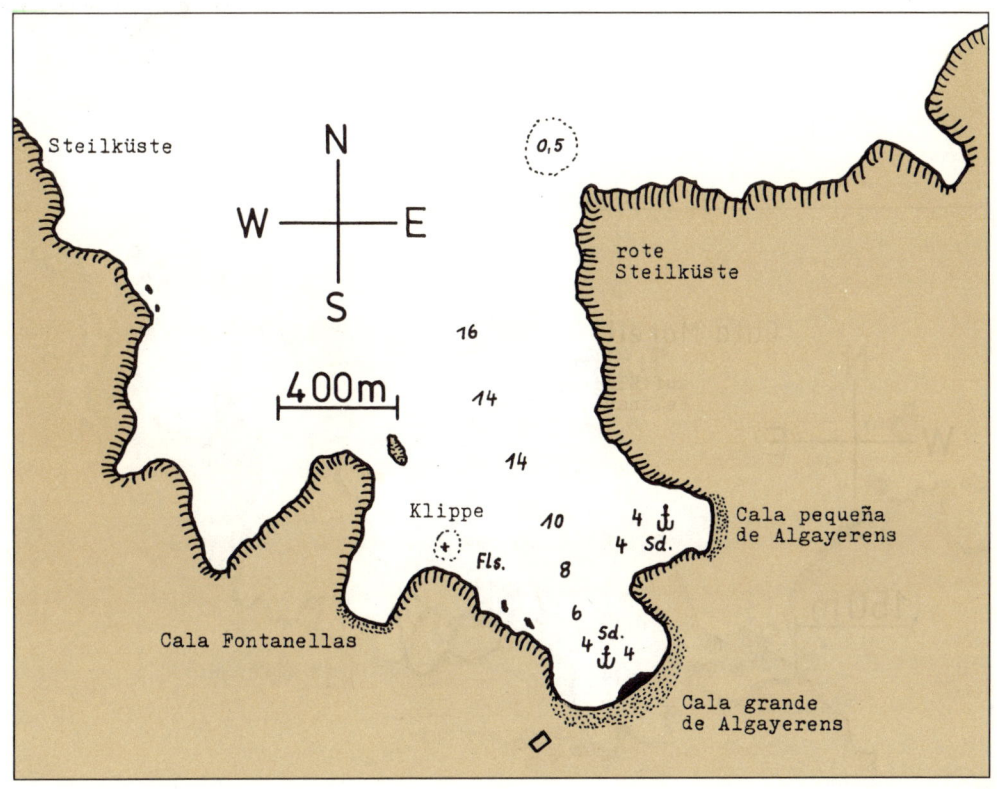

Cala Pregonda bis Puerto Nitge

Zwischen den Inseln Bledas und Nitge befinden sich die Buchten **Cala Pregonda, Cala Binimalla** und **Cala Mica,** die bei ablandigem Wind zum Ankern einladen. Da der Küste jedoch Klippen und Untiefen vorgelagert sind, kann man sich nur auf Sicht und nur mit größter Achtsamkeit den schönen einsamen Sandstränden nähern. Zum Beispiel ist Cala Pregonda als malerischer Ankerplatz sehr beliebt, doch habe ich bei wiederholten Umrundungen Menorcas hier jedesmal so starke Brandung angetroffen, daß eine Durchfahrt zwischen den Klippen zum Ankerplatz nicht zu riskieren war. Die Angabe der Wassertiefe ist mir deshalb nicht möglich.

Die tief einschneidende Bucht von **Puerto Nitge** mit vorgelagerten Klippen und einem Wachtturm auf der westlichen Einfahrtshuk ist nur in ihrem äußeren Drittel für Yachten mit mehr als 2 m Tiefgang zu gebrauchen. Die Wassertiefe nimmt von 8 m schnell ab. Der Ankergrund ist stufig und mit dichtem Seegras bewachsen. Flachgehende Boote finden im inneren Teil der Cala guten Schutz bei allen Winden. Da jedoch keine Versorgungsmöglichkeiten gegeben sind, wird der sichere Hafen Fornells immer vorzuziehen sein.

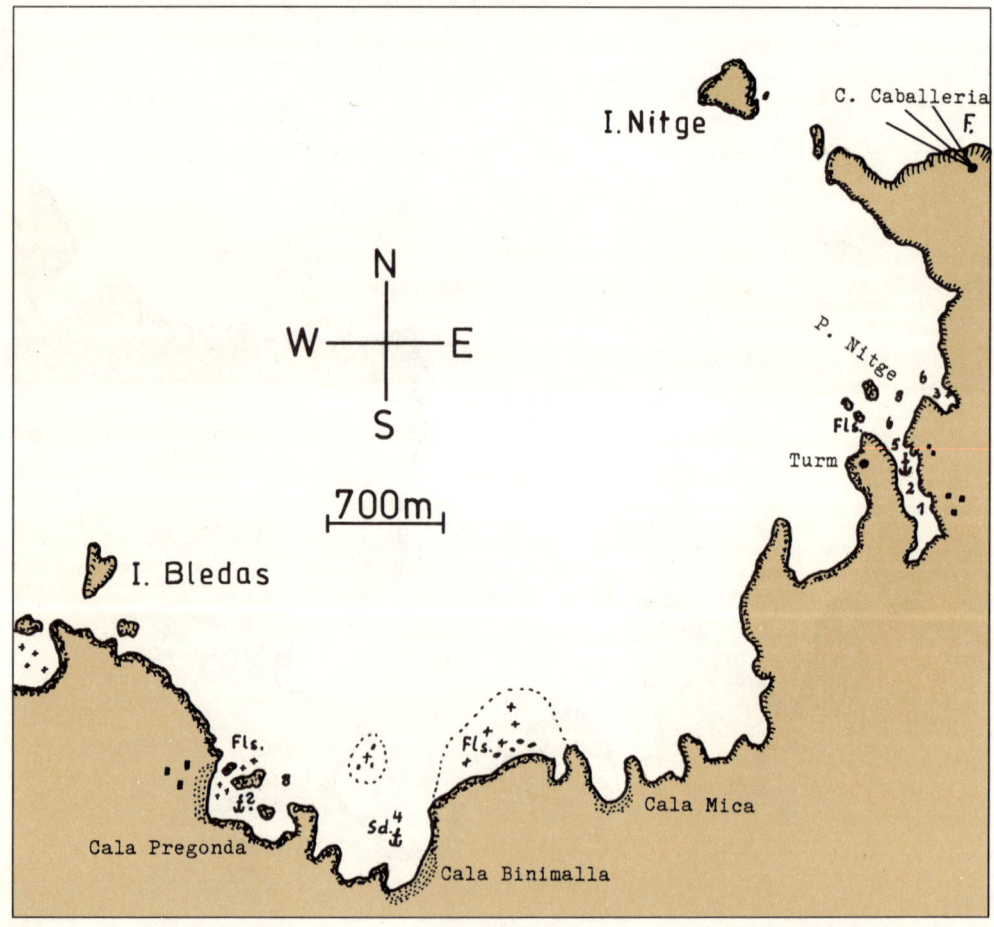

Cala Tirant

Etwa 2,5 sm südlich des befeuerten Kaps Caballeria liegt die Cala Tirant in sanft hügeliger Umgebung. Sie ist zwar nach Norden ohne Schutz, bietet aber bei ruhiger Wetterlage oder ablandigen Winden vor den Sandstränden schöne Tagesankerplätze.

Den Klippen an ihrer Westseite kann man leicht ausweichen. Ankergrund ist Sand. Trotz der Feriensiedlungen sind die Strände wenig belebt. Die Dünen reichen weit ins Land hinein.

Außer einer Strandbar keine Versorgung.

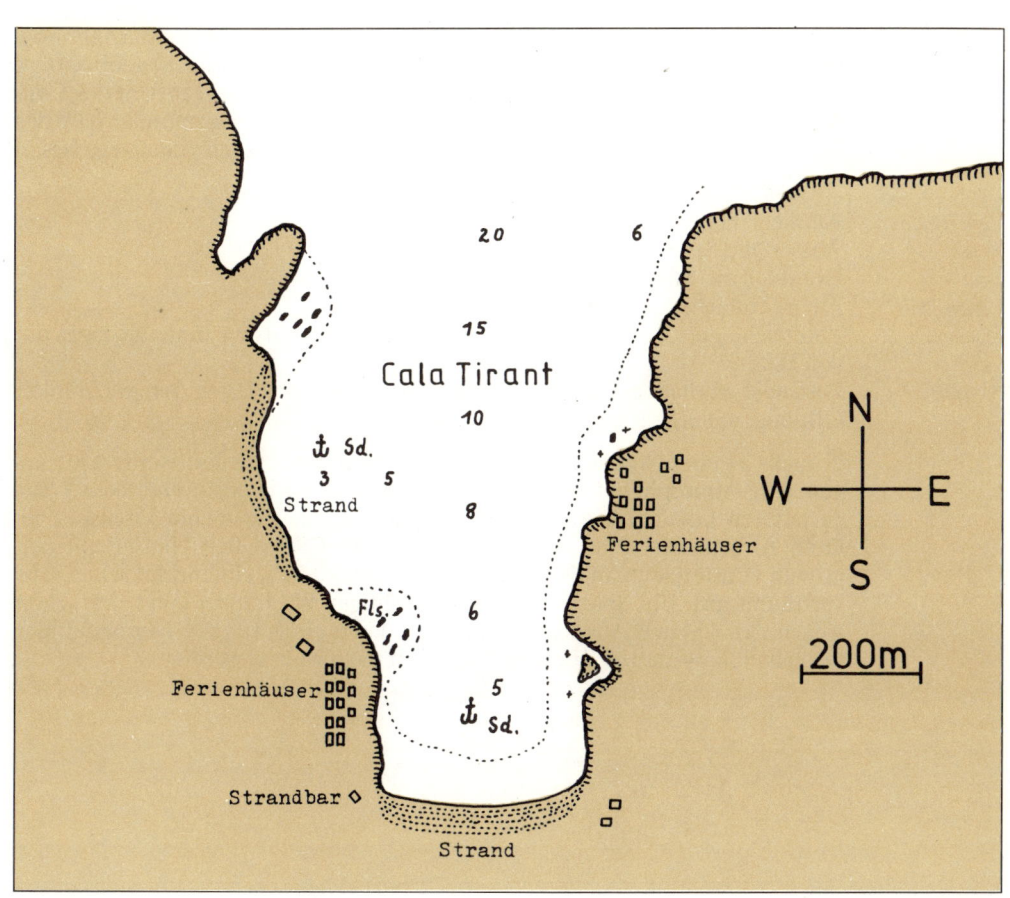

Hafen Fornells

Sehr hübscher kleiner Fischerhafen an der Nordwestseite der mehr als 2 sm tief nach Süden einschneidenden Bucht Puerto de Fornells, bei jeder Wetterlage anzulaufen.

Die Ansteuerung ist bei Tag und Nacht ohne Probleme. Am Tag kann man schon von weitem einen auffälligen Verteidigungsturm erkennen, der nahe dem westlichen Einfahrtskap auf einem Hügel steht. Nachts brennen auf der kleinen Insel Sargantana im Inneren der weiträumigen Bucht Fornells Richtfeuer, nach denen man gefahrlos in Richtung Hafen laufen kann. Der Hafen wird durch eine Mole geschützt, die nachts befeuert ist.

Der Platz für Yachten an den ersten 40 m hinter dem Molenkopf ist mit Aufschrift und Pfeil an der Molenmauer gekennzeichnet. Wegen des Unterwasservorsprungs sollte man, vor Buganker liegend, mit langen Heckleinen festmachen oder mit dem Bug an den Kai gehen. Das Innere des Hafens ist einheimischen Booten vorbehalten.

Ist kein Platz mehr vorhanden, so kann man auch vor dem Hafen ankern. Ankergrund Schlick und Seegras. Die Wassertiefe nimmt südwestlich der Mole schnell ab. Auch hier muß auf Bojen und eventuell verankerte Hummerkästen geachtet werden.

Puerto de Fornells ist auch bei Nordwinden gut geschützt. Weitere Ankermöglichkeiten bestehen bei der Insel Sargantana und in den kleinen Seitenbuchten, jeweils mit Rücksicht auf die abnehmenden Wassertiefen. Der Steg des Club Nautico, 9 kbl südlich vom Hafen am westlichen Ufer gelegen (außerhalb des Plans), hat ganz geringe Wassertiefen. An Land lagernde Schwimmstege lassen auf eine Erweiterung hoffen.

Liegegebühr	Amtliche Hafengebühr.
Wasser	Wasser und Strom am Kai.
Treibstoff	Eventuell aus Fässern (Fischer fragen).
Lebensmittel	Einige einfache Geschäfte.
Restaurants	Zahlreiche gute Restaurants, die als Spezialität Langusten anbieten, rings um den Hafen.
Post/Telefon	Poststelle vorhanden. Münzfernsprecher am Hafen. Bank (eingeschränkte Öffnungszeiten).

Fornells ist ein urwüchsiger Fischerort, der sich trotz des Tourismus seine angenehme Atmosphäre bewahrt hat. Die vielen Gäste in den immer besser ausgestatteten Lokalen kommen von überall her, um hier teuere Fischspezialitäten zu genießen. Nachts wird es dann still. Die weißen Häuser mit den grünen Fensterläden an dem mit Palmen bestandenen Hafenrund sehen sehr verträumt aus. Ein Spaziergang zum mächtigen Wachtturm lohnt sich schon wegen der schönen Aussicht. Sollte man durch einen starken Nordwind hier festgehalten werden, dürfte einem die Zeit nicht zu lang werden.

Ansteuerung von Puerto de Fornells

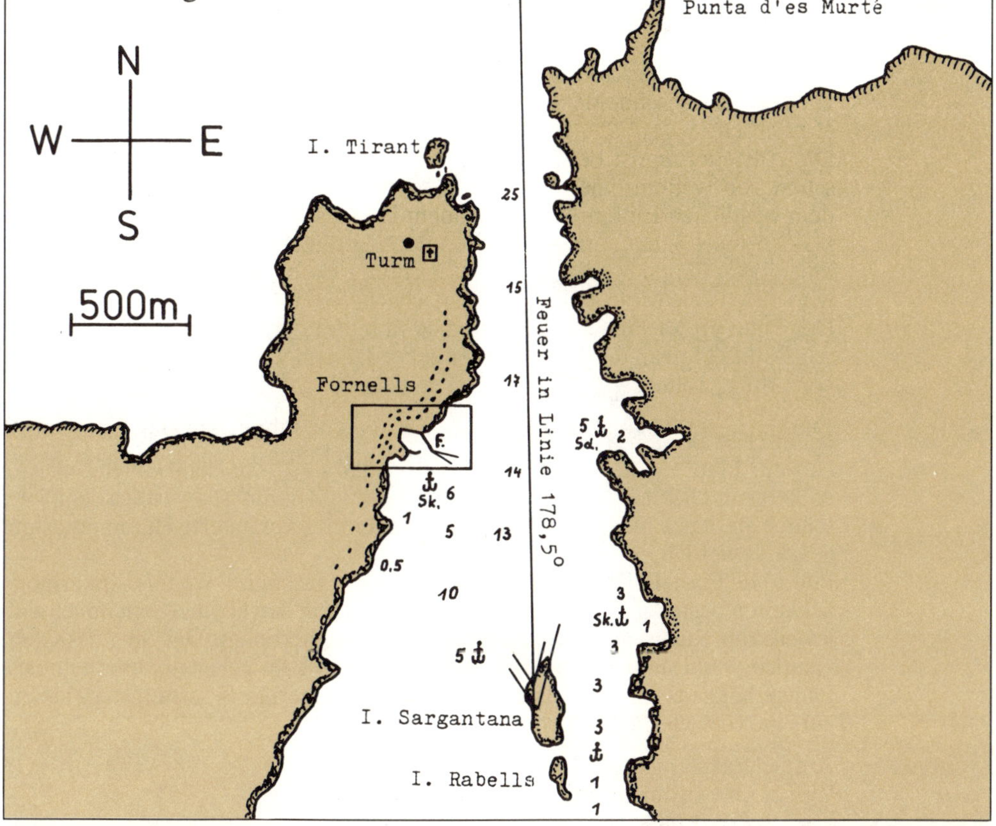

N
W E
S

500m

Punta d'es Murté

I. Tirant

Turm

Fornells

Feuer in Linie 178,5°

25
15
17
14
Sk. 6
1
5
0.5
10
5
13
F.

5 Sd. 2
3
Sk. 1
3
3
3
1

I. Sargantana
I. Rabells

1
1

Hafen Fornells

Fornells

Supermarkt
Post

Tel.

Restaurants

0,5   0,5
flach   0,5
0,5   1
0,5   1   Wasser
Strom
1   1
Fischerhafen
Wasser   0,5   1
Strom
Restaurant
0.5

Schienenslip

O Tonne

3
1
2
2.5
2
2
5   4
3   3
4

F.

50 m

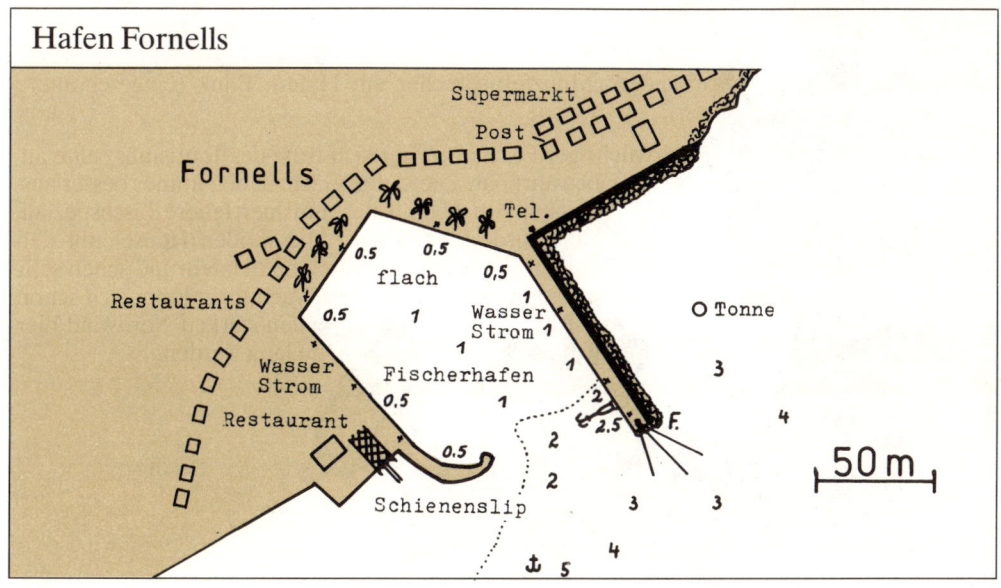

Cala Pudenta
und Cala de la Olla

Diese beiden Buchten liegen zwischen Punta Pantinat und Punta Taronge. Sie sind schöne Tagesankerplätze und bei ablandigem Wind auch zur Übernachtung gut geeignet. Ankergrund ist Sand.

In der **Cala de la Olla** (auch Arenal de Son Saura genannt) sind vereinzelte Felsplatten, nur lose mit Sand bedeckt. Der Sandstrand geht in hohe Dünen über, mit Tamarisken, Sternhyazinthen und Kiefern. Das Wasser ist glasklar. Es herrscht reger Badebetrieb durch die Gäste der ausgedehnten Ferienwohnanlagen.

Während der Saison sind zwei Restaurants am Strand geöffnet, weitere in der Feriensiedlung, dort auch Ladenzeile mit Supermarkt. Die bewaldete Umgebung lädt zu Spaziergängen ein.

Die Baugesellschaft „Son Parc" plante schon vor Jahren den Bau eines Sportboothafens für 200 Boote im Schutz des Kaps Punta Taronge. Bis jetzt ist die Baugenehmigung durch die Behörden noch nicht erteilt.

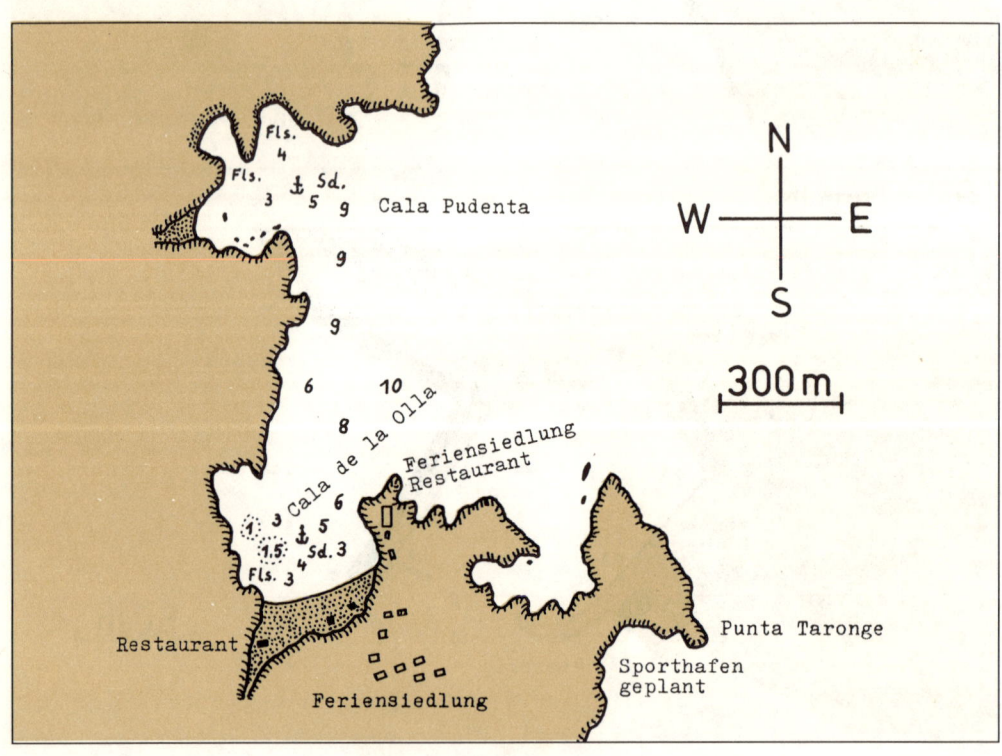

Zwischen Punta Taronge und Punta Codolada gelegen, bietet diese fast geschlossene Bucht leidlich Schutz selbst bei Nordwinden. Allerdings reflektiert dann der am Strand auslaufende Seegang an den Felsen der Einfahrt und macht das Liegen ungemütlich.

Bei der Ansteuerung achte man auf die Klippen Los Ofegats ca. 0,6 sm nördlich der Einfahrt zur Bucht. Sie sind bei ruhigem Wetter schwer auszumachen, da sie zum Teil knapp unter der Wasseroberfläche liegen. Die Cala selbst ist frei von Untiefen, der Ankergrund gut haltender Sand.

Die zwei großen Hotels und vielen Ferienhäuser bringen lebhaften Betrieb mit sich, andererseits aber auch gute Verpflegungs- und Einkaufsmöglichkeiten.

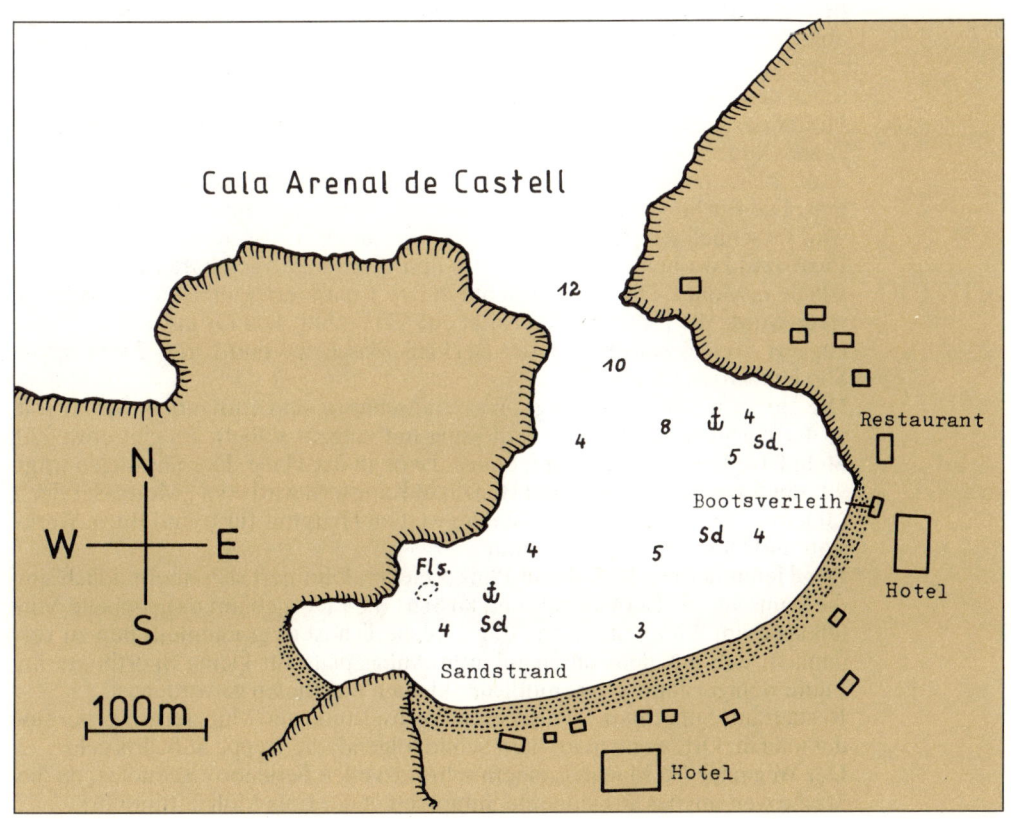

Cala Moli und Cala de Addaya

Der Naturhafen Cala de Addaya ist gegen alle Winde und Seegang bestens geschützt. Die vorgelagerten Inseln und Klippen schwächen auch den gröbsten Seegang aus Norden ab.

Die Ansteuerung erfordert allerdings am Tage größte Sorgfalt und ist bei Nacht nur mit Ortskenntnis möglich, da keine Leuchtfeuer vorhanden sind.

Am sichersten läuft man von Punta Codolada auf die westliche Einfahrtshuk zu und geht somit der 6,8-m-Stelle vor der Einfahrt und den Untiefen nördlich der Islas Addaya aus dem Weg. Dann fährt man in 100 m Abstand von der westlichen Küste so lange auf die Cala Moli zu, bis die Landzunge mit dem dicken Turm querab ist.

In der **Cala Moli** kann man bei ruhigem Wetter je nach Tiefgang auf beliebiger Wassertiefe und Seegrasgrund ankern (Vorsicht vor Bojen). Wegen des regen Bootsverkehrs sollte man nachts ein Ankerlicht setzen. Cala Moli endet in einer romantischen Schilflandschaft. – Die befestigten Ufer vor dem Ort Na Macaret haben nur geringe Wassertiefen, so daß man nur mit flachgehenden Booten oder mit langen Leinen zum Kai anlegen kann. Bei starkem Nordwind liegt man in der Cala de Addaya unvergleichlich sicherer.

Um in die **Cala de Addaya** zu gelangen, fährt man um die Landzunge Addaya mit dem dicken Turm herum, wie im Plan mit Pfeilen eingezeichnet. Dies sollte mit möglichst geringer Geschwindigkeit und unter ständigem Loten geschehen, da flache Stellen und hohe Seegrasbänke das Fahrwasser einengen. Die ausgelegten roten und grünen Tonnen (keine offizielle Fahrwasserbezeichnung!) weisen zwar den Weg, doch trifft man nicht überall in gerader Linie zwischen den Tonnen die Wassertiefe von 5 und 6 m an.

Hinter der kleinen Isla de sa Monas, die durch seichtes Wasser von der Landzunge Addaya getrennt ist, befindet sich der sicherste und zudem schönste Ankerplatz, den man sich denken kann. Ankergrund Schlick und dichtes Seegras. Die Bucht Addaya setzt sich weit nach Süden ins Landesinnere fort, doch wird sie schnell sehr flach und ist völlig verkrautet.

Puerto Addaya heißt der kleine, rundum geschützte Yachthafen westlich der Isla de sa Monas. Die Zufahrt ist durch Bojen markiert. Durch zwei Schwimmstege wurde die Liegeplatzkapazität auf 180 erhöht. Der Grund wurde ausgebaggert, so daß zwei Drittel des Beckens zwischen 5 und 2 m tief sind. Zum Slip hin wird es flach.

Die Boote liegen an Murings. Wasseranschlüsse sind vorhanden, Strom soll später gelegt werden (z. Z. Notlösung mit langem Kabel). Es gibt etwa 120 Stellplätze für kleinere Boote, einige davon in der Halle. Der Slipwagen trägt 9 t, der Kran 0,5 t. Diesel und Benzin in Kanistern wird vom „Motor-Service" (Telefon 372287) angeliefert. In dem weißen Haus mit Turm sind Büro, Werkstatt und Duschen (gegen Gebühr).

Der Hafenmeister, Bartolome Pons Ameller, kümmert sich unermüdlich um die Wünsche der Bootseigner und kassiert die Liegegebühren (gehobene Mittelklasse, im Winter stark ermäßigt). Sicherlich ist es größtenteils ihm zu verdanken, daß aus dem unscheinbaren Anlegeplatz für kleine Sportboote im Laufe weniger Jahre ein gemütlicher kleiner Yachthafen geworden ist.

Restaurant, Supermarkt, Wäscherei, Wechselstube und Münzfernsprecher findet man im Ort, wenn man, dem Schild folgend, die Treppe aufwärts geht.

Der Weg nach Na Macaret, einem sehr reizvollen Ferienort, ist endlos, da die Straße weit um das ausgedehnte Sumpfgebiet der Cala Moli herumführt.

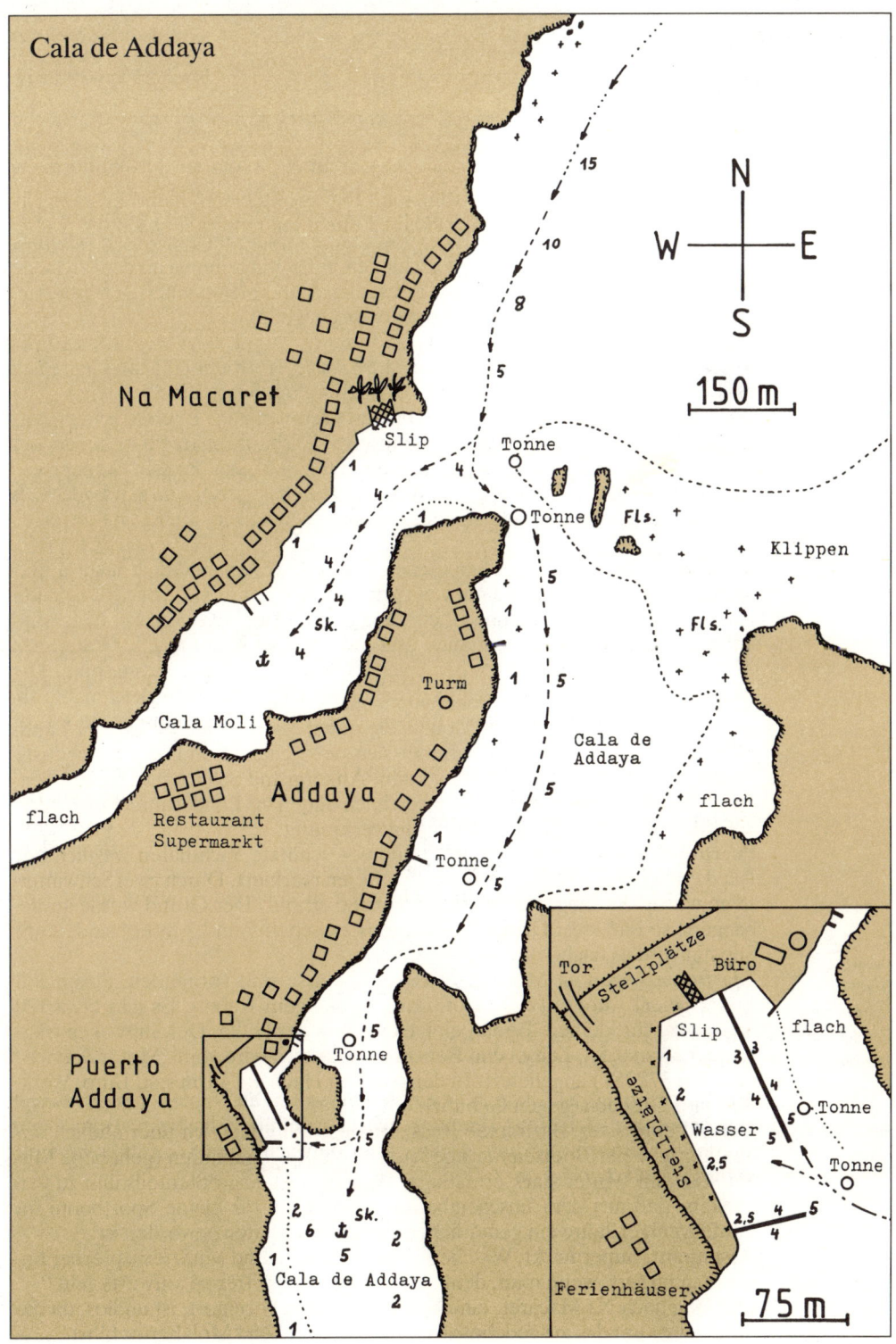

Cala de Addaya

Na Macaret

Slip

Tonne

Tonne   Fls.

Klippen

Fls.

Sk.

Cala Moli

Turm

Cala de
Addaya

flach

Addaya

flach

Restaurant
Supermarkt

Tonne

Puerto
Addaya

Tonne

Sk.

Cala de Addaya

N
W   E
S

150 m

Tor   Stellplätze   Büro

Slip   flach

Stellplätze

Wasser   Tonne

Tonne

Ferienhäuser

75 m

Ankerplätze Los Llanes und El Grao

Je nach Windrichtung findet man bei der Insel Colom an der Nordostseite Menorcas gute Ankerplätze.

Der Ankerplatz **Los Llanes,** westlich der Insel Colom, ist bei nördlichen Winden ungeschützt, dann ist El Grao vorzuziehen. Bei ruhigem Wetter oder östlichen Winden sind jedoch die verschiedenen Einbuchtungen an der Westseite der Isla Colom zum Ankern sehr gut geeignet und bieten einen sicheren Aufenthalt in einsamer, landschaftlich schöner Umgebung.

Die Ansteuerung ist einfach: Von Norden kommend, liegt an Backbord die Insel Colom, an Steuerbord der gut sichtbare Torre Rambla. Man kann nach Sicht und Echolot zwischen mehreren Buchten mit Sandgrund wählen.

Eine Durchfahrt zwischen Isla Colom und Menorca nach El Grao ist nur ganz flachgehenden Booten möglich, denn eine Felsbank erstreckt sich von der Insel weit in westliche Richtung und hat nur 0,5 m Wasser darüber. Weiter westlich ist der Grund zwar sandig, die Wassertiefe beträgt jedoch nirgends mehr als 1 m. Yachten fahren deshalb um Isla Colom außen herum, um El Grao zu erreichen.

El Grao (Albufera; in der spanischen Seekarte 6 A namentlich nicht aufgeführt; nicht zu verwechseln mit Cala Grao, die 1,3 sm südlicher liegt), eine tief nach Westen einschneidende Bucht, nur gegen Ostwind offen, bei Nordwind sehr gut geschützt. Das freundlich wirkende weiße Fischerdorf El Grao (auch Es Grao genannt) im Süden der Bucht ist eine gute Ansteuerungshilfe. Die Wassertiefen nehmen von 24 m in der Einfahrt zum Strand hin gleichmäßig ab. Untiefen sind nicht vorhanden. Im Norden der Bucht liegen Fischerboote vor Murings.

Man ankert inmitten der Bucht vor dem Ort auf 4 bis 5 m Wassertiefe. Ankergrund gut haltender Sand. Platz zum Schwojen ist ausreichend vorhanden. Bei nächtlichem Einlaufen, das durch fehlende Hafenfeuer erschwert wird, auf ausliegende Bojen und Leinen achten. − An den befestigten Ufern vor dem Ort kann man höchstens mit dem Beiboot anlegen. Der südliche Teil der Bucht nahe der Ortschaft ist durch den Fluß, der die Lagune Albufera speist, versandet und sehr seicht.

Wasser	Nur per Kanister von Privat.
Treibstoff	Nicht zu bekommen.
Lebensmittel	Kleine Läden im Ort.
Restaurants	Mehrere Restaurants und Cafés.
Telefon	Münzfernsprecher in der Nähe.

Ein Spaziergang zur Albufera ist empfehlenswert. Kurz hinter dem Ort zweigt von der Straße nach Mahón ein Weg rechts ab, der über eine kleine Brücke und durch ein Kiefernwäldchen zu dem grün umwachsenen See führt, wo viele Arten Wasservögel leben.

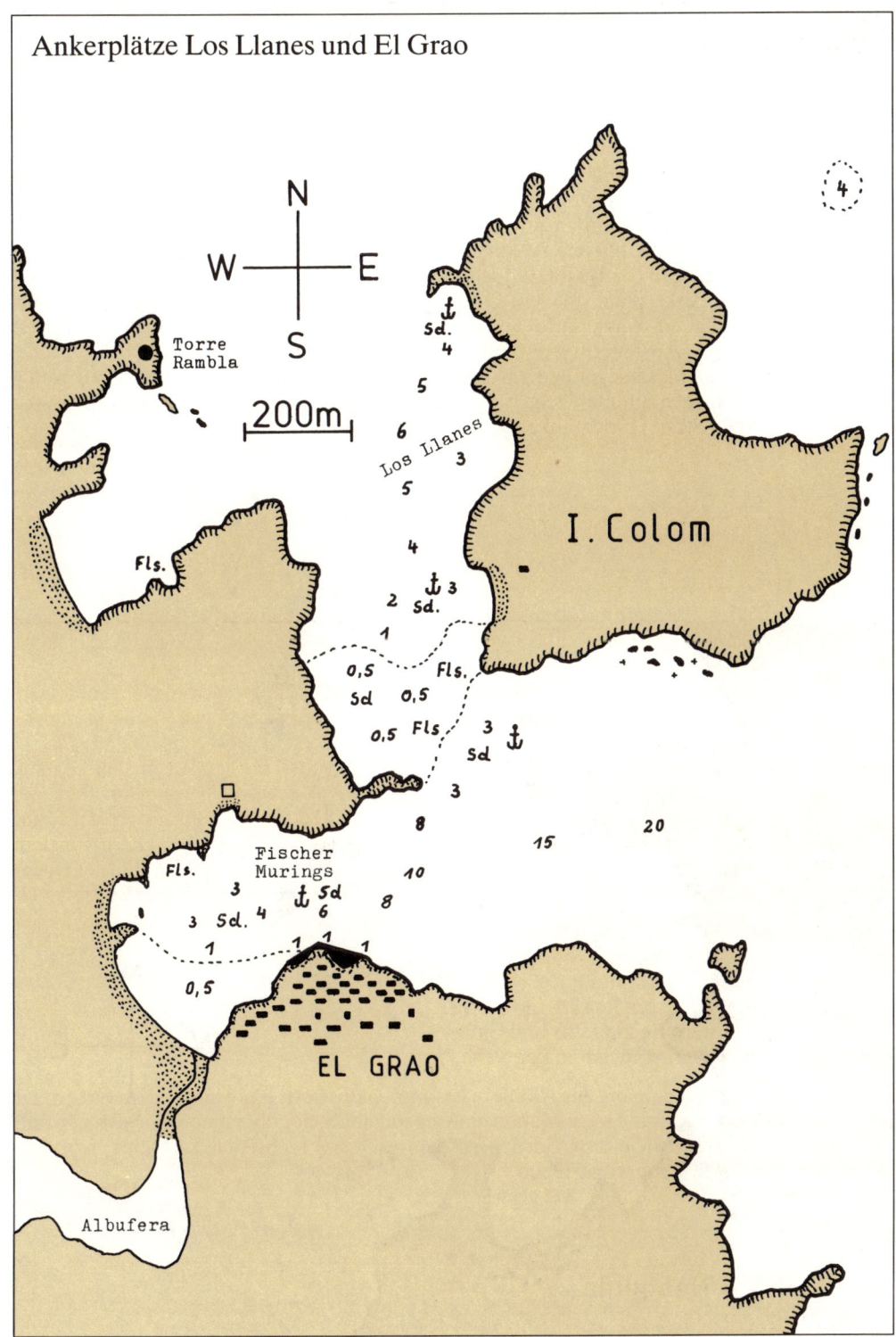

Ankerplätze Los Llanes und El Grao

N
W — E
S

Torre
Rambla

200m

Los Llanes

Fls.

I. Colom

Sd.
4

5

6

3

5

4

2
Sd.

3

1

0,5   Fls.

Sd   0,5

0,5   Fls   3

Sd   3

3

8

15   20

10

Fischer
Murings

Fls.

3
Sd. 4

3

Sd
6

1   1   1

8

0,5

EL GRAO

Albufera

Nach Osten offene Bucht, ca. 3 sm südlich von Isla Colom gelegen. Bei der Ansteuerung muß man genau navigieren, um den Klippen aus dem Weg zu gehen. Der kleine Ort an der Südseite der Bucht ist von weitem zu sehen, doch sollte man den alten Verteidigungsturm erst querab haben und direkt auf ihn zulaufen, bevor man zum breiten Sandstrand einschwenkt. Dieser Ankerplatz ist frei von Untiefen, Ankergrund Sand. Bei östlichen Winden entsteht schnell Seegang in der Bucht. — Ideales Schnorchelrevier.

Der Ankerplatz vor dem Ort wurde nicht ausgelotet, dürfte jedoch ebenfalls genügend Wassertiefe und Sandgrund zwischen den zahlreichen Klippen haben. Ansteuerung nur mit Sicht auf den Grund.

Da kaum Gelegenheit zur Verpflegung besteht und die Dorfbewohner wenig Entgegenkommen zeigen, wird man sich wohl lieber auf den Ankerplatz vor dem Strand beschränken.

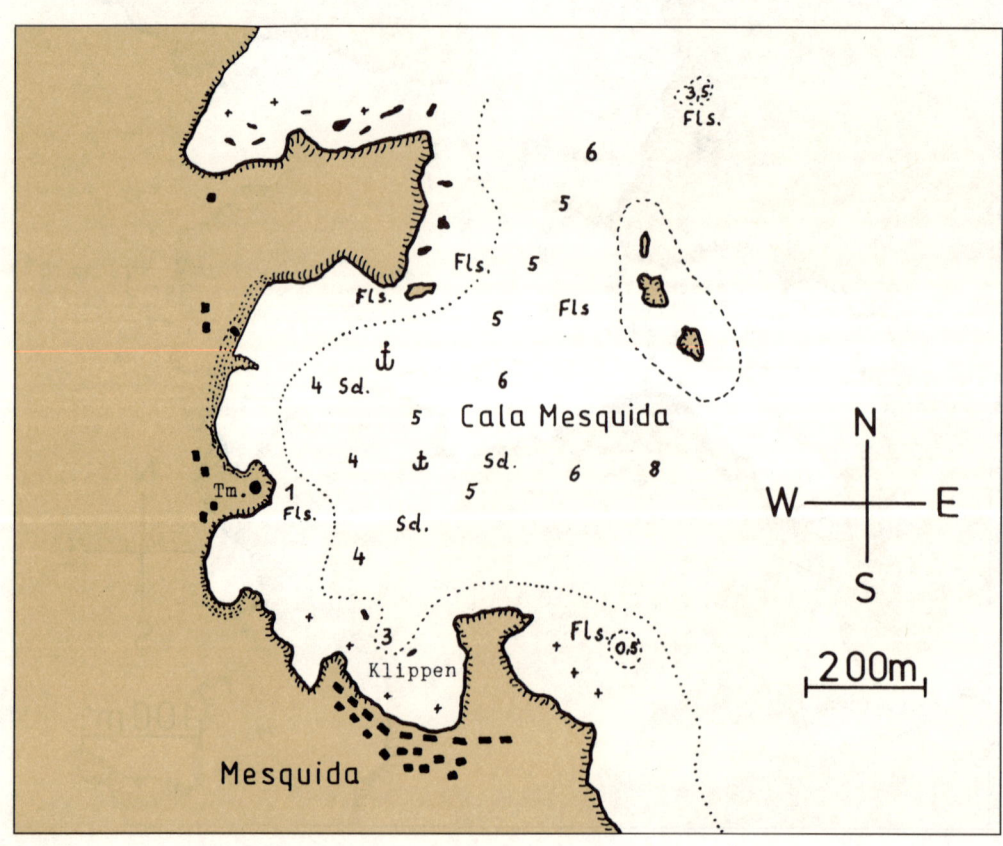

Bereits südlich der Einfahrt in den Fjord von Mahón liegt diese Bucht mit ganz besonderer Atmosphäre.

Bei der Ansteuerung am Tag richtet man sich am besten nach der roten Tonne, die die Einfahrt nach Mahón kennzeichnet und nahe der Huk Punta de San Carlos liegt. Dicht südlich davon ist die Einfahrt in die Cala, die nach einem Bogen in südwestliche Richtung und dann wieder nordwestwärts verläuft.

Die Wassertiefen nehmen von 12 m zum Scheitel der Bucht hin gleichmäßig ab. Ankergrund ist bei etwa 4 m Wassertiefe Schlick und Seegras, das vor allem an den Seiten der Cala sehr dicht ist. Wegen der vielen auch nachts aus- und einlaufenden Fischerboote sollte man eine Ankerlaterne setzen und die Durchfahrt nicht durch Leinen behindern. Bei östlichen Winden der Dünung ausgesetzt, bietet diese saubere Fischercala sonst guten Schutz. – In der Nähe des Cafés befindet sich eine Badeanstalt.

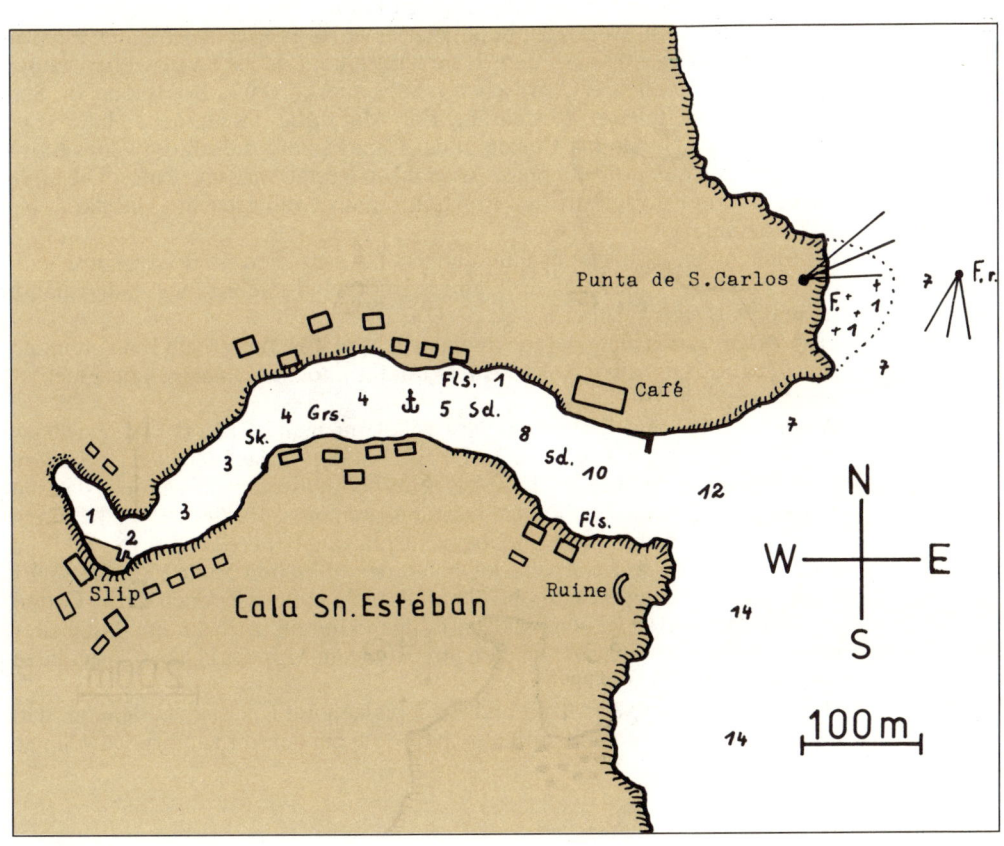

Hafen Mahón

Ganz gleich, ob man sich von Süden oder Norden der Einfahrt nach Mahón nähert, immer wird die Halbinsel La Mola, nackt, anthrazitfarben und von 80 m Höhe steil ins Meer abfallend, der markanteste Blickfang sein. Das äußerste Kap dieser Halbinsel, Punta del Esperó, ist der östlichste Punkt nicht nur der Balearen, sondern Spaniens überhaupt.

Der bei Nord-, Ost- und Südstürmen hohe Seegang vor dem Hafen wird in der Einfahrt schnell geringer, so daß man bei jeder Wetterlage einlaufen kann. Der Naturhafen ist im ganzen bestens geschützt, wenn auch je nach Liegeplatz Schwell entstehen kann.

Sowohl die Halbinsel La Mola als auch die Einfahrt sind mit Militäranlagen jüngerer und älterer Zeit bebaut. Hat man diese passiert, so tut sich ein weiträumiger Fjord auf, der durch die Inseln, Calas und bewohnten Ufer ein sehr abwechslungsreiches Bild bietet.

Die Ansteuerung ist bei Tag und Nacht einfach. Die Leuchttonnen, die das Fahrwasser markieren, kann man schon von weitem erkennen. Die Befeuerung setzt sich bis zum Innenhafen deutlich fort.

Will man den Club Maritimo (siehe unten) nicht aufsuchen, so stehen reichlich Anlegemöglichkeiten für Yachten **am öffentlichen Kai** zur Verfügung, der vom Leuchtfeuer Pt. de Cala Figuera bis weit hinter den Fähr- und Handelshafen begradigt und ausgebaut wurde. Yachten können längsseits festmachen oder Murings benutzen. Wegen der bequemeren Versorgungsmöglichkeiten werden die Plätze am Yachtkai vor dem Hafenamt (Junta de los Puertos) bevorzugt. Hier gibt es Duschen/WC, Wäscherei, Supermarkt, Bank, Bootszubehör, Service-Stationen, Telefon, Restaurant, Bar. Man zahlt das amtliche Hafengeld. Tankstelle für Diesel und Benzin in der Cala Figuera südlich des Clubs Maritimo. An der Wasserfront üppige Auswahl an Restaurants und Cafés. Die Stellplätze sind nur für kurzfristige Reparaturen an Land gedacht (Mobilkran bis 20 t Tragfähigkeit).

Im Innenhafen westlich des Fähranlegers hat sich „Pedro's Boat Centre" etabliert, mit Schwimmstegen für kleinere Boote und zwei Kränen. Schiffshändler und Werkstatt nahebei.

Sicher, wenn auch nicht gerade in malerischer Umgebung, liegt man im innersten Teil des Hafens vor Anker. Am Nordufer sind die Kaianlagen für Frachter und Marine.

Wenn man die Nähe der Stadt meiden will, kann man in einer der schön gelegenen Einbuchtungen ankern, zum Beispiel in den **Calas Llonga** oder **Taulera** oder im Schutz der Isla del Hospital. Hierbei muß beachtet werden, daß die Berufsschiffahrt nicht behindert wird. (Ankerzonen für Yachten siehe innerhalb der gestrichelten Linie im Übersichtsplan auf Seite 137.)

Die **Calas Fonts** und **Corp** in der Nähe der hübschen Stadt Villacarlos (Es Castell) an der Südwestseite sind ebenfalls recht malerisch, doch ist der Grund um 20 m tief und steigt erst nahe der felsigen Ufer plötzlich an. Die Mitglieder des Club Nautico Villacarlos haben ihre Boote an Murings liegen. Gästeplätze sind dort nicht vorhanden.

Bei allen freien Ankerplätzen und Liegeplätzen am Kai ist zu bedenken, daß Fähren, Frachtschiffe und große Fischerboote bei der Vorbeifahrt Schwell verursachen können.

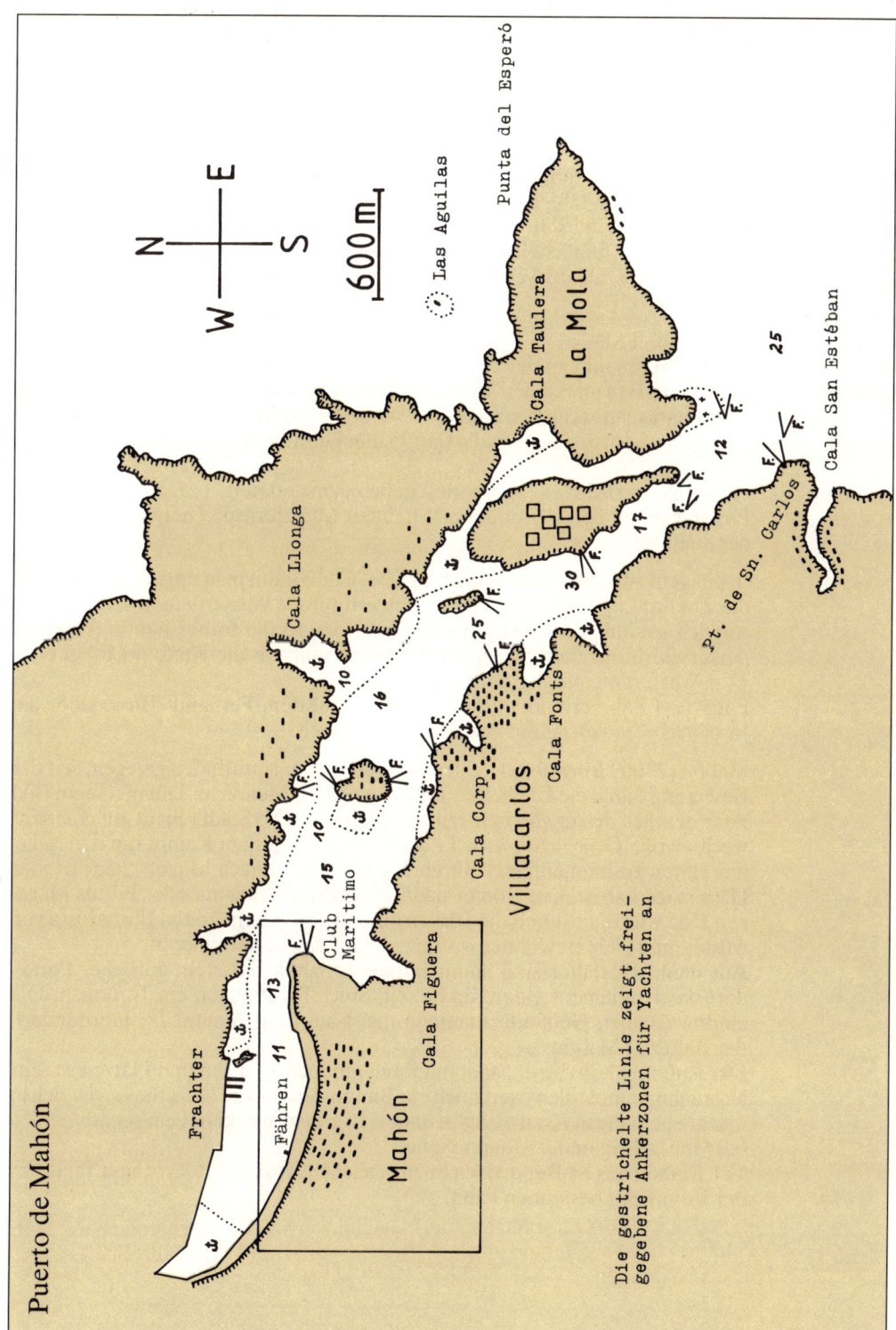

Puerto de Mahón

600 m

Las Aguilas

Punta del Esperó

La Mola

Cala Taulera

Cala Llonga

Cala Figuera

Mahón

Frachter

Fähren

Club Maritimo

Cala Corp

Villacarlos

Cala Fonts

Pt. de Sn. Carlos

Cala San Estéban

Die gestrichelte Linie zeigt frei-
gegebene Ankerzonen für Yachten an

137

Club Maritimo Mahón. Beim Ansteuern des Hafens Mahón kann man den Kai des Clubs Maritimo auf der Backbordseite südlich des Leuchtfeuers Pt. de Cala Figuera nicht verfehlen. Nachdem durch einen weiteren Steg zusätzliche Liegeplätze geschaffen wurden, können 150 Boote anlegen. Das Personal weist einen passenden Muringplatz zu. Sehr große Yachten benutzen den Anker.

Firmen für Motor- und sonstige Reparaturen werden vom Club vermittelt. Ein Kran mit 3 t Tragfähigkeit am Kai, ein weiterer beim Slip in der Cala Figuera südlich vom Club. Soll das Boot zu Arbeiten an Land gehoben werden, muß man an den öffentlichen Yachtkai im Handelshafen verholen, wo Stellplätze und ein 20-t-Kran zur Verfügung stehen (siehe oben). Telefon Club Maritimo Mahón 365022.

Liegegebühr	Mittlere Preisklasse.
Wasser	Direkt am Kai und an der Zapfstelle im Wasser Nähe Kran.
Treibstoff	Diesel und Benzin bei der Bunkerstation im Scheitel der Cala Figuera.
Lebensmittel	Supermarkt am südlichen Ende der Wasserfront. Ansonsten beste Auswahl in der Stadt und in der Markthalle (gut 15 min Fußweg, Abkürzung über den Treppenaufgang Nähe Club).
Restaurants	An der Wasserfront ein Restaurant neben dem anderen.
Post/Telefon	Postamt in der Stadt (Bon Aire 15); außer Münzfernsprechern Telefonamt in der Stadt.

In einigem Abstand von den Murings des Clubs kann man ankern, darf jedoch die Zufahrt zur Tankstelle nicht behindern (große Wassertiefe beachten). Vorsorglich sei auf die schwere Kette hingewiesen, die früher häufig Anlaß zu Ankerschwierigkeiten gab; es ist nicht bekannt, ob die Kette noch bei etwa 12 m Wassertiefe parallel zum Kai liegt.

Flug- und Fährverbindung mit Mallorca und dem Festland. Busse über die Insel nach Ciudadela und in andere Richtungen.

Mahón (22000 Einwohner), 50 m hoch über dem Naturhafen gelegen, seit der Besetzung durch die Engländer 1722 Hauptstadt Menorcas, läßt in seinem Bild noch deutlich den englischen Einfluß erkennen. Die Stadt schaut auf eine sehr wechselvolle Geschichte zurück, die vor allem mit dem Kampf um den sicheren Hafen zusammenhängt. Ihren Namen soll sie nach Magon, dem Bruder Hannibals, haben. Die Römer nannten die Stadt Magona oder Portus Magonis. 1535 wurde sie durch die Türken unter dem Piratenkapitän Barbarossa verwüstet, und viele Bewohner wurden als Gefangene verschleppt.

Aus dem Mittelalter sind kaum Bauten erhalten. Hier ein gotisches Portal, dort das Fundament einer Kirche, ein Stück Stadtmauer, ein Torbogen. Die eindrucksvollen Gebäude stammen meist aus dem 17. und 18. Jahrhundert, der Blütezeit Mahóns.

Der Aufenthalt in dieser Stadt mit ihren schönen Anlagen und Plätzen ist sehr angenehm, empfehlenswert auch ein Bummel durch die Markthalle, die sich in einem ehemaligen Kreuzgang befindet. Der Fischmarkt hat ein separates kleines Gebäude in unmittelbarer Nähe.

Von Mahón aus ist Trepucó leicht zu erreichen, wo man Talayot und Taula aus der Bronzezeit bestaunen kann.

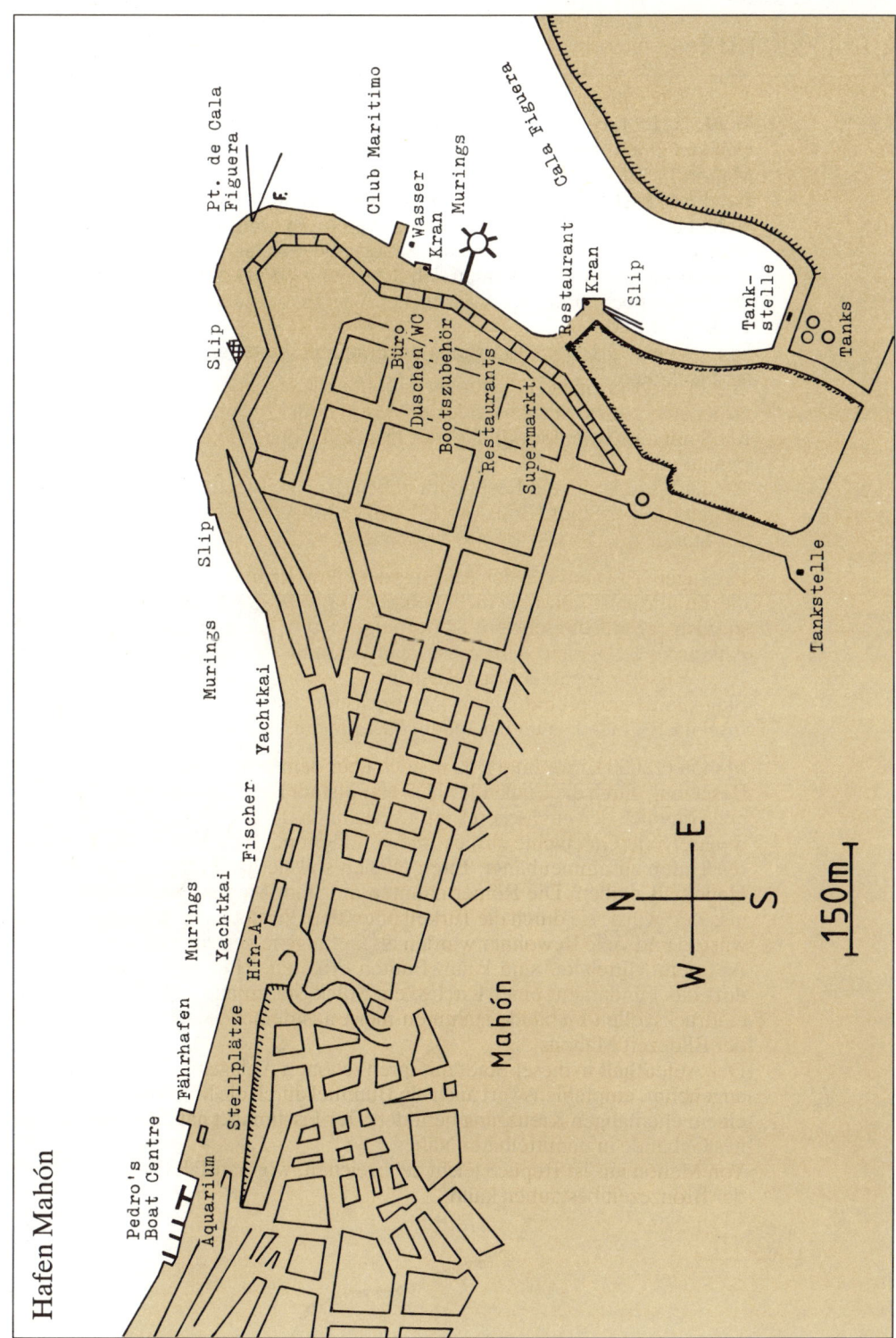

Hafen Mahón

Pedro's
Boat Centre

Aquarium

Fährhafen

Stellplätze

Murings

Yachtkai

Hfn-A.

Fischer

Yachtkai

Murings

Slip

Slip

Pt. de Cala
Figuera

F.

Club Maritimo

Wasser

Kran

Murings

Restaurant

Kran

Slip

Cala Figuera

Tank-
stelle

Tanks

Büro

Duschen/WC

Bootszubehör

Restaurants

Supermarkt

Tankstelle

Mahón

N

E

W

S

150m

139

Cala Alcaufá

Versteckt hinter einem gewaltigen Felsblock in der Einfahrt befindet sich diese Cala mit einem sehr hübschen Dorf in ihrem Scheitel, etwa 2,5 sm südlich von Mahón.

Landmarke ist ein Turm an der Südseite der Einfahrt. Den Felsblock läßt man an Steuerbord. Die Wassertiefe nimmt von 8 m in der Einfahrt gleichmäßig ab. Man kann bei 3 m Wassertiefe auf Sandgrund ankern. Im flach auslaufenden inneren Teil der Bucht befinden sich Schrägen zu den Fischerschuppen.

Die Cala ist bei nördlichen bis östlichen Winden unbrauchbar, da der Seegang stark reflektiert.

Der saubere Ort, vom Tourismus unverändert, bietet einfache Verpflegungsmöglichkeiten.

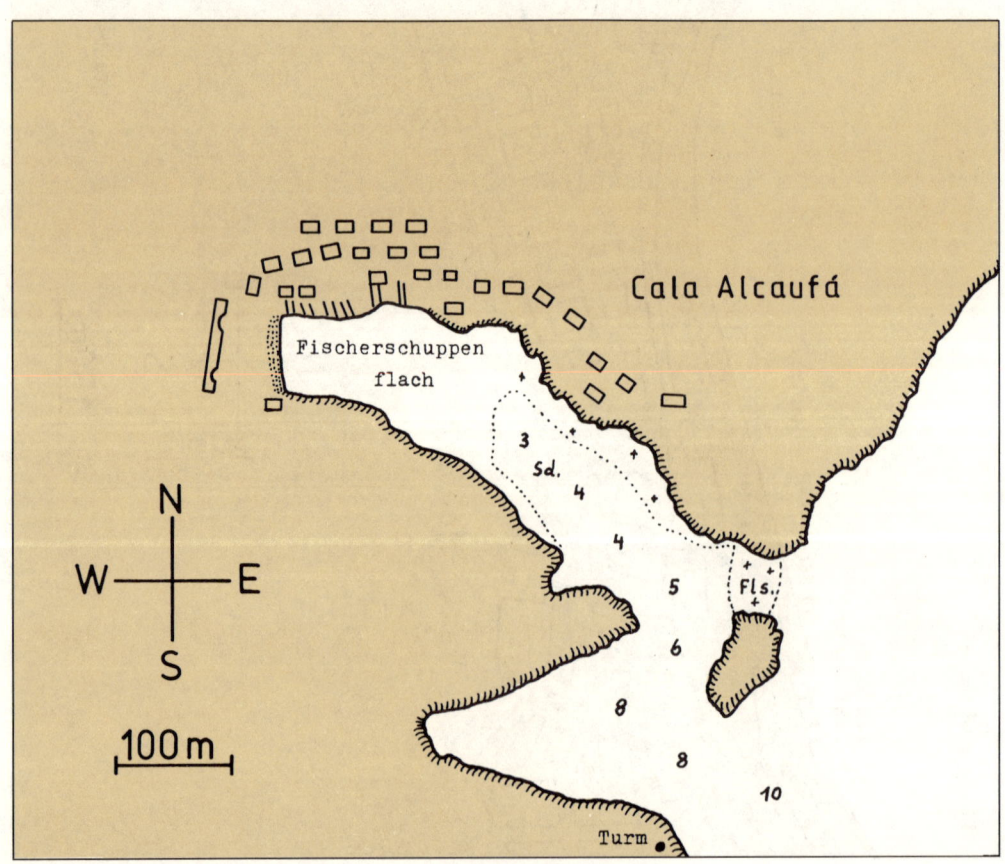

Diese flache Insel, die vor dem südöstlichen Kap Menorcas liegt, trägt einen weithin sichtbaren Leuchtturm. Die Durchfahrt zwischen Menorca und der Insel bringt keine Gefahr.

Wie die sehr offene Bucht zwischen Pt. Prima und Pt. Mabres ist auch der eingezeichnete Ankerplatz sehr ungeschützt. Meist weht hier ein kräftiger Wind. Den kurzen Anleger können nur Boote mit ca. 1,3 m Tiefgang benutzen. Tiefergehende Boote ankern am besten etwa 200 bis 300 m vom Anleger entfernt. Fels und große Steine, mit Seegras bewachsen, sind der Ankergrund. Ein geteerter Weg führt quer über die Insel zum Leuchtturm.

So wenig eindrucksvoll die Insel erscheint, so hat sie doch eine große Eigentümlichkeit: Tausende rabenschwarzer Eidechsen leben hier. Sie sind sehr scheu. Verhält man sich aber still, so kann man Dutzende auf einmal kreuz und quer durcheinanderhuschen sehen.

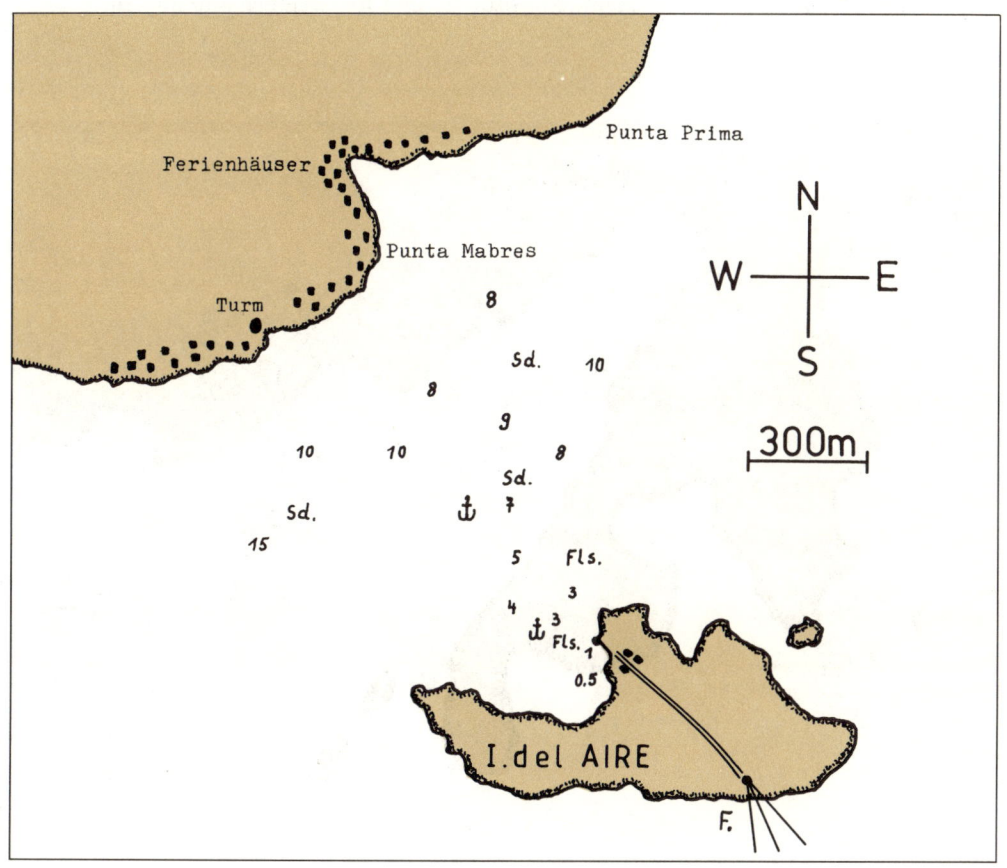

Bei nördlichen Winden gut geschützte Bucht. Zur Ansteuerung dienen die hübschen Häuser des Ferienortes Torret. Von Osten kommend, achte man auf die gefährliche Untiefe Bajo del Caragol, die sich 2 kbl seewärts erstreckt. Bei ruhiger See ist diese Untiefe nur an der Wasserfärbung zu erkennen. Die Cala Binibeca selbst ist frei von Untiefen, nur an ihrer südwestlichen Flanke 50 bis 100 m vom Ufer sind Felsplatten, die bis auf 2 m unter Wasser hochragen. Die Wassertiefe nimmt von 8 m allmählich ab. Ankergrund feiner Sand. Raum zum Schwojen ist genug vorhanden. Am Sandstrand herrscht reger Badebetrieb.

Vor **Torret** befinden sich ein Slip für trailerbare Boote und ein Anleger mit Kran. Ankergrund Sand und große Steine. Der Anleger eignet sich höchstens zum Landen mit dem Beiboot, denn an der Mauer und an den felsigen Ufern ringsum herrscht ständig Schwell durch Motorboote (Rettungsstation mit motorisierten Schlauchbooten). – Einkaufsmöglichkeiten und Restaurants in Torret und in Richtung Binibeca Vell.

Binibeca Vell, westlich der Cala gelegen, ist ein bezaubernd gestaltetes modernes Feriendorf mit verschachtelten, bis zum Schornstein blendend weiß gekalkten Häuschen, mit dunklen Holzbalkonen und Fensterläden, schmalen Treppen und engen Gassen. – Der Club Nautico hat in der felsigen Einbuchtung 50 Bojenplätze für kleine Motorboote und Jollen, einen Slip und einen Kran (5 t).

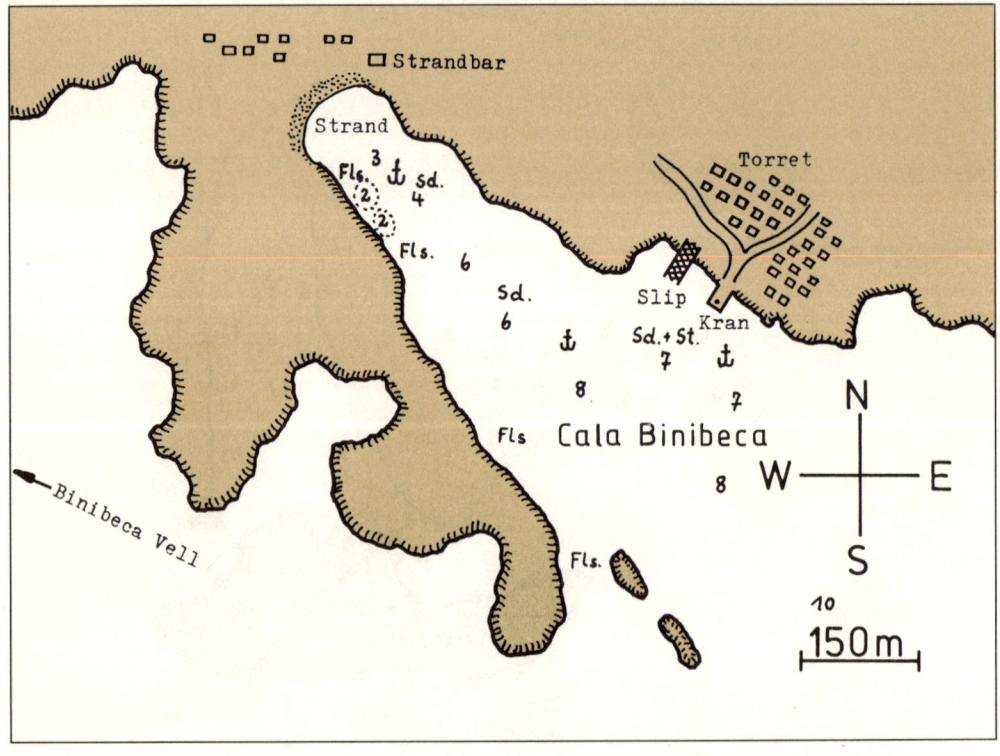

Calas Biniparraitx
und Binidali

Beide Buchten sind bei ruhigem Wetter auch zum Übernachten gut geeignet.
Sie sind landschaftlich sehr schön und haben glasklares Wasser. Nur Tagesbade-
gäste kommen hierher, abends ist es sehr einsam.
Während an der Ostseite der Cala Biniparraitx dicht am Ufer einige Unterwasserklippen liegen, ist die Cala Binidali von Untiefen frei. Ankergrund Sand, in
der Cala Biniparraitx vereinzelt Steine, mit Seegras bewachsen. Gegebenenfalls sollte man Leinen zum Ufer ausbringen.
Keinerlei Versorgungsmöglichkeit.

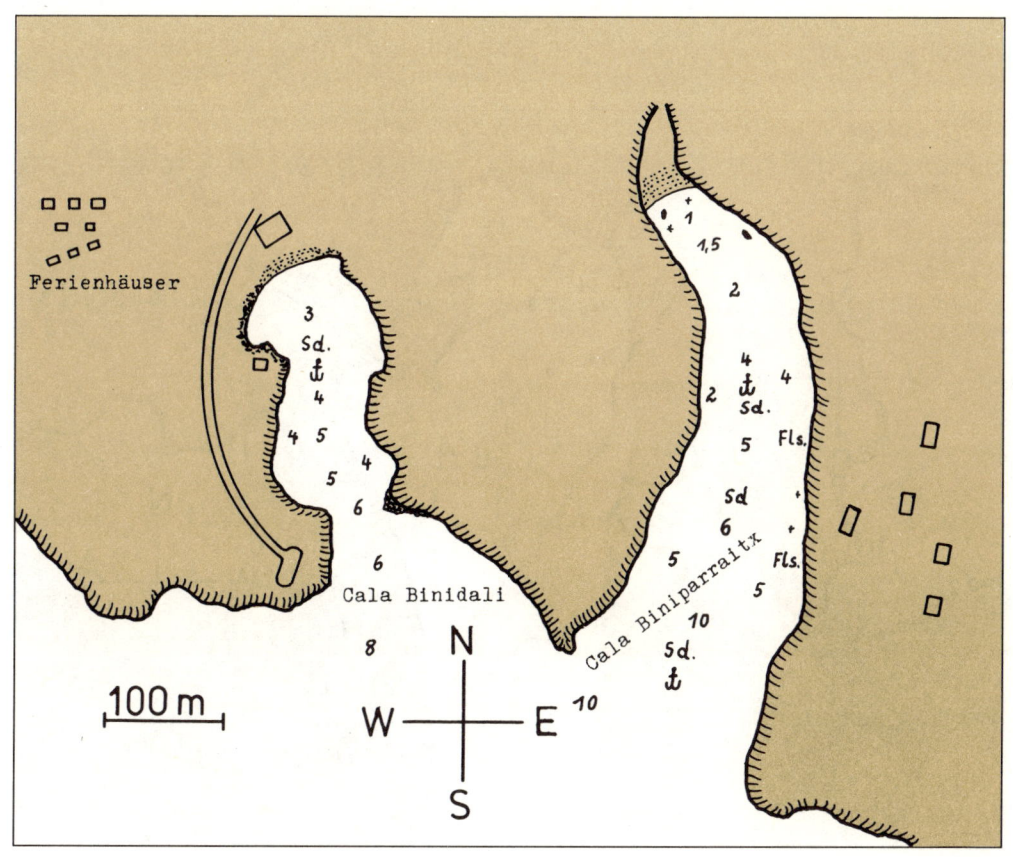

Cala Canutells

Landschaftlich außerordentlich schöne, tief nach Norden einschneidende Cala, die zum Übernachten sehr gut geeignet ist.

Während die Westseite der Cala unbewohnt ist und die schroffen Felsen von Grotten durchsetzt sind, erkennt man an der Ostseite viele Ferienhäuser, die sich auch im Scheitel der Bucht sehr anmutig den Hügel hinaufziehen. Diese Häuserreihe stellte das ursprüngliche Fischerdorf dar. Nachts geben die Lichter der Häuser eine spärliche Ansteuerungshilfe.

Die Bucht hat bis nahe an die Felsen tiefes Wasser. Entlang den Felswänden ist auch der Grund felsig, inmitten der Bucht ist jedoch sehr gut haltender Sand. Am besten ankert man auf 3 bis 4 m Wassertiefe vor der kleinen Halbinsel mit der auffälligen weiß umrandeten Mauer, die ein gepflegtes Villengrundstück einfaßt. Man achte auf ausliegende Muringbojen und -leinen. Der Strand zum Landen mit dem Beiboot ist steinig. Im hinteren Teil der Cala, in dem vorwiegend Fischerboote liegen, wird es schnell flach.

Ein Kiosk nahe dem Strand verkauft Getränke und Ansichtskarten, in einer Garage am Hügel ist behelfsmäßig ein kleiner Lebensmittelladen untergebracht.

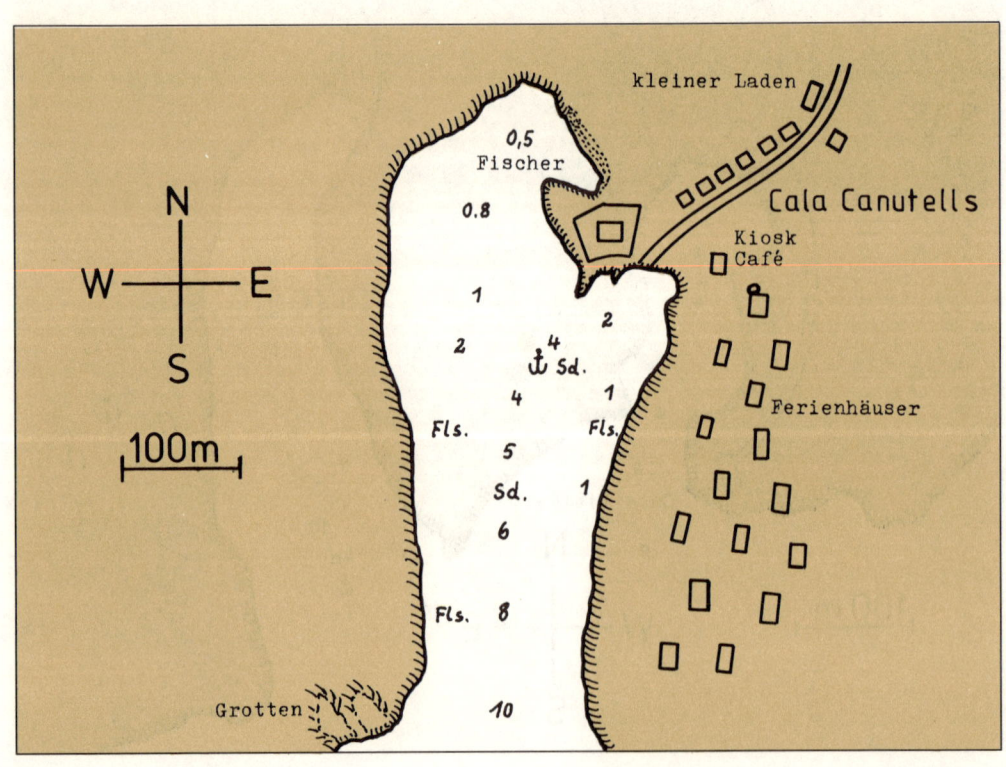

1,5 sm südöstlich vom gut erkennbaren Torre Nova gelegen, schneidet diese Bucht mit zwei Armen in die hier ca. 70 m hohe Küste ein. Sie ist gut geschützt außer bei Winden aus südlichen Richtungen; dann wird es durch reflektierenden Seegang sehr unruhig.

Die Ansteuerung ist bei Tag einfach, nachts empfiehlt sie sich nur bei genauer Ortskenntnis.

Der beste Ankerplatz befindet sich zwischen den beiden Seitenarmen, die schnell flach auslaufen. Ankergrund stellenweise gut haltender Sand mit Steinen, zu den Seiten der Cala hin felsig und mit Seegras bewachsen. Sind mehrere Yachten anwesend, ist es zweckmäßig, zusätzlich einen Heckanker oder Leinen zum Ufer auszubringen.

Keine Versorgungsmöglichkeit, nur eine Quelle mit gutem Wasser (siehe Plan).

Cala Covas wird jeden Besucher durch ihre Lage tief beeindrucken. Von ihren hochragenden Felswänden widerhallt jedes Wort, und jedes Glucksen des Wassers wird verstärkt. Sonst herrscht Stille. Nur wenige Ausflügler kommen auf dem Landweg hierher, im Sommer wohnen ein paar junge Leute in den großen Höhlen ringsum in luftiger Höhe. Die Höhlen sollen aus der Bronzezeit stammen und sind nur mühsam durch dichtes Buschwerk zu erreichen. Die Aussicht von dort oben ist gewaltig – wenn man auch meist ein paar Zecken in den Kleidern mitbringt.

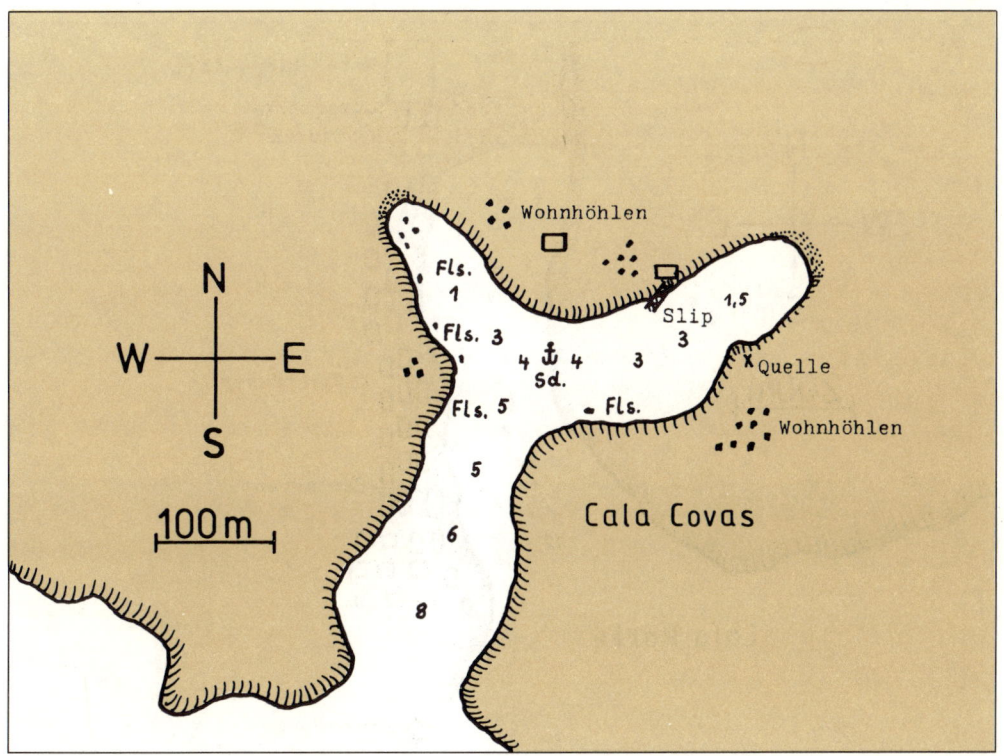

Die letzte, tief nach Norden einschneidende Bucht an diesem etwa 80 m hohen Küstenabschnitt liegt 0,7 sm westlich der Cala Covas und 0,8 sm östlich von Torre Nova. Deutlich fällt von weitem auf der Ostseite der Einfahrt die weiß gestrichene Mauer auf, die den Weg zur Höhle Cova d'en Xoroi begrenzt. Die Felswände beeindrucken auch innerhalb der Cala durch ihre Höhe. Sie fallen steil ins Meer ab.

Man kann so nah an den Strand heranfahren, wie es die Badezone erlaubt. Ankergrund gut haltender Sand. Die Cala ist sehr offen und selbst bei Windstille immer etwas unruhig. Notfalls muß man einen Heckanker ausbringen, um das Boot in der Richtung der Dünung zu halten.

Die Ostseite der Bucht ist dicht mit Hotels und Ferienhäusern bebaut, die großen Trubel am Strand und im Ort mit sich bringen. – Viele teure Restaurants locken mit ausgezeichneten Speisen. Ein Supermarkt befindet sich unter den Arkaden des Hotels Playa Azul. Im Ferienort findet man genügend Geschäfte. Telefon hinter dem Strand.

Nur gegen Eintrittsgebühr kann man die große Höhle Cova d'en Xoroi betreten, die zu einer vielbesuchten Diskothek ausgebaut wurde und einen herrlichen Blick von großer Höhe aufs offene Meer bietet.

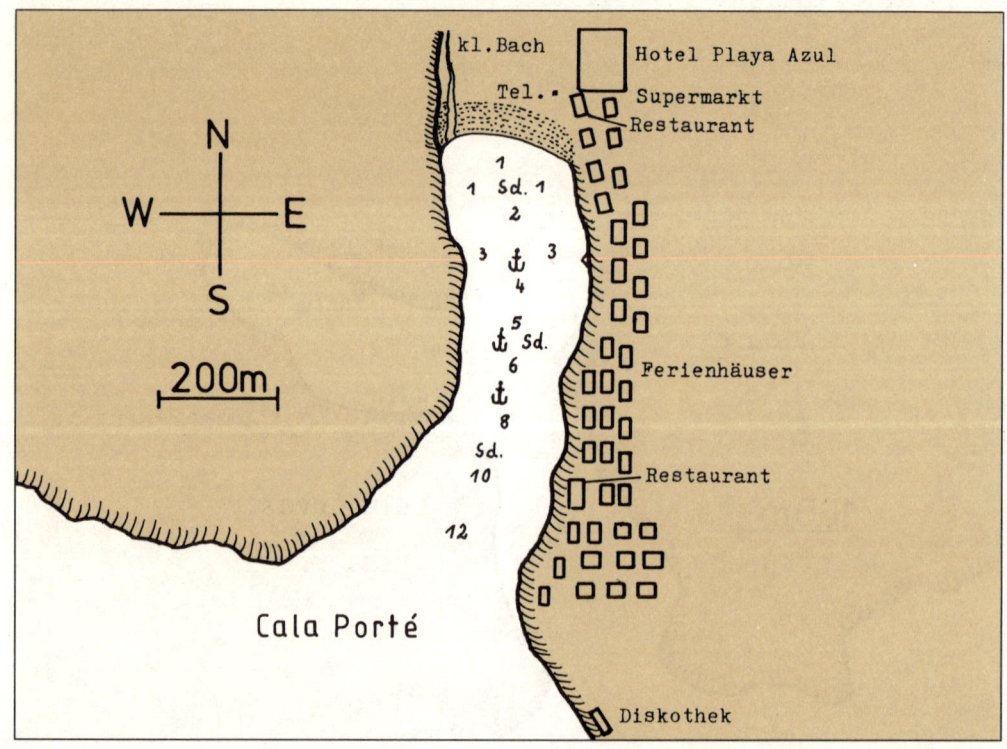

Playa de Son Bou,
Calas Escorxada,
Fustam und Trebeluja

Zwischen Cabo de las Peñas und Punta Rabiosa ziehen sich über eine mehr als 3 sm lange Strecke weite Sandstrände hin. Die Küste ist flach, teilweise erstrekken sich Klippen weit ins Meer. Manchmal ankern Yachten vor den mehrgeschossigen Hotels von Son Bou, doch muß eine Annäherung mit Vorsicht erfolgen. Zwischen den Felsen sind gute Ankergründe mit Sand, auch Seegras. Diese Ankerplätze sind aber gegen Seegang sehr ungeschützt. Die vielen Hotelgäste verlieren sich am Strand und in den Dünen dahinter.

Nicht weit von Son Bou befindet sich eine Ausgrabungsstätte, die die Fundamente einer christlichen Basilika aus dem 5. Jahrhundert zeigt.

Westlich von Punta Rabiosa folgt in kurzen Abständen eine Cala der anderen, jede für sich von einem besonderen landschaftlichen Reiz. In diese Calas, die bis herab ans Wasser dicht bewaldet sind, verirren sich nur wenige Badelustige, da meist keine Straße vorhanden ist.

Bei ablandigem Wind sind diese Buchten, die nur wenig in die hier wieder höhere Küste einschneiden, als Tagesankerplätze bestens geeignet. Ankergrund vorwiegend Sand, an einigen Stellen mit Seegras bewachsen. Für eine Übernachtung sollte man aber eine der je nach Wetterlage sichereren Buchten, zum Beispiel Cala Galdana oder Cala Macarella, vorziehen.

147

Cala Mitjana

Auch diese Bucht mit ihren weißen Felsen und dem grünen Kiefernbewuchs ringsum ist sehr malerisch anzusehen.
Je nach Tiefgang kann man auf beliebiger Wassertiefe auf feinstem Sandgrund ankern. Die gegen Süden sehr offene Cala ist nur bei ablandigem Wind als Tagesankerplatz zu gebrauchen. Das Wasser ist türkisgrün und von makelloser Klarheit. – Nur mäßiger Badebetrieb.

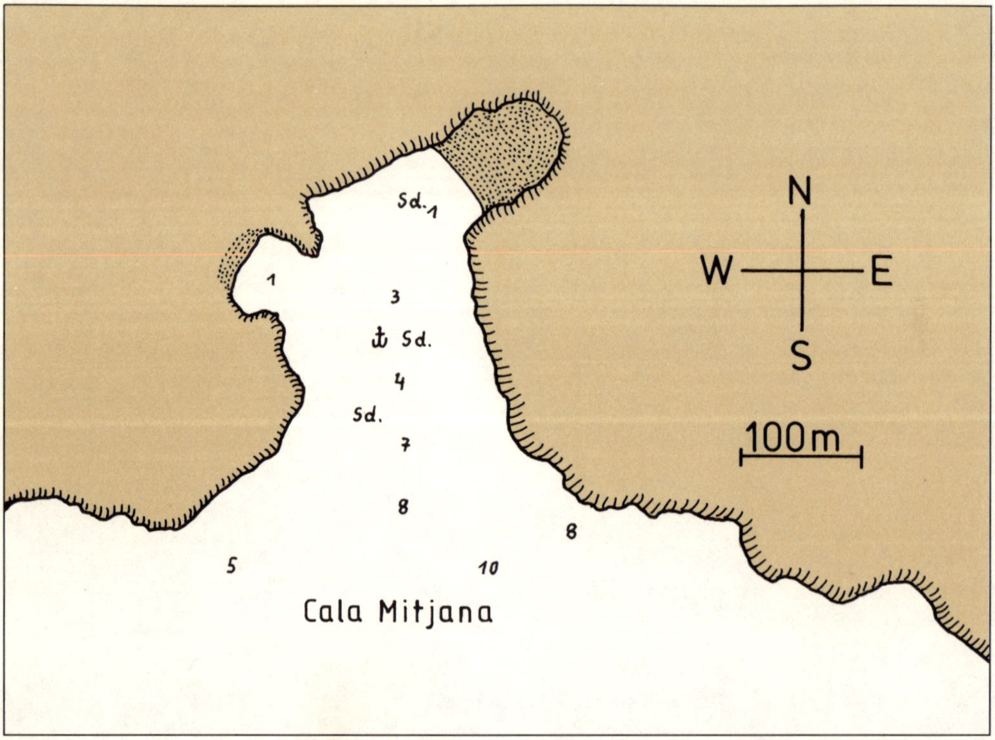

Cala Mitjana

Cala Santa Galdana

Weiträumige Bucht mit schönem klarem Wasser und Sand als Ankergrund. Die Ansteuerung bereitet keine Schwierigkeit. Ein großes Hotel im Scheitel der Bucht ist bei Tag und Nacht eine gute Ansteuerungshilfe. Da hier durch die großen Hotels rings um die Bucht im Sommer sehr starker Betrieb herrscht, muß man beim Einlaufen nicht nur auf Tretboote, Windsurfer und Jollen achten, sondern auch auf die Schwimmer.

Man ankert vor dem Sandstrand im südöstlichen Teil der Bucht auf beliebiger Wassertiefe. Raum zum Schwojen ist genügend vorhanden. Beim Ankern ist auf die ausliegenden Bojen der Segelschule zu achten. In dieser Cala liegt man bei ablandigem Wind sehr gut, während bei südlichen bis südwestlichen Winden der Seegang voll hineinsteht.

Alle Versorgungsmöglichkeiten befinden sich jenseits der Fußgängerbrücke, die über den Fluß führt und die kleine Insel mit dem Land verbindet. Ein Supermarkt an der Straße westlich, ein zweiter in der Feriensiedlung Aljandar, die man auf der Straße am Fluß entlang erreicht. Münzfernsprecher an der kleinen Brücke. Zahlreiche Restaurants.

Trotz des regen Fremdenverkehrs wird die Cala Galdana als eine der schönsten Buchten Menorcas bezeichnet. Stille und Einsamkeit darf man hier nicht erwarten. Ein Spaziergang an der Steilküste entlang empfiehlt sich wegen des herrlichen Rundblicks.

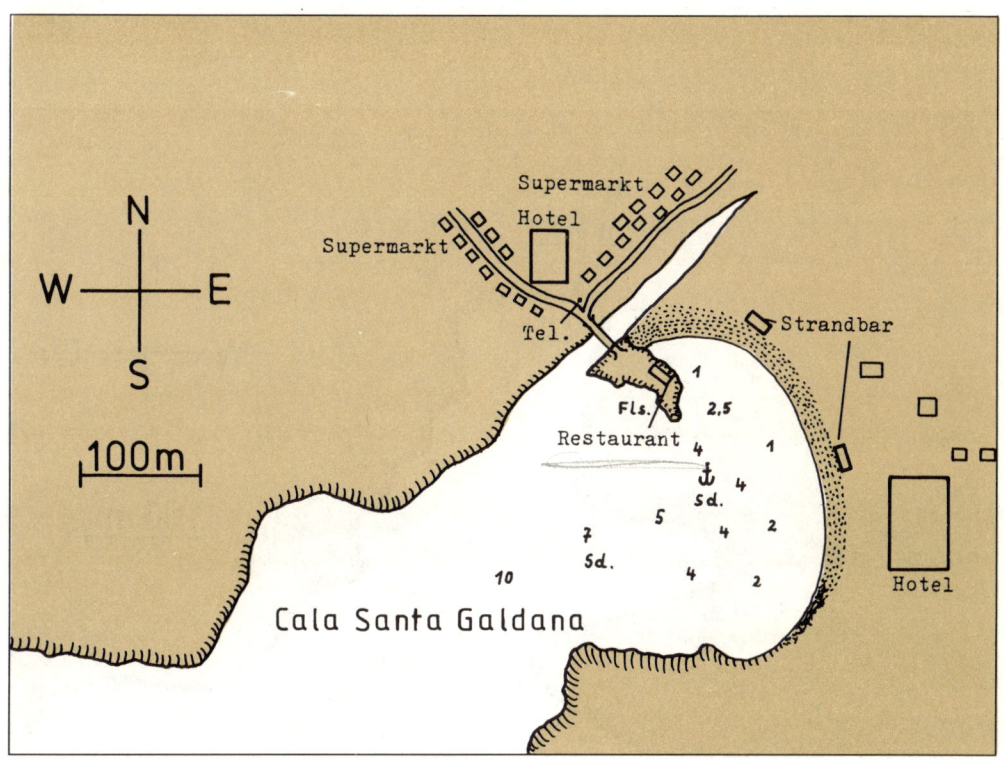

Diese landschaftlich sehr schöne Bucht, ca. 1 sm westlich von Cala Galdana, von meist plateauartigen, mit Föhren bewachsenen Felsen umgeben, läuft in einem Sandstrand aus. Bei der Ansteuerung fallen die vielen tiefen Grotten in der kahlen Felsküste auf. Die Bucht ist frei von Untiefen.

In der Cala Macarella ist genügend Ankerplatz auf beliebiger Wassertiefe mit Sandgrund vorhanden. Am Strand befindet sich ein Campingplatz mit einem Kiosk und einer bescheidenen Taverne. Eine unbefestigte Straße führt zum Zeltplatz.

Bei Südwestwind, wenn es in der Cala Santa Galdana wegen starker Dünung ungemütlich wird, findet man in der kleinen Seitenbucht **Cala Macarelleta,** die nach Westen einschneidet, einen immerhin noch brauchbaren Ankerplatz. Da der Schwenkkreis sehr eingeengt ist, ankert man am besten mit dem Buganker am Beginn der Einbuchtung, steckt reichlich Kette und macht mit einer Leine zum Land hin fest. Ein einbetonierter kräftiger Stahlstab befindet sich am Felsen. Außerdem ist inmitten der Cala ein schwerer Muringstein, an dem man eventuell eine Leine befestigen kann.

Tagsüber wird Cala Macarelleta von vielen Badelustigen (FKK) besucht, abends kehrt Ruhe ein. Die Höhlen rings um die Bucht sind im Sommer teilweise von jungen Leuten bewohnt. – Tauchfreunde finden in den zahlreichen, vom Meer tief ausgehöhlten Grotten, die teils unter, teils über Wasser weiterführen, ein interessantes Revier.

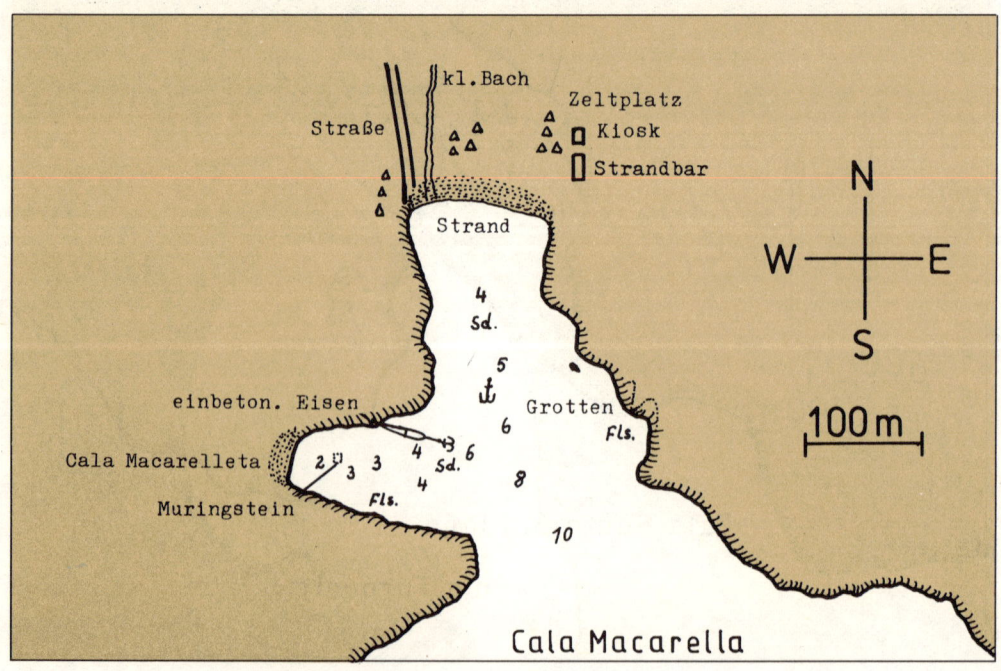

Auch diese schöne Badebucht hat glasklares Wasser. Sie liegt 2 sm westlich von Cala Galdana und ist bei ablandigen Winden auch sehr gut zur Übernachtung geeignet. Bei südlichen Winden steht starke Dünung in die Bucht.

Bei der Ansteuerung dient ein alter Wachtturm (Torre Artulz) auf dem bewaldeten Hügel westlich der Einfahrt als gute Landmarke.

Man ankert auf beliebiger Wassertiefe. Der Ankergrund ist feiner Sand und hält sehr gut. Zu den Felsen hin wird der Grund unrein und ist mit Seegras bewachsen. Der Scheitel der Bucht läuft in einem Sandstrand aus, das Hinterland ist dicht mit Föhren bestanden. Auch in der Hochsaison herrscht hier wenig Badebetrieb, da nur eine schlechte Straße zum Strand führt. − Keinerlei Versorgung. Nächste Einkaufsmöglichkeit in Cala Galdana oder Cala Bosch (knapp 4 sm westlich).

Cala Son Saura (ohne Plan), 1 sm westlich, ist eine weiträumige, nach Süden sehr offene Bucht mit Sandgrund, bei ablandigem Wind sehr gut als Tagesankerplatz zu gebrauchen.

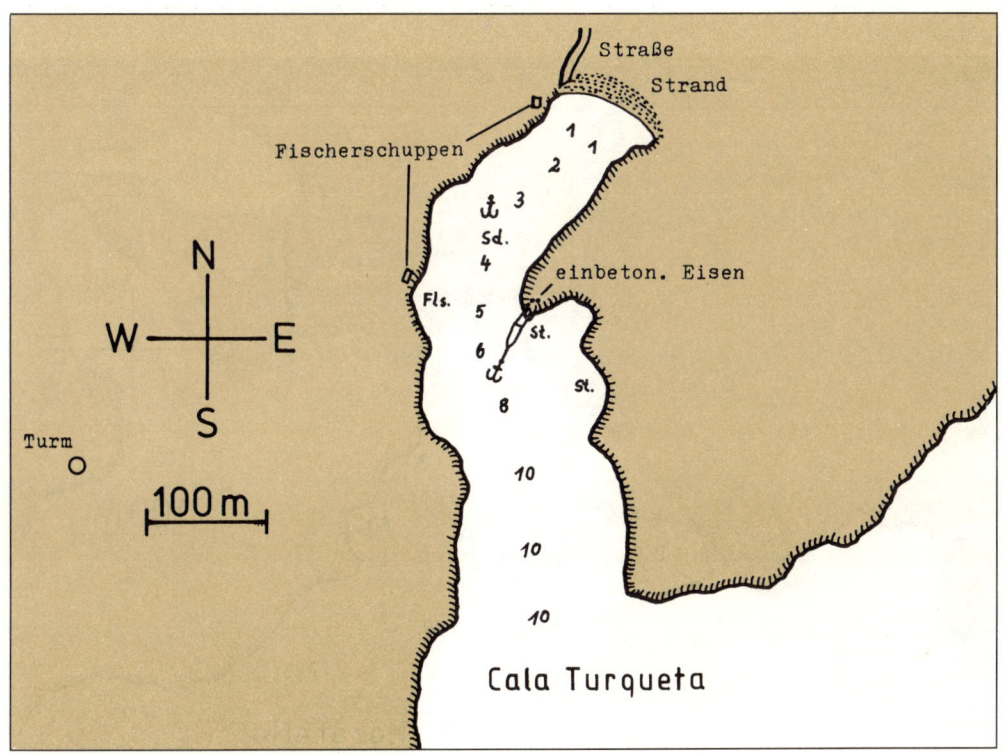

Cala Bosch

0,7 sm östlich von Cabo Dartuch liegt diese hübsche Cala, die nach Süden bis Westen offen und deshalb zum Übernachten nicht geeignet ist. Zahlreiche Ferienhäuser und zwei große Hotels befinden sich nahe der Bucht. − Die Wassertiefe beträgt in der Einfahrt ca. 9 m und nimmt zum Scheitel der Bucht hin allmählich ab. Ankergrund gut haltender feiner Sand. Tagsüber herrscht reger Badebetrieb. Eine Strandbar bietet Getränke an.

Dicht westlich der Cala Bosch führt ein Kanal in einen Binnenhafen, der sehr guten Schutz bietet, aber nur Gleitbooten zugänglich ist. Er nennt sich „Marina de Cala 'N Bosch" oder kurz „Lago". Über den Kanal führt eine Fußgängerbrücke mit einer Durchfahrtshöhe von etwa 7 bis 8 m. Die Wassertiefe in dem kleinen Becken beträgt zwar ca. 1,5 m, doch hat die Einfahrt in den Kanal nur etwa 1 m Wasser über felsigem Grund. Motorboote sollten vorsichtig einlaufen, um die Schraube nicht zu beschädigen. Rings um die befestigten Ufer des „Lago" sind Festmacheringe angebracht. Ein Wasseranschluß befindet sich am Ende des Kanals auf der westlichen Seite. Eine Surfschule gibt hier praktischen Unterricht für Anfänger. − Supermärkte, Restaurants, Souvenirläden und Telefon nahe der Fußgängerbrücke.

Achtung   Auf die Klippe Laja de Espets mit 1,6 m Wasser, etwa 300 m südöstlich von Punta Guardia, ist bei der Ansteuerung zu achten, ebenso auf Ankerverbotsschilder.

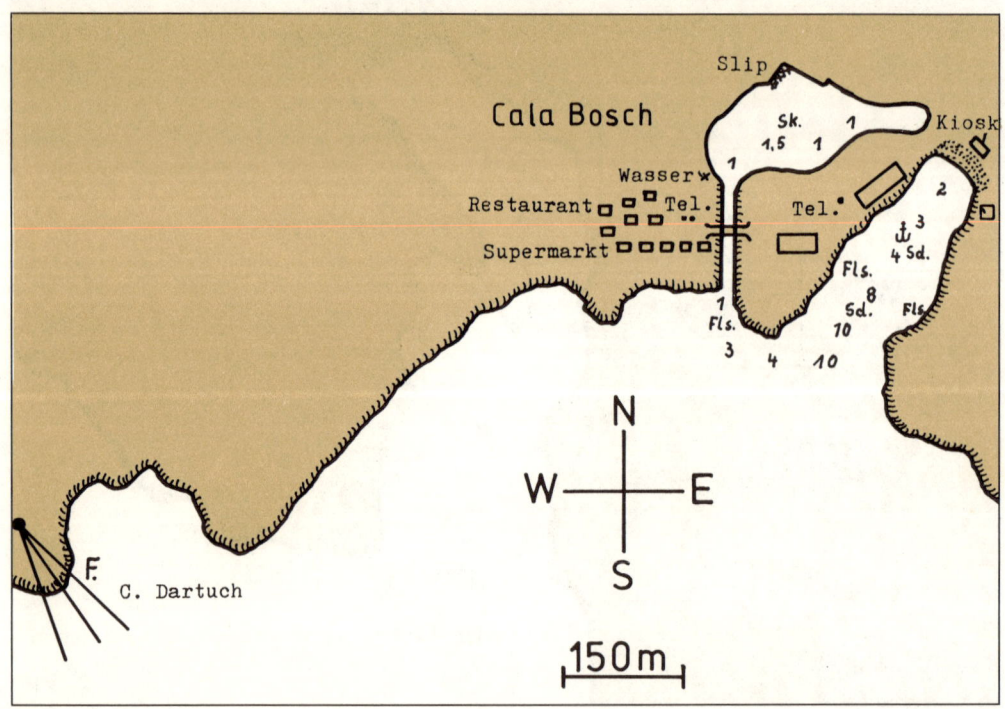

Cala Santandria

Sehr gut geschützte, weit nach Osten ins Land einschneidende Bucht, ca. 1 sm südlich von Ciudadela, auch gut zum Übernachten geeignet.

Die Ansteuerung bereitet bei Tag keine Probleme. Ein alter, schon zerfallener Wachtturm auf der nördlichen Huk stellt eine gute Landmarke dar. Nachts brennen zwar die Straßenlaternen rings um die Bucht, so daß die ankernden Boote gut zu erkennen sind, die Einfahrt ist jedoch ohne Ortskenntnis nicht leicht zu finden.

Die Wassertiefe nimmt von 10 m in der Einfahrt zum Sandstrand im Scheitel der Bucht hin gleichmäßig ab. Ankergrund gut haltender Sand. Die Cala ist frei von Untiefen und hat genügend Platz zum Schwojen. Tiefes Wasser reicht bis dicht an die Ufer. Weiter innen kann man auch mit Heckleinen zum Felsen festmachen. Ein Unterwasserkabel liegt sichtbar auf dem Grund (nach Seglermeldung außer Betrieb).

Restaurants und Bars befinden sich in der Nähe des Sandstrandes. Supermarkt siehe Plan.

Cala Blanca (ohne Plan), knapp 1 sm südlich von Cala Santandria, ist ein belebter, sehr offener Tagesankerplatz.

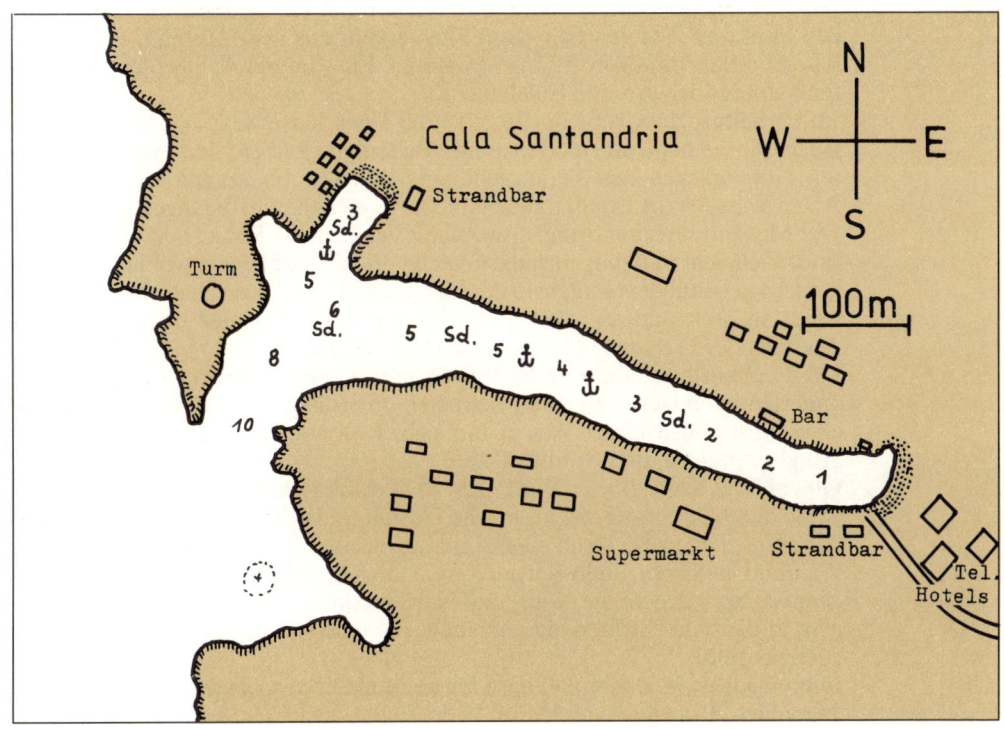

Ibiza – Espalmador – Formentera

Küste, Windverhältnisse, Inselinneres

Die Inselgruppe der Pityusen bildet unter den Balearen eine Einheit für sich. Kaum jemand, der mit dem Boot nach Ibiza kommt, wird die Gelegenheit versäumen, auch Espalmador und Formentera zu besuchen. Ungefähr 50 sm sind es sowohl von Mallorca bis zur Nordspitze Ibizas als auch vom spanischen Festland bis San Antonio auf Ibiza.

Ibiza, Formentera und auch das beide Inseln fast lückenlos miteinander verbindende Eiland Espalmador haben einen unverwechselbaren landschaftlichen Reiz. Hinzu kommen die vielen vorgelagerten Inseln, die das Gebiet der Pityusen zu einem sehr ergiebigen Sportbootrevier machen.

Die meiste Zeit des Sommers herrscht blendendes Sonnenwetter, dabei halten sich die Temperaturen durch den Seewind im allgemeinen in erträglichen Grenzen. Nicht überall ist freies Ankern gefahrlos, man sollte den im Sommer südwestlichen bis südöstlichen Tageswind dabei berücksichtigen. Da die Entfernungen zwischen den einzelnen Ankerplätzen gering sind, hat man aber immer Ausweichmöglichkeiten. Im Zusammenhang mit der Wetterlage über dem spanischen Festland oder in Afrika kann starker Wind auch aus anderen Richtungen kommen. Dann freilich liegen Yachten am sichersten in einem Hafen.

Die **Insel Ibiza** (572 km², 65000 Bewohner) verfügt über zwei große Häfen: San Antonio auf der Westseite und Ibiza auf der Ostseite, gleichzeitig Hauptstadt der Insel und Ziel von Fähr- und Flugverkehr aus dem Ausland, vom spanischen Festland und von der Insel Mallorca. Ein weiterer Anlegeplatz für Yachten befindet sich in Santa Eulalia.

Im Verhältnis zur Größe der Insel ist der Fremdenverkehr enorm. Sämtliche Buchten, die bequem zu erreichende Badeplätze bieten, sind mit ausgedehnten Hotelanlagen und Feriensiedlungen bebaut. Es werden nicht nur alle Arten Wassersport, sondern auch andere Freizeitbeschäftigungen angeboten. Der Massentourismus bringt es wohl mit sich, daß die Strände oft verschmutzt sind. Vielleicht ist damit auch die Gleichgültigkeit der Inselbewohner den Ausländern gegenüber vor allem in der Hochsaison zu erklären; nach ihrem Wesen sollen sie stolz und reserviert sein, was sich möglicherweise bei dem starken Andrang der Fremden in besonderer Herbheit äußert.

Für den Sportbootfahrer ist der Tourismus nur bedingt störend, denn meistens ankert er in einiger Entfernung der belebten Strände und hat neben der herrlichen Küste auch klares Wasser um sich. Besonders beliebt sind die Tauchgründe der Nord- und Nordwestküste.

Obwohl die Küste Ibizas längst nicht die Großartigkeit Mallorcas erreicht, so ist sie durch ihre abwechslungsreiche Gestalt und den bis zum Meer herab reichenden dichten Kiefernbewuchs immer wieder ein bezaubernder Anblick. Während im Süden, Südosten und Osten die Küstenlinie weicher, teils auch flacher ist, beeindruckt die Nord- und Nordwestküste durch schroffe Felsbildungen, in die tiefe Buchten einschneiden, die teilweise auch zur Übernachtung geeignet sind.

Interessant ist in jedem Fall die Umrundung der vorgelagerten Inseln, sei es Tagomago, Conejera oder Vedrá. Vedrá und ihre kleinere Schwester Vedranell

heben sich in imposanter Kahlheit aus dem Meer, Vedrá bis 382 m ansteigend, während die Küste von Ibiza in nächster Nähe das lieblichste Grün zeigt. Überhaupt sind Ibizas und Formenteras Küsten, soweit sie nicht nackte Felsabstürze zeigen, dicht mit Pinien bewachsen, was ihnen den Namen „Pityusen" einbrachte. Im Süden der Insel ziehen sich lange, offene Sandstrände hin, dahinter befinden sich die ausgedehnten Salinen, die einen bedeutenden Wirtschaftsfaktor darstellen.

Soweit die Bewohner der Insel nicht durch den Fremdenverkehr beschäftigt sind, verdienen sie ihren Lebensunterhalt wie eh und je durch Ackerbau, Viehzucht und Fischerei. Das Innere der Insel ist durch die Zivilisation weitgehend unverändert. Die kleinen Ortschaften tragen durchweg Namen von Heiligen. Meist ist eine Wehrkirche Mittelpunkt des Dorfes, in deren Schutz sich vor Jahrhunderten die Bevölkerung mit Hab und Gut vor der Bedrohung durch Piraten flüchtete.

Weit verstreut liegen außerhalb die einzelnen Gehöfte der Bauern, geduckt zwischen Feigen- und Johannisbrotbäumen. Hie und da wurden die malerischen Windräder durch elektrische Pumpen ersetzt, die das Wasser aus der Tiefe holen und in große Sammelbecken für die Bewässerung der Felder leiten. Häufig ist jedoch ein Brunnen vor dem Haus die einzige Wasserversorgung. Die Häuser sind weiß gekalkt und muten in ihrer kubischen Bauweise eher arabisch an. Auch zahlreiche moderne Ferienhäuser an der Küste ahmen diesen Stil nach, wodurch manchmal recht originelle architektonische Schöpfungen entstehen.

Auch im Inneren ist die Insel hügelig, wechselnd zwischen waldigen Höhen und ertragreichen Tälern. Höchster Berg ist der Atalayasa mit 475 m, im Südwesten der Insel gelegen. Besonders fruchtbar ist das Tal um die Mündung des einzigen Flusses Ibizas, Rio de Santa Eulalia. Während sich an den Stränden von Santa Eulalia die Urlauber tummeln, blickt Alt-Eulalia von den Hängen des Puig Missa wie ein vergessenes Stück Vergangenheit aufs Meer hinunter, umrankt von blühenden Sträuchern.

Die farbenprächtigen Trachten werden von der Bevölkerung nur noch bei großen Festen oder zu Folklore-Veranstaltungen für Touristen aus der Truhe geholt. In den Gassen Ibizas trifft man nur noch vereinzelt alte Frauen in bauschigen Trachtenröcken.

Auch die auf den sogenannten Hippie-Märkten, zum Beispiel in Ibiza, San Antonio und Es Caná, angebotenen Waren sind ganz selten originale Kunstwerke, es überwiegen die Stände mit hübscher kunstgewerblicher Massenproduktion und mit überall erhältlichen Handarbeiten. Mit Ausnahme der Straßenmaler, die in kürzester Zeit Porträts der Touristen nach Modell oder Foto anfertigen, hält sich das echte Künstlertum im Hintergrund.

Die flache **Insel Espalmador,** die man auf dem Wege nach Formentera passiert, hat an ihrer Südseite einen vielgerühmten Ankerplatz, ist aber sonst bis auf einige wenig benutzte Privatgrundstücke unbewohnt.

Die **Insel Formentera** (100 km^2, 5000 Bewohner) ist die südlichste der Pityusen. Auffällige Berge sind Mola mit 192 m und Guillen mit 107 m Höhe. Beide schieben sich weit ins Meer vor und bilden als schroff abfallende Kaps (Punta Codolar und Cabo Berberia) einen eindrucksvollen Abschluß bei der Umrundung Formenteras. Teilweise säumen Sandstrände die Küste, dazwischen weisen felsige, unzugängliche Strecken mit großen Wassertiefen den Sportbootfahrer ab. Wegen der stets kräftigen Winde um Formentera wird man sich auf den wenigen möglichen Ankerplätzen meist nur kurze Zeit aufhalten.

Obwohl sich in Formenteras schönsten Buchten die Hotelbauten drängen, ist das Innere der Insel noch sehr urwüchsig. Man sagt, daß die frische Seeluft und die Beschaulichkeit das Leben der Inselbewohner über das normale Maß hinaus verlängern. So verwundert es nicht, daß gerade hier viele junge Ausländer ihre Vorstellung von alternativem Leben verwirklicht sehen, das freilich meist in der Diskussion steckenbleibt.

Schon unter den Römern hatte der Getreideanbau Bedeutung; aus dem lateinischen „frumentum" für Getreide läßt sich der Name der Insel ableiten. Auch heute ist neben der beträchtlichen Salzgewinnung und dem Fischfang der Getreide- und Obstanbau eine wichtige Einnahmequelle. Darüber hinaus gedeihen Oliven- und Mandelbäume sowie Wein. Besonders schmackhaft sind die Früchte der Feigenbäume, die − ihre weit ausladenden Äste vielfach abgestützt − ein ganz typisches Bild für Formentera sind. Schweine und Schafherden drücken sich in den Schatten der schnurgeraden Bruchsteinmauern, die die Felder vor dem Wind schützen. Die weit auseinanderliegenden Gehöfte, mit blühenden Gärten umgeben, haben oft noch kreisrunde Dreschplätze.

Gute Straßen führen vom Hafen Sabina quer über die Insel zu den Touristenzentren und zu den Leuchttürmen von Punta Codolar im Osten und Cabo Berberia im Süden. Sie sind wegen der herrlichen Aussicht über das unendliche Meer beliebte Ausflugsziele. Cabo Berberia ist der südlichste Punkt der Balearen. Hinter dem Horizont liegt ein anderer Kontinent: Afrika.

Reihenfolge der beschriebenen Häfen und Ankerplätze:

Insel Ibiza: Hafen Ibiza, Club Nautico Ibiza, Yachthafen Ibiza-Nueva, Marina Botafoch; Cala Llonga, Yachthafen Santa Eulalia (Cala Pada), Cala Caná (Cala Lleña), Insel Tagomago, Cala San Vicente, Punta Grossa (Cala Serra, Port de las Caletas), Cala Portinatx (Cala Charraca), Puerto de San Miguel und Cala Binirrás, Cala Salada, Cala Grasio, Hafen San Antonio, Cala Basa (Port d'es Torrent), Insel Conejera, Cala Codolá, Cala Corral, Cala Tarida, Cala Badella, Puerto Roig; Ankerplätze an der Südküste (Calas Yondal, Codolá, Playa de Mitjorn/Ensenada de La Canal).

Insel Espalmador: Puerto del Espalmador, Ankerplatz Torretas.

Insel Formentera: Los Trocados; Cala Pujols, Cala Tramontana, Cala Mitjorn; Hafen Sabina, Cala Sahona.

Der große Hafen ist durch Wellenbrecher gut geschützt und bei jeder Wetterlage anzulaufen. Die vorgelagerten Inselchen und Untiefen sind in der deutschen Seekarte Nr. 681 klar zu erkennen, so daß es bei der Ansteuerung keine Schwierigkeiten geben dürfte. Bei Nacht ist auch die Einfahrt deutlich befeuert. Als weitere Ansteuerungshilfe dient das auf dem Hügel liegende Kastell mit der Kathedrale, die abends angestrahlt wird.
Die im südlichen Teil befindlichen Kais des Fähr- und Handelshafens dürfen von Yachten nicht benutzt werden; für sie sind die Yachthäfen Club Nautico, Ibiza-Nueva und Marina Botafoch vorgesehen (siehe Detailpläne). Außerdem besteht die Möglichkeit, im Schutz der Halbinseln Plana und Grossa südöstlich der Marina Botafoch zu ankern. Von der Nordmole der Marina verkehrt alle 20 Minuten bis 24 Uhr ein Fährboot zur Stadt.
Die Versorgung mit Wasser und Treibstoff ist in den Yachthäfen möglich, ebenso Reparaturen aller Art (siehe dort). Eine große Markthalle, Post und Telefon befinden sich im neueren Teil der Stadt, in der Altstadt nahe dem Fährhafen sind zahlreiche Geschäfte, der Fisch-, Gemüse- und Obstmarkt zu finden, außerdem Restaurants in allen Preislagen.

Ibiza ist die Hauptstadt der Insel (25000 Einwohner). Der alte Stadtkern schmiegt sich äußerst malerisch an den Hügel. Vom Kastell hat man einen herrlichen Rundblick über Inseln, Küste und Hafen. Kathedrale und Museum lohnen einen Besuch. Funde aus der karthagischen Gründungszeit sind vielfach vorhanden.
Ein besonderes Erlebnis ist ein Spaziergang durch die verwinkelten Gassen der Altstadt. Die Oberstadt Dalt Vila wird durch eine mächtige Festungsmauer mit einem Portal aus dem 16. Jahrhundert vom unteren Fischerviertel Sa Peña getrennt. Abends erwachen die Gassen am alten Hafen zu einem Leben, das mit dem ursprünglichen Ibiza freilich nichts mehr zu tun hat.

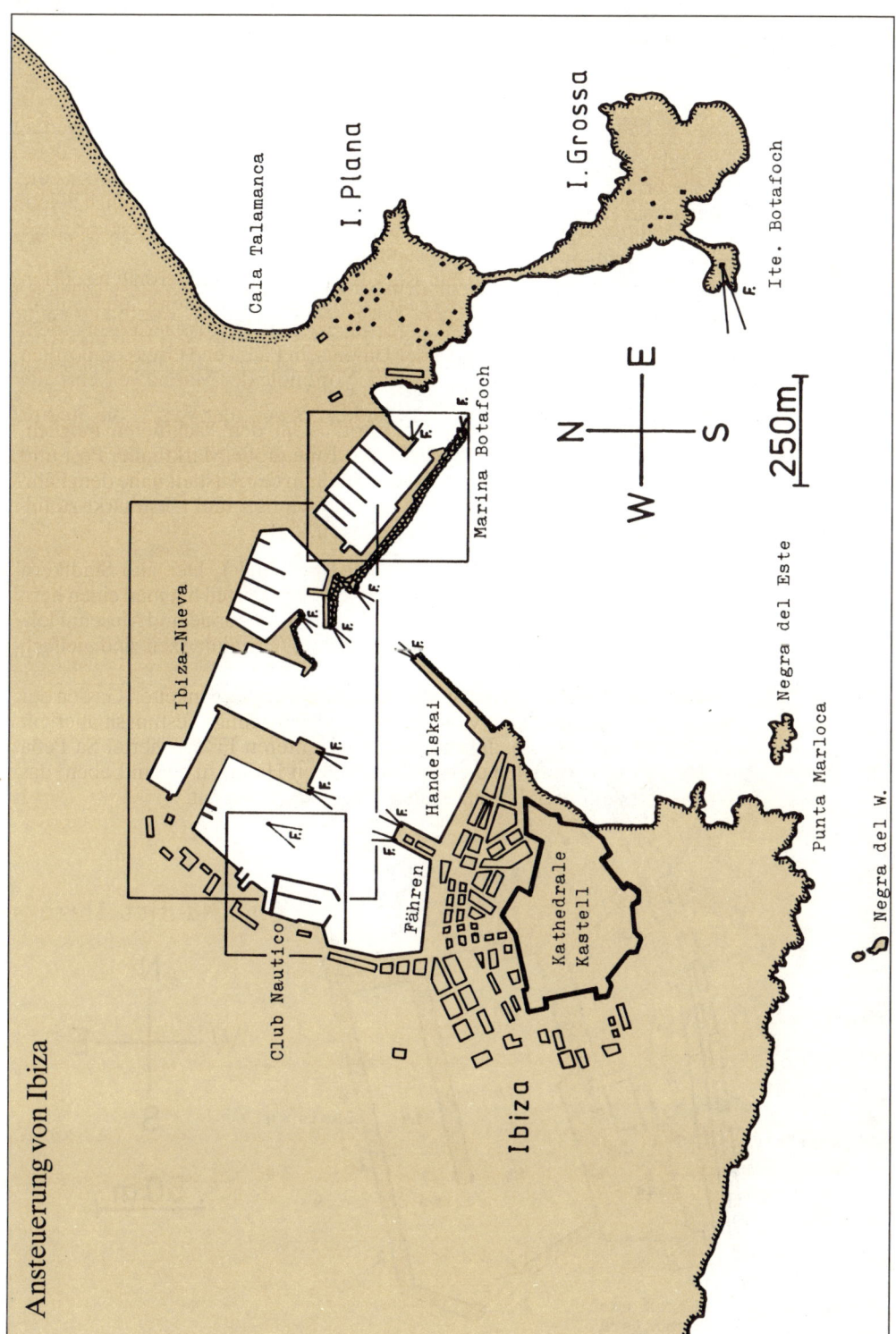

Ansteuerung von Ibiza

Club Nautico Ibiza

Die 300 Plätze im Club Nautico sind fast ausnahmslos an Dauerlieger vergeben. Für Gäste bleibt nur die Außenseite der Mole. Dort liegt man vor Buganker. Später sollen Murings ausgelegt werden.

Die Wassertiefe beträgt direkt an der Mole zwischen 1,8 und 2 m, im Hafenbecken ist sie geringer. Es herrscht meist Schwell durch die Tagesbrise und den vorbeigehenden Schiffsverkehr. Vor allem die Formentera-Fähren legen am benachbarten Westkai hastig an.

Mäßige Liegegebühren je Tag, ab dem 5. Tag 25 %, im Winter 50 % ermäßigt. Wasser und Strom an allen Stegen. Ein Slip für trailerbare Boote und einige Stellplätze für Arbeiten an Land sind vorhanden, ebenso Werkstatt und Kran. (Der Travellift auf dem angrenzenden, durch einen Zaun abgeschlossenen Gelände gehört zum Yachthafen Ibiza-Nueva.)

Lebensmittel sind jenseits der Straße zu bekommen, der Weg in die Stadt ist von hier nicht weit.

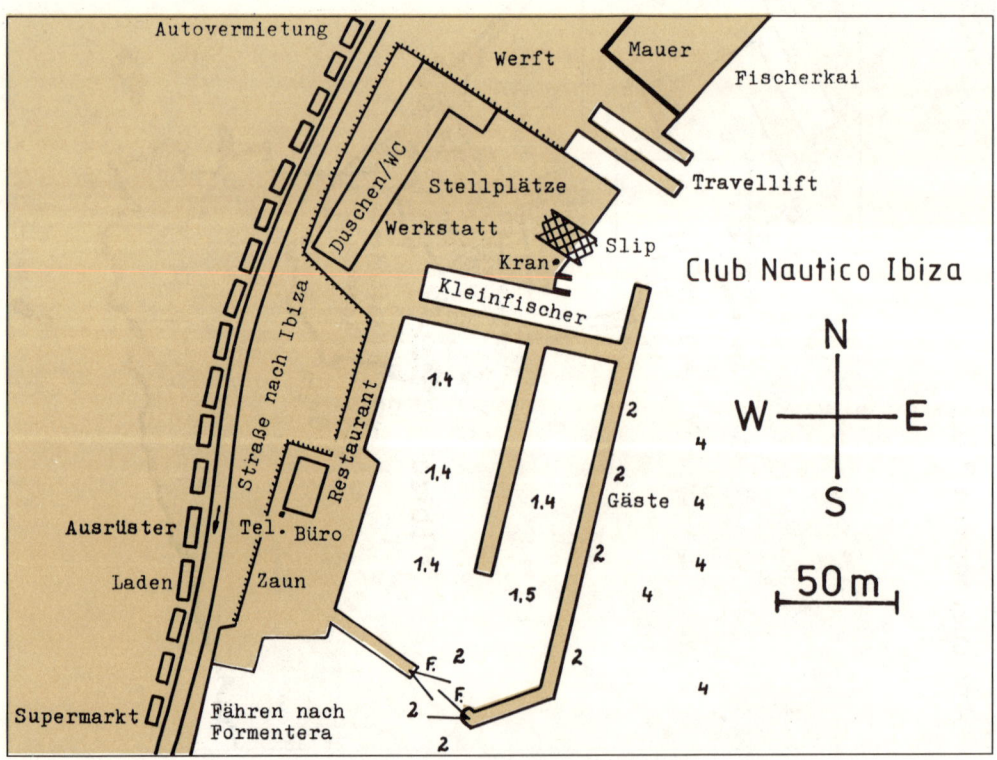

Yachthafen Ibiza-Nueva

Marina mit zwei Hafenbecken, die gegen alle Winde und Seegang geschützt sind. Insgesamt können 539 Yachten an Murings mit allem Komfort untergebracht werden. Der Wartekai für Gäste befindet sich bei der Tankstelle am Kopf der inneren Mole, sofern nicht bereits per Funk (Kanal 9, 16) durch den Tower (Büro) ein Liegeplatz zugewiesen wurde. Hier gibt es auch Diesel und Benzin, wenn man keinen Liegeplatz beansprucht.

Sehr große Yachten liegen mit Anker an der Außenseite der Westmole. Am Kopf Diesel für Großabnehmer, Fährboot zur Stadt.

Hohe Liegegebühren je Tag, bei längerer Liegezeit stark ermäßigt. Sanitäre Anlagen an mehreren Stellen. Restaurant, Supermarkt, Wäscherei und Münzfernsprecher innerhalb des Geländes.

Die Marina verfügt über einen Travellift mit 30 t Tragfähigkeit; die Werft zwischen Fischerhafen und Club Nautico (Travellift 100 t) gehört ebenfalls zu Ibiza-Nueva. Sämtliche Reparaturen und Wartungsarbeiten können in Auftrag gegeben werden. Im ganzen gesehen eignet sich Ibiza-Nueva ausgezeichnet als Dauerliegeplatz.

Anschrift: Puerto Deportivo Ibiza-Nueva S.A., 07800 Ibiza/Baleares, Telefon (971) 312001, 312062, Fax 313523.

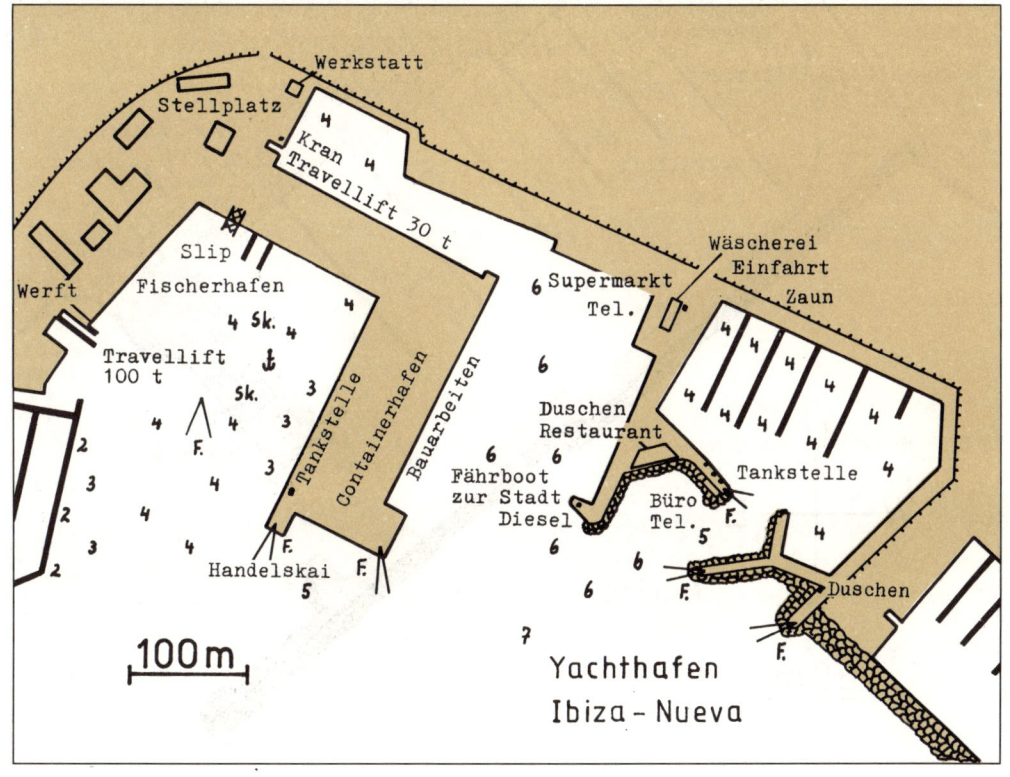

Marina Botafoch

Dieser seit 1987 fertiggestellte Yachthafen besitzt 428 Liegeplätze mit Murings für Yachten bis 30 m Länge. Er bietet den Liegeplatzbesitzern und Gästen einen sicheren und angenehmen Aufenthalt in gepflegter Umgebung.

Der Hafen wird rund um die Uhr bewacht. Alle Plätze haben Wasser- und Stromanschluß. Auf dem T-förmigen Kai bei der Hafeneinfahrt befinden sich die Tankstelle (Diesel/Benzin/Super), der Tower mit der Hafenmeisterei (Anmeldung über Kanal 9, Wetterbericht), Telefon und Duschen/WC. Transityachten machen, vor Anker liegend, am Wartekai an der Außenseite fest. Von hier verkehrt ein Fährboot zur Stadt (im Sommer alle 20 min bis 24 Uhr).

Im Bereich der Marina gibt es Restaurants, Cafés, Supermarkt, Bank, Autovermietung; für Winterlagerung und Reparaturen an Land 40−50 Stellplätze, Travellift (60 t), Kran (5 t), Werkstätten, Schiffsausrüster. Liegegebühren je Tag in der Hochsaison sehr hoch, für längere Liegezeit ermäßigt.

Anschrift: Marina Botafoch, PB 750, Ibiza/Baleares, Telefon (971) 312231.

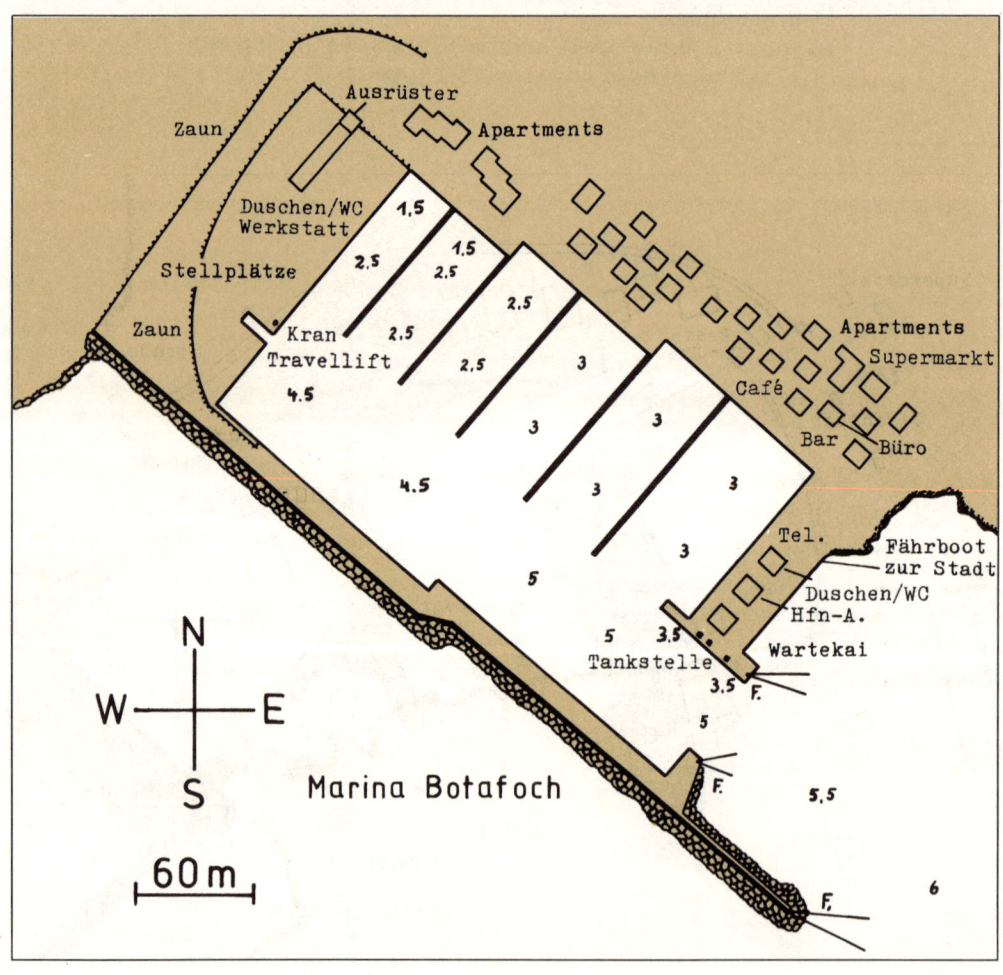

Zwischen dem über 200 m hohen Kap Llibrell und Punta Rotja, etwa 5 sm nordöstlich vom Hafen Ibiza, liegt diese tief nach Westen einschneidende schöne Cala. Während ihre bewaldeten Flanken terrassenförmig mit Hotels bebaut sind, hat ihr Scheitel einen breiten Sandstrand, hinter dem das Hinterland sanft ansteigt.

Die Wassertiefen nehmen von 16 m in der Einfahrt gleichmäßig ab. Ankergrund feiner Sand, an den Seiten der Bucht felsig und mit Seegras bewachsen. Bei Ostwind wird die Cala durch Seegang unbrauchbar.

Nicht nur die Hotels bringen regen Badebetrieb mit sich, es besteht auch Bootspendelverkehr mit Ibiza. Zahlreiche Windsurfer und Jollensegler tummeln sich außerdem in der Bucht.

Restaurants bei den Hotels und im dahinterliegenden Ferienort. Dort sind auch Supermarkt, Souvenirläden, Bank, Briefkasten und Münzfernsprecher zu finden.

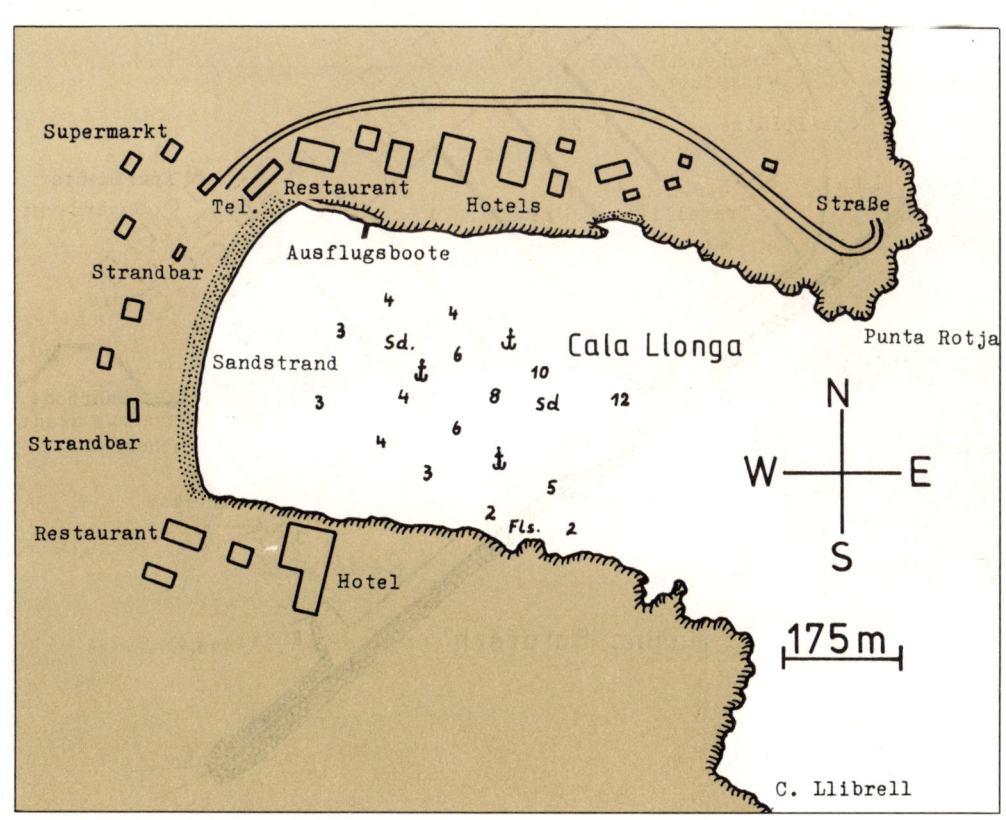

In der Ensenada de Santa Eulalia, kaum mehr als 6 sm von Ibiza entfernt und in landschaftlich wunderschöner Gegend gelegen, sollte vor Jahren die Nobelmarina der Balearen entstehen. Von der Planung des berühmten Architekten César Manrique ist nicht allzuviel verwirklicht worden; denn die Hafenbetriebsgesellschaft ging pleite. Nach langer Zeit des Bangens und der Unsicherheit können nun wenigstens die betroffenen Bootseigner die seit langem bezahlten Liegeplätze nutzen, wenn auch ohne den vorher angepriesenen Komfort. Die Bauarbeiten werden fortgesetzt, und man kann hoffen, daß aus der überschwenglichen Planung doch noch ein brauchbarer Yachthafen wird.
Die kräftige Mole bietet guten Schutz. In der Einfahrt beträgt die Wassertiefe um 4 m; sie nimmt zwischen den Stegen im hinteren Teil bis auf 2 m ab.
Entgegen der ursprünglichen Planung werden nun weit mehr kleinere Liegeplätze geschaffen, so daß nach Beendigung der Bauarbeiten 756 Plätze für Boote von 6 bis 22 m zur Verfügung stehen sollen. An den fertigen Stegen sind teilweise schon Murings, Wasser- und Stromanschlüsse vorhanden. Ein Marinero weist Gästen den Platz zu. In einem provisorischen Büro wird die zur Zeit mäßige Liegegebühr kassiert.
Im Ort Santa Eulalia, der direkt an den Hafen anschließt, befinden sich Bank, Post- und Telefonamt, Geschäfte für jeden Bedarf und ausgezeichnete Restaurants.

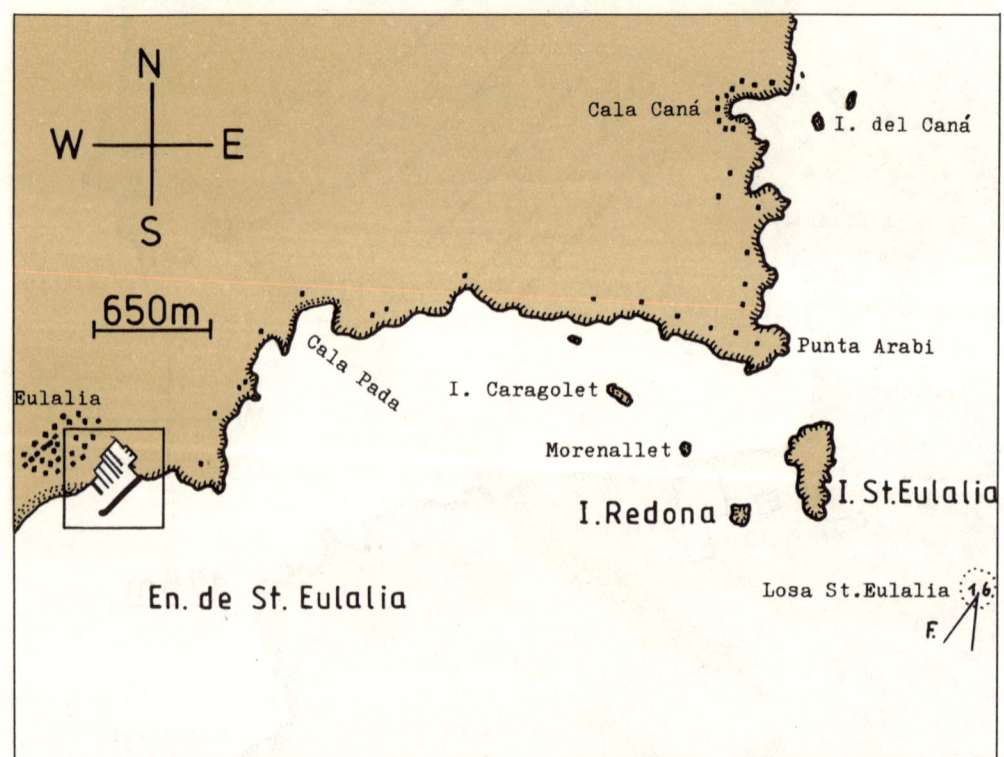

Das Gelände um den Hafen bietet reichlich Platz für die seinerzeit geplanten Einrichtungen: Clubhaus mit Restaurant, Bars, Supermarkt; Kontrollturm mit Wetterstation, Funk, Telefon; Stellplätze, Halle, Travellift, Werkstätten; Tankstelle. Bis zur Ausführung wird sicher noch einige Zeit vergehen.

Anschrift: Puerto Deportivo Santa Eulalia, Santa Eulalia del Rio, Ibiza/Baleares, Telefon (971) 332810.

Die Ansteuerung des Hafens ist von Süden kommend problemlos. Der große, moderne Ferienort Santa Eulalia fällt von weitem auf. Bei Nacht muß man wegen der kleinen Inseln genau navigieren. Die gefährliche Untiefe Losa Santa Eulalia mit 1,6 m Wasser darüber ist bei Tag meist an der Brandung zu erkennen, bei Nacht warnt der rote Sektor des Tagomago-Leuchtfeuers davor, außerdem trägt die Untiefe ein Funkelfeuer. Der Molenkopf ist ebenfalls befeuert.

Bei stabiler Schönwetterlage können Yachten auch vor dem Hafen ankern. Für Badefahrten in der Nähe sind einige Buchten geeignet, z. B. **Cala Pada,** in der allerdings viel Segelschul- und Surfbetrieb herrscht, oder Cala Caná (siehe Seite 166).

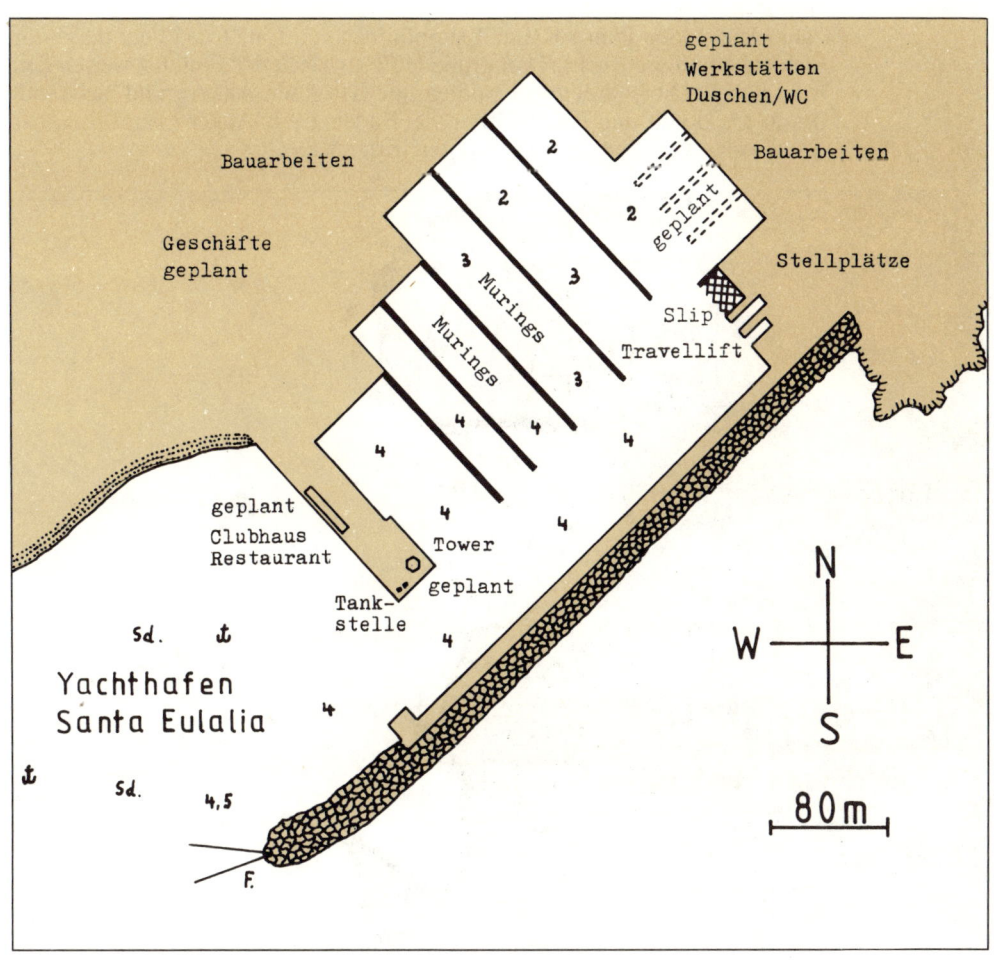

Von Süden kommend, achte man auf die gefährliche, mit einem Leuchtfeuer versehene Untiefe Losa Santa Eulalia mit 1,6 m Wassertiefe, die 0,5 sm südöstlich der Insel Santa Eulalia liegt.

Wegen der kleinen Felsinsel del Caná und des unreinen Grundes in nördlicher Richtung sollte man Cala Caná nur von Süden her anlaufen. Auch vor dem Sandstrand befindet sich eine felsige Untiefe mit 2 m Wasser darüber. Sonst sandiger Ankergrund. Die Bucht ist sehr offen und gegen Ostwind völlig ungeschützt.

Das winzige Hafenbecken im Süden der Cala dient Kleinfischerbooten mit geringem Tiefgang. Wegen der ein- und auslaufenden Fischerboote sollte man nachts ein Ankerlicht setzen.

Trotz der dichten Bebauung mit Hotels hat der Ort eine angenehme Atmosphäre. Feinschmeckerlokale sind sehr zahlreich. Besonders schön sitzt man unter den hohen Pinien mit Blick aufs Meer. – Supermärkte, Souvenirläden, Poststelle und Telefonamt sind vorhanden, auch ein bescheidener „Hippie-Markt".

Cala Lleña (ohne Plan). Kaum 1 sm nördlich von Cala Caná liegt diese nur nach Osten offene Bucht. Drei große Hotels südlich der Einfahrt weisen den Weg. Die Bucht ist frei von Untiefen und hat guten Ankergrund aus Sand. Durch die Hotels und Ferienhäuser viel Badebetrieb. Außer einer Strandbar gibt es keine Versorgungsmöglichkeiten in der Nähe.

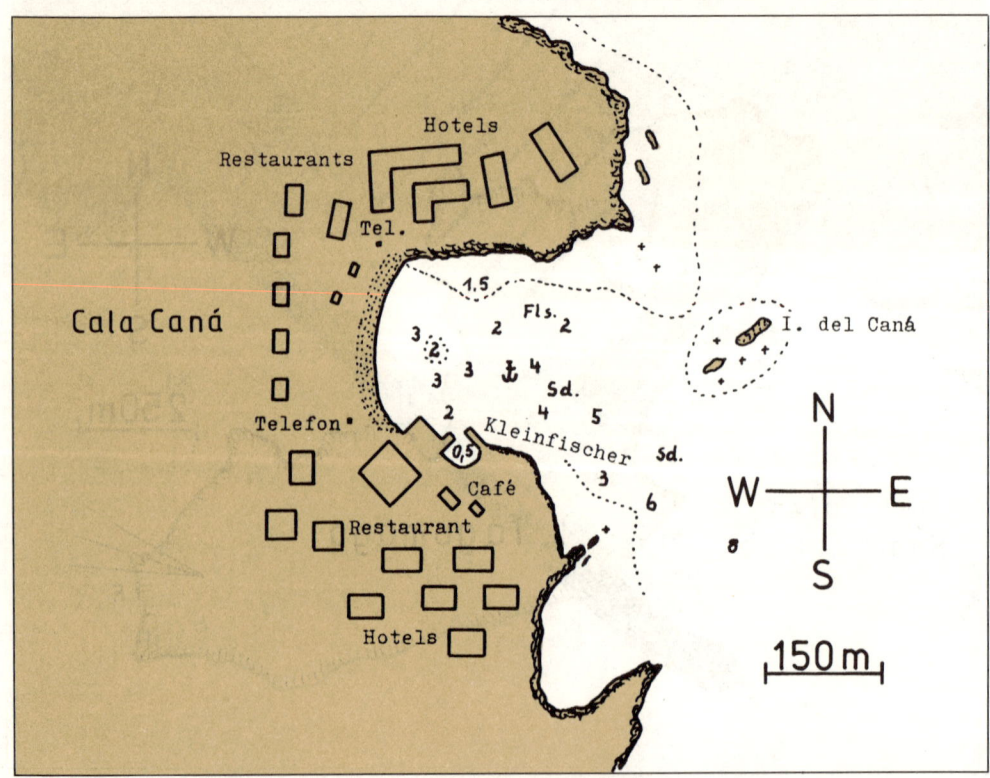

Insel Tagomago

Auffällige Orientierungshilfe an der Ostküste Ibizas ist die 114 m hohe und völlig kahle Insel Tagomago, die auf allen Seiten senkrecht ins Meer abfällt und rundum tiefes Wasser hat. Die Ostseite trägt einen bei Nacht weithin sichtbaren Leuchtturm.

Zwar beeindruckt der Einschnitt an der Nordseite durch seine interessante Felsformation und sein schönes Tauchrevier, doch erlaubt der grobe felsige Grund kein sicheres Ankern.

An der Westseite der Insel ist eine kleine Einbuchtung, an deren Rand man Sandgrund findet, aus tiefem Wasser plötzlich ansteigend. Es ist ein landschaftlich sehr schöner, aber unsicherer Ankerplatz, den man bei südlichen Winden schnell wieder verläßt. – An einem Kiosk kann man Getränke kaufen.

Bei starkem Südwind, wenn es auch in der Cala San Vicente, 3 sm von Tagomago, zu unruhig wird, findet man einen guten Ankerplatz westlich von Punta Grossa (siehe dort).

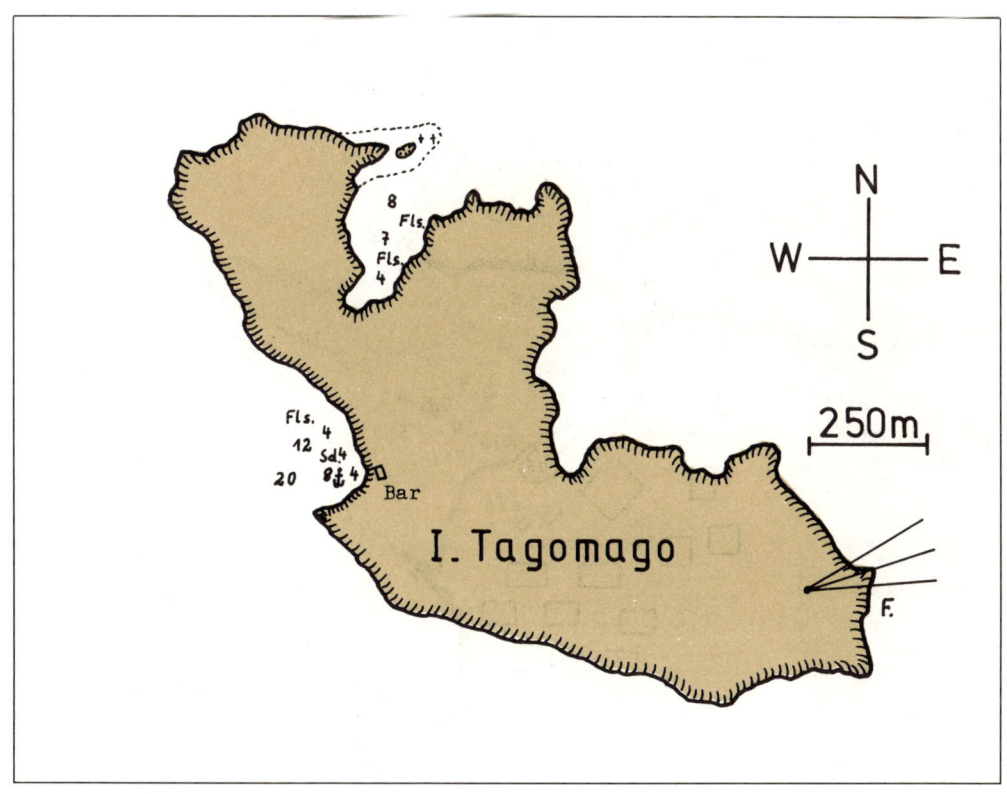

Cala San Vicente

Sehr schöne Cala in der Nordwestecke der Playa d'es Figueral. Die nördliche Einfahrtshuk Punta Grossa, grün bewaldet und mit Villen bebaut, steigt bis 174 m an. Gern wird Cala San Vicente als Übernachtungsplatz von Yachtfahrern benutzt, die von Mallorca kommen oder dorthin wollen (48 sm). Die Bucht ist bei Süd- bis Ostwinden dem Seegang voll ausgesetzt. Ausweichmöglichkeit bei Südwind Ankerplatz bei Punta Grossa, siehe nächste Seite.
Wegen der Klippen im südlichen Teil der Ensenada de San Vicente, die 1 sm östlich der Küste liegen und nur an der Brandung, bei ruhiger See aber kaum zu erkennen sind, sollte man bei der Ansteuerung von Süd zunächst weit nach Norden laufen und dann fast im rechten Winkel auf die Cala einschwenken. Der Unterwasserfelsen Losa Figueral trägt ein Leuchtfeuer.
Die Bucht selbst hat keine Untiefen bis auf eine 1-m-Stelle nahe dem Sandstrand. Der Ankergrund ist teils Sand, stellenweise sind Seegrashügel vorhanden mit 3 bis 4 m Wasser darüber.

Achtung   Vorsorglich sei auf die in der Seekarte D 681 eingezeichneten Kabel hingewiesen, die laut Seehandbuch des BSH „im N-Teil der Bucht" landen. Die genaue Lage konnte ich nicht feststellen. Auf Ankerverbotsschilder ist deshalb besonders zu achten.

Am Strand entlang stehen große Hotels, sind Restaurants und Diskotheken, die viel Lärm verursachen. Supermarkt und Münzfernsprecher in der Nähe.

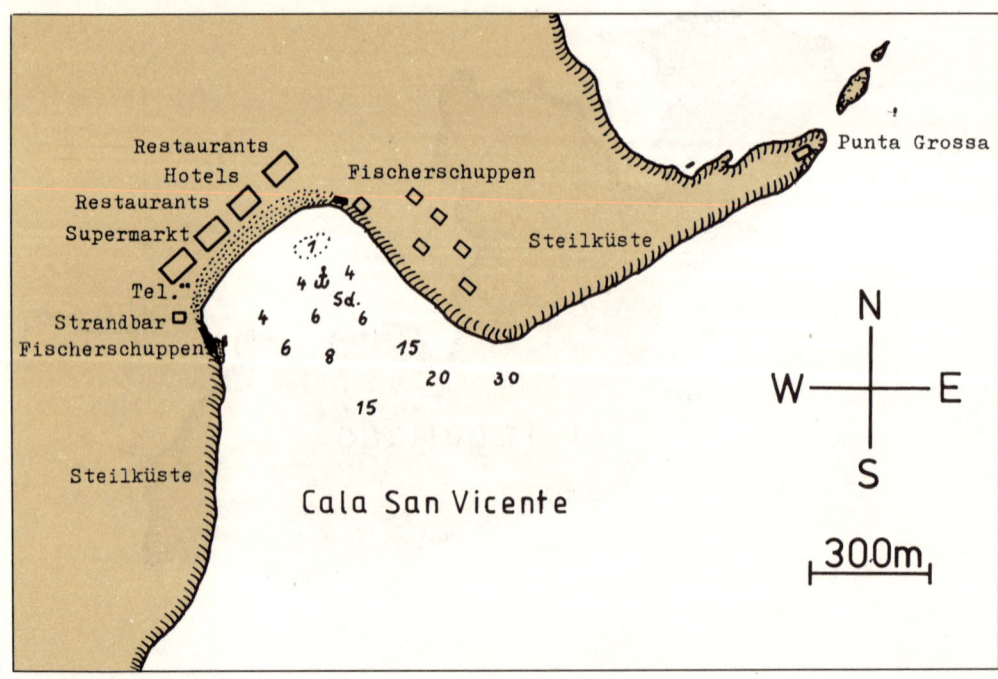

Ankerplatz bei Punta Grossa

Kaum mehr als 1 sm von Cala San Vicente entfernt liegt dieser Ankerplatz hinter der Huk Punta Grossa, umgeben von steil aufragenden Felswänden. Er bietet sehr guten Schutz bei Seegang und Winden aus südlichen Richtungen. Die von Untiefen freie Bucht hat zum Ufer hin allmählich abnehmende Wassertiefen. Ankergrund reiner Sand, erst nahe dem Ufer (ca. 50 m) liegen vereinzelt Steine. Raum zum Schwojen ist genügend vorhanden.
Wunderschön und sehr einsam.
Cala Serra und **Port de las Caletas,** südöstlich von Punta Moscarte, der nördlichsten Huk Ibizas mit dem auffälligen Leuchtturm, sollen gute Ankerplätze bei ablandigem Wind sein. Sie wurden von mir bisher nicht besucht.

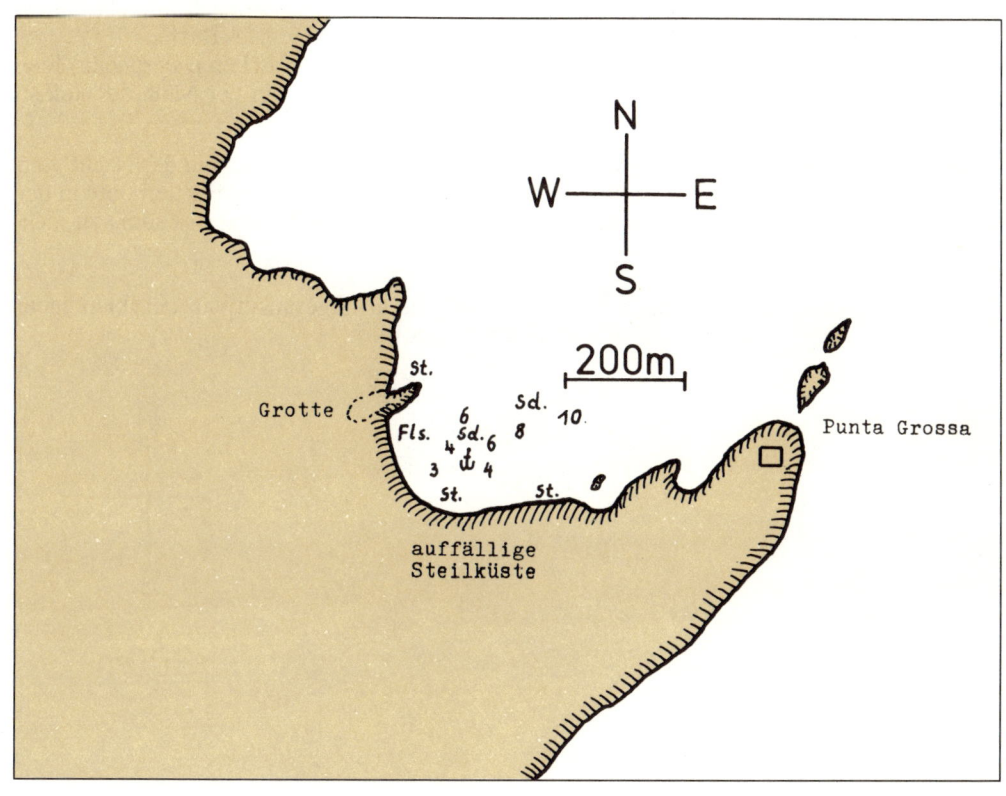

Die Cala Portinatx wird gern von Sportbooten besucht. Sie eignet sich ausgezeichnet zum Übernachten und auch als Ausgangspunkt für die Fahrt nach Mallorca. Von Mallorca kommend, sollte man berücksichtigen, daß die Einfahrt bei Nacht für Ortsunkundige etwas schwierig ist, wenn auch der hohe Leuchtturm auf Pt. Moscarte eine gute Navigationshilfe darstellt.

Bei der Ansteuerung von Osten darf man sich nicht dadurch irritieren lassen, daß Punta Galera wie eine Insel wirkt, die sich erst beim Näherkommen als lange niedrige Felszunge zeigt und sich weit nach Westen in die Einfahrt hinein fortsetzt. Eine unbeleuchtete Boje liegt mitten in der Einfahrt.

Cala Portinatx ist eine sehr sichere Ankerbucht, die bei fast allen Winden guten Schutz bietet. Je nach Windrichtung kann man sich in eine der verschiedenen Einbuchtungen verholen. Bei nördlichen Winden zum Beispiel liegt man in der Nebenbucht sehr sicher, die tief nach Osten einschneidet. Die Wassertiefe nimmt zum Strand hin schnell ab. Ankergrund: Sand und Seegras. Man meide die Nähe des Wracks eines großen Fischerbootes, von dem nur noch die Mastspitze sichtbar ist. Es liegt in 5 bis 6 m Tiefe.

Auch im südöstlichen Teil der Bucht vor den beiden Sandstränden ist der Ankergrund Sand. Beim Ankern muß man auf das teilweise mit Sand überdeckte Abwasserrohr achten, das durch die Bucht ins offene Meer führt. Besonders hier stört die laute Musik aus der Bar.

Rund um die Bucht liegen zahlreiche Hotels und Ferienhäuser, die regen Badebetrieb mit sich bringen. Eine Wasserskischule verursacht Schwell. Die Tauchschule hat an der Nordküste um Cala Portinatx ein ideales Revier.

Viele Restaurants, zwei Supermärkte, Metzgerei, Wäscherei, Poststelle, Telefonamt, Münzfernsprecher und Bank befinden sich in der Nähe des südöstlichen Strandes.

Achtung

Laut Bericht in der YACHT 24/90 sind bei einem Tornado in der Nacht vom 7. Oktober 1990 Yachten in der Südbucht gestrandet und Fischerboote in der Ostbucht gesunken. Mit weiteren Unterwasserhindernissen ist somit zu rechnen.

Cala Charraca (ohne Plan) eignet sich nur als Tagesankerplatz bei ablandigem Wind. Die Tauchgründe werden sehr gelobt.

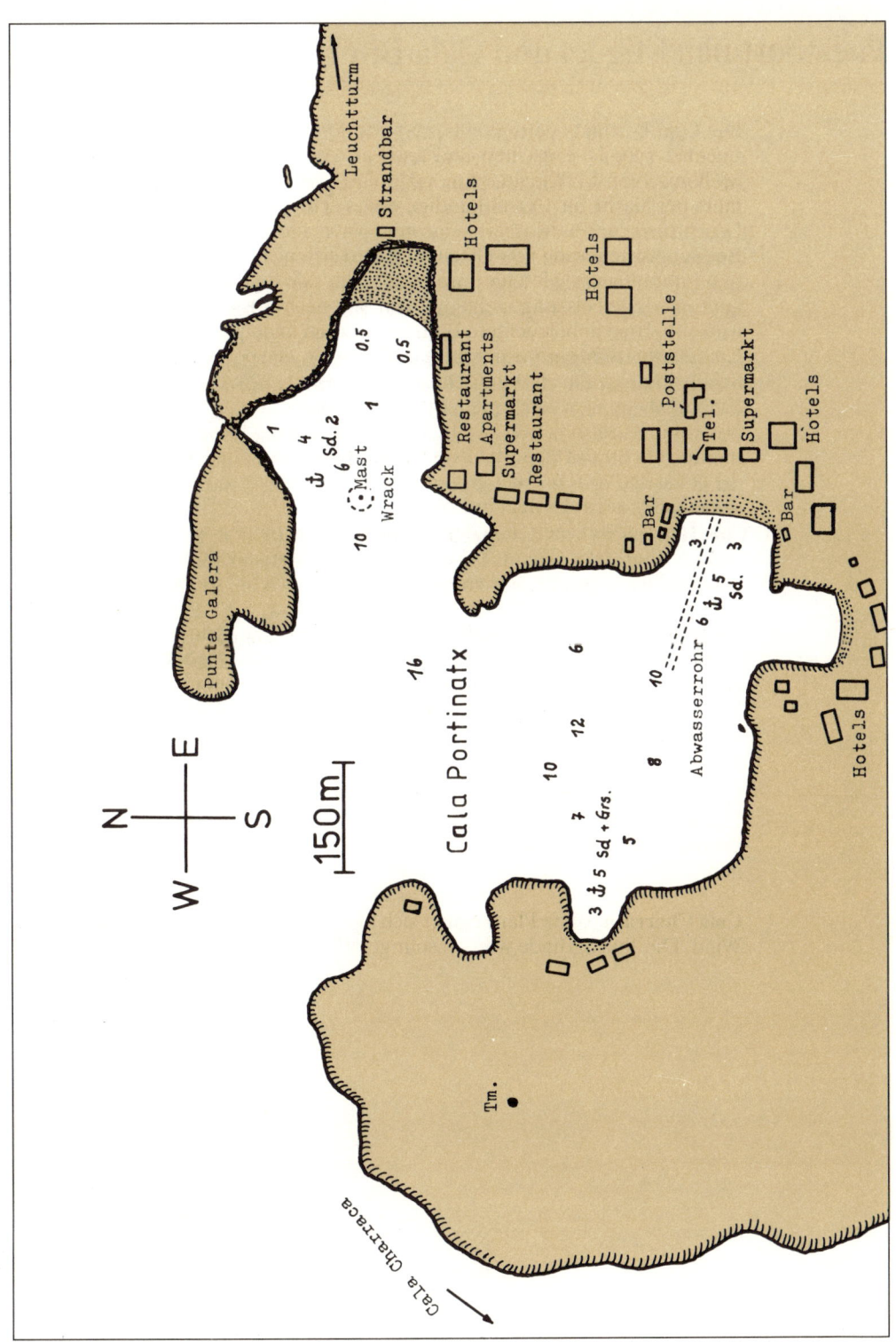

Cala Portinatx

N — E
W — S

150 m

Leuchtturm
Strandbar
Hotels
Hotels
Poststelle
Hotels
Restaurant
Apartments
Supermarkt
Restaurant
Tel.
Supermarkt
Bar
Bar
Hotels
Hotels
Punta Galera
Wrack
Mast
Sd. 2
6
4
1
0.5
0.5
10
16
10
12
6
8
3
5
Sd.
6
3
3
10
Abwasserrohr
3
5 Sd + Grs.
7
5
Tm.
Cala Charraca

171

Puerto de San Miguel und Cala Binirrás

Diese große, von Untiefen freie Bucht an der Nordküste Ibizas bietet verschiedene brauchbare Ankerplätze in schönster Umgebung. Ein alter Wachtturm auf der westlichen Einfahrtshuk stellt eine gute Ansteuerungshilfe dar. Auch der auffällige, schneckenartig gewundene Felsen inmitten der Einfahrt zur Cala Binirrás ist von weitem zu erkennen.

Puerto de San Miguel, die zwischen Steilabhängen tief nach Süden einschneidende Bucht, hat bei 5 bis 6 m Wassertiefe gut haltenden Sandgrund. Beim Ankern auf Muringbojen achten. Die Bojenreihe bei etwa 4 m Wassertiefe grenzt die Badezone ab. Durch die Gäste der Hotels und Apartmenthäuser viel Badebetrieb am Strand, außerdem beleben Jollensegler, Tretboot- und Wasserskifahrer die Bucht. – Restaurants direkt am Strand, bescheidene Einkaufsmöglichkeiten im Ort San Miguel (4 km).

Wenn bei nördlichen Winden dieser Ankerplatz zu unruhig wird, dann liegt man besser südlich der kleinen Halbinsel im Westen der Bucht. Der Ankergrund besteht dort aus Sand mit groben Steinen und ist teilweise mit Seegras bewachsen.

Cala Binirrás ist zur Übernachtung in den meisten Fällen vorzuziehen. Der steil aus dem Meer ragende Felskegel hat rundum tiefes Wasser, so daß das Einlaufen in die Einbuchtung auf beiden Seiten möglich ist. Nahe dem Strand befindet sich eine Untiefe mit 1,5 m Wasser. Ankergrund: Sand und vereinzelt Fels, mit Seegras bewachsen. Es ist reichlich Platz zum Schwojen vorhanden.

Cala Binirrás wird tagsüber von vielen Badelustigen besucht. Während der Saison sind zwei Restaurants und eine Strandbar in Betrieb. Die herrlich bewaldete Cala ist abends sehr still. Nur ein paar Sommerhäuser ringsum. – Ankerlaterne nicht vergessen.

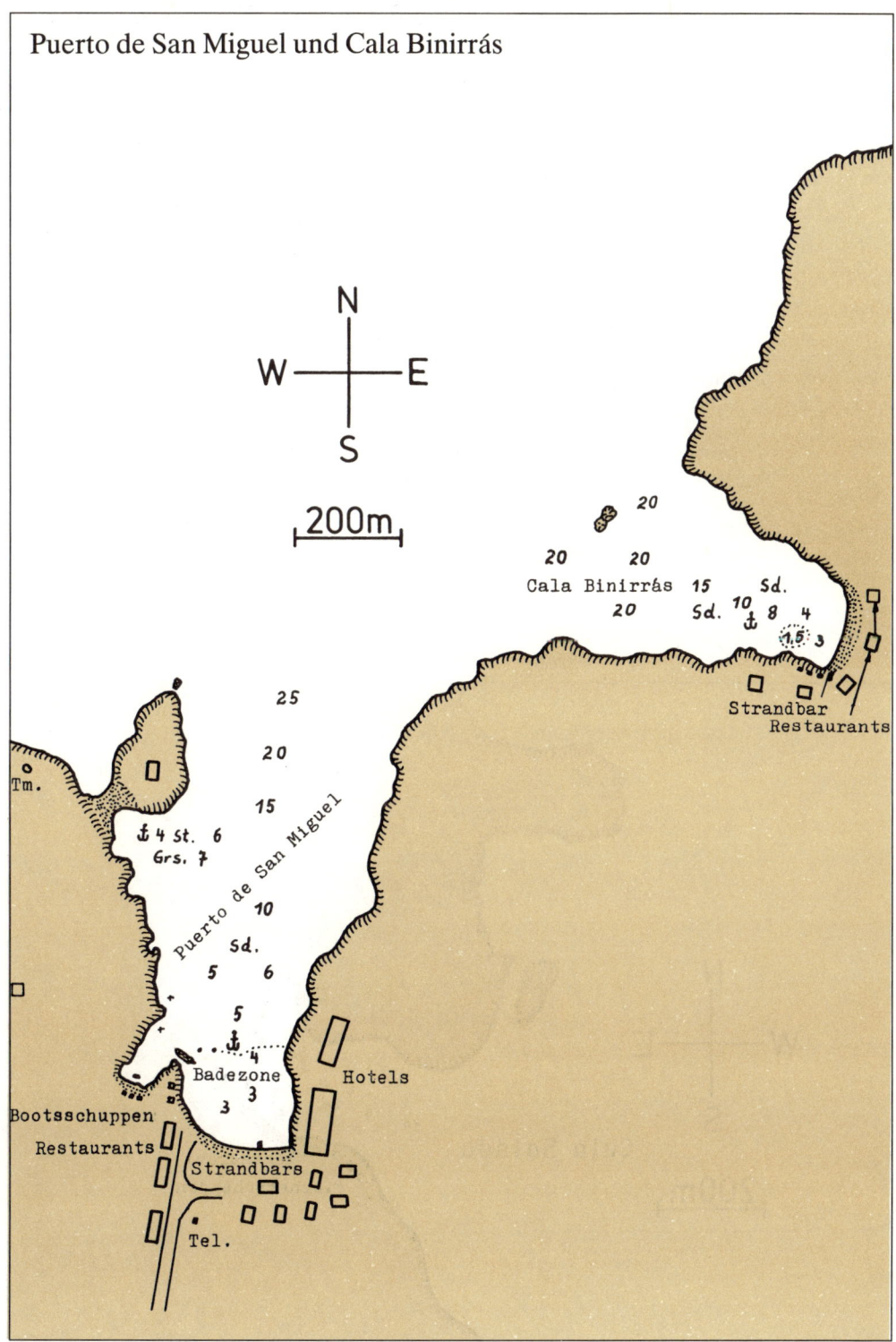

Puerto de San Miguel und Cala Binirrás

N
W — E
S

200m

20

20   20
Cala Binirrás   15   Sd.
            20   Sd.   10   8   4
                    ⚓
                    1,5   3

20

Strandbar
Restaurants

25

20

15

⚓ 4 St. 6
Grs. 7

Tm.

Puerto de San Miguel

10

Sd.

5   6

5

⚓   4

Badezone   Hotels
        3
Bootsschuppen   3

Restaurants

Strandbars

Tel.

Cala Salada

Der stark zerklüftete Küstenabschnitt von Punta la Creu bis Cabo Nonó an der Nordwestseite Ibizas ist unzugänglich und hat keine sicheren Ankerplätze.
Erst in der Cala Salada, 1,2 sm südlich von Cabo Nonó, findet man einigen Schutz. Die felsige Untiefe an Backbord lassend, kann man inmitten der Bucht zwischen den beiden Sandstränden ankern. Ankergrund ist Sand, teilweise Seegras.
Die Strände sind durch Teer und angeschwemmtes Seegras verschmutzt. Nur wenige Häuser und mäßiger Badebetrieb. Das Restaurant ist nur in der Saison geöffnet.
Cala Salada kann für eine Übernachtung nicht empfohlen werden. Der Hafen San Antonio ist nur 2,5 sm entfernt.

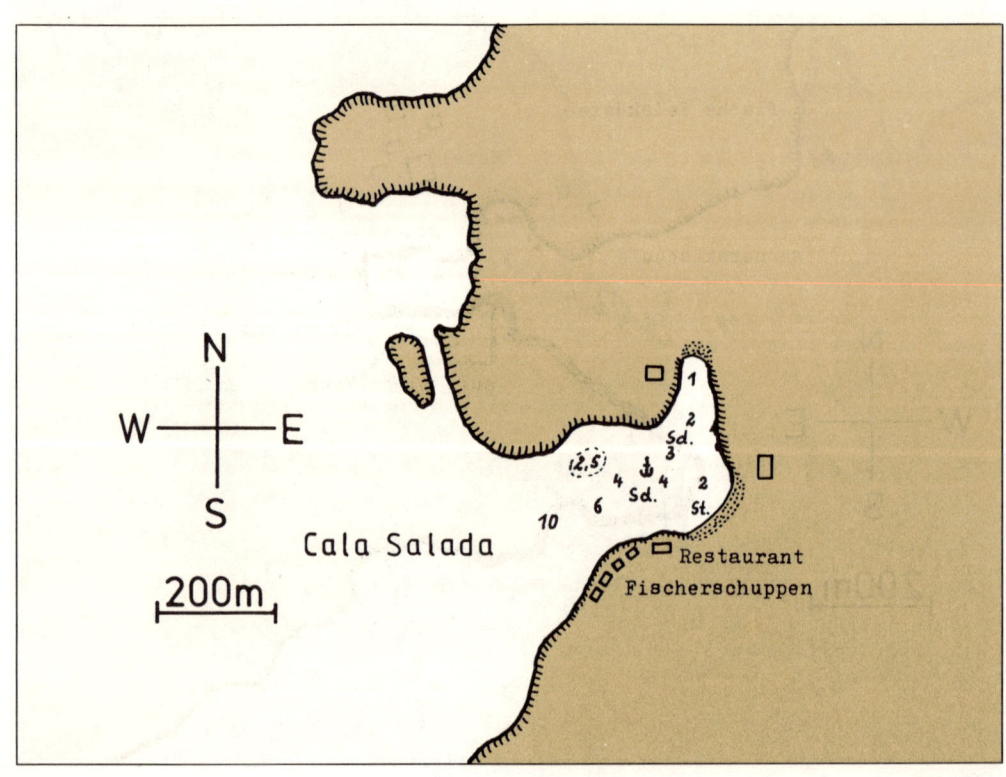

Cala Grasio

Diese landschaftlich hübsche Bucht, kaum mehr als 1 sm nördlich von San Antonio, ist sehr überlaufen. Außerdem verursacht eine Wasserskischule tagsüber Schwell und Lärm. Erst abends tritt Ruhe ein.

Am besten ankert man auf 4 bis 6 m Wassertiefe, wo genügend Platz zum Schwojen ist. Ankergrund Sand, stellenweise mit Seegras bewachsen. Das Wasser ist trüb. Die beiden Einschnitte werden zum Strand hin schnell flach. Getränke gibt es an der Strandbar.

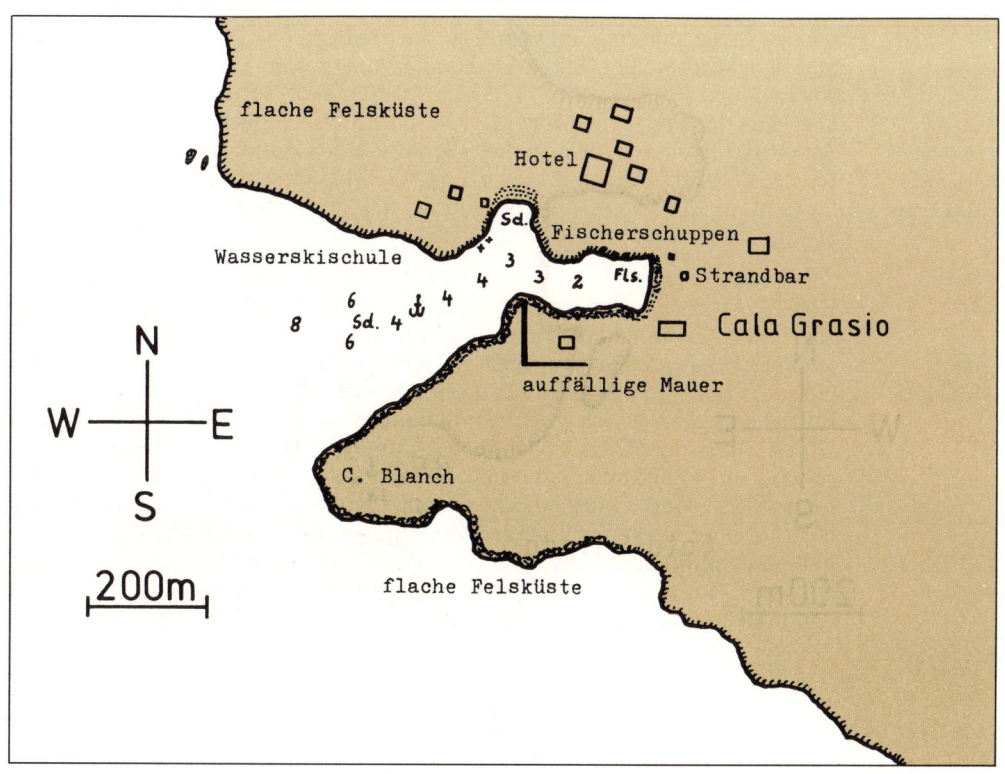

Hafen San Antonio

Vom spanischen Festland kommend, steuern Sportboote im allgemeinen zuerst den Hafen San Antonio an. Durch die deutliche Befeuerung der in westlicher Richtung vorgelagerten Inseln ist die Ansteuerung auch nachts und bei jeder Wetterlage ohne Schwierigkeiten. Beim Näherkommen weisen die Feuer auf Punta Chinchó und am Kopf der etwa 350 m langen Mole den Weg in den Hafen. Am Tage sind die Hochhäuser der Stadt und die Mole weithin sichtbar. Die weite Hafenbucht ist frei von Untiefen. Der Hafen hat hinter der Mole ausreichende Wassertiefen, erst der Ostteil läuft ganz flach aus.

Yachten können **am öffentlichen Kai** an der Innenseite der Mole vor Buganker mit Heckleinen anlegen. Man sollte viel Kette stecken, da der Grund je nach Liegeplatz schnell abfällt. – Der Handelskai (Containerhafen) ist Frachtern und Fähren vorbehalten.

Der Hafen ist zwar geschützt, doch tagsüber bis in die Nacht hinein unruhig durch ein- und auslaufende Ausflugsboote, die eine ständige Verbindung mit den benachbarten Badebuchten herstellen. Auch beim freien Ankern im Hafen sollte man dies berücksichtigen (Ankerlicht!).

Der **Club Nautico San Antonio Abad** hat vor der Promenade einige Stege mit Wassertiefen zwischen 5 und 2 m für 164 Boote. Wenn Platz vorhanden, können auch Gäste nach Anweisung des Personals eine Muring erhalten. Wasser und Strom an den Stegen, ein Jollenslip und ein Schienenslip für kleinere Yachten im Clubgelände. Ein Gebäude mit Büro und Duschen ist im Bau.

Liegegebühr	Am öffentlichen Kai amtliches Hafengeld (Wasser separat). Im Club Nautico mäßige Liegegebühren, im Winter stark ermäßigt.
Wasser	Sr. Miguel (mit weißer Mütze und Handkarren) kommt täglich am öffentlichen Kai entlang.
Treibstoff	Diesel an der Tankstelle Nähe Molenkopf (unterschiedliche Öffnungszeiten).
Lebensmittel	Supermärkte, Geschäfte aller Art, Gemüse- und Obstmarkt in der Stadt.
Restaurants	Üppige Auswahl in allen Preislagen und Geschmacksrichtungen.
Post/Telefon	Postamt in der Stadt. Telefonzentrale auf dem Omnibus-Sammelplatz in Hafennähe.

San Antonio (auch San Antonio Abad genannt) war schon zu Zeiten der Römer Hafen („Portus Magnus"). Noch heute nennen die Ibizenker den Ort „Portmany". Während die Bewohner früher von Fischerei und Landwirtschaft lebten, ist es heute überwiegend der Fremdenverkehr. Die ganze Stadt scheint nur auf Tourismus ausgerichtet zu sein. Auf den Straßen und in Kneipen und Bars gibt es allabendlich großen Trubel. Folgen davon sind Lärm und Schmutz. Durch schreiende Reklame hat das Bild der Gassen fast alle Urwüchsigkeit eingebüßt. Die Wehrkirche aus dem 14. Jahrhundert steht verloren dazwischen. Erstaunliche Werke künstlerischer Routine vollbringen die Straßenmaler, die Porträts der Touristen in kürzester Zeit und vor einem pausenlos flanierenden Publikum anfertigen.

Erst nach der Saison, wenn die meisten Lokale geschlossen sind, zeigt San Antonio das eigentliche Gesicht eines adretten Inselstädtchens voller Beschaulichkeit.

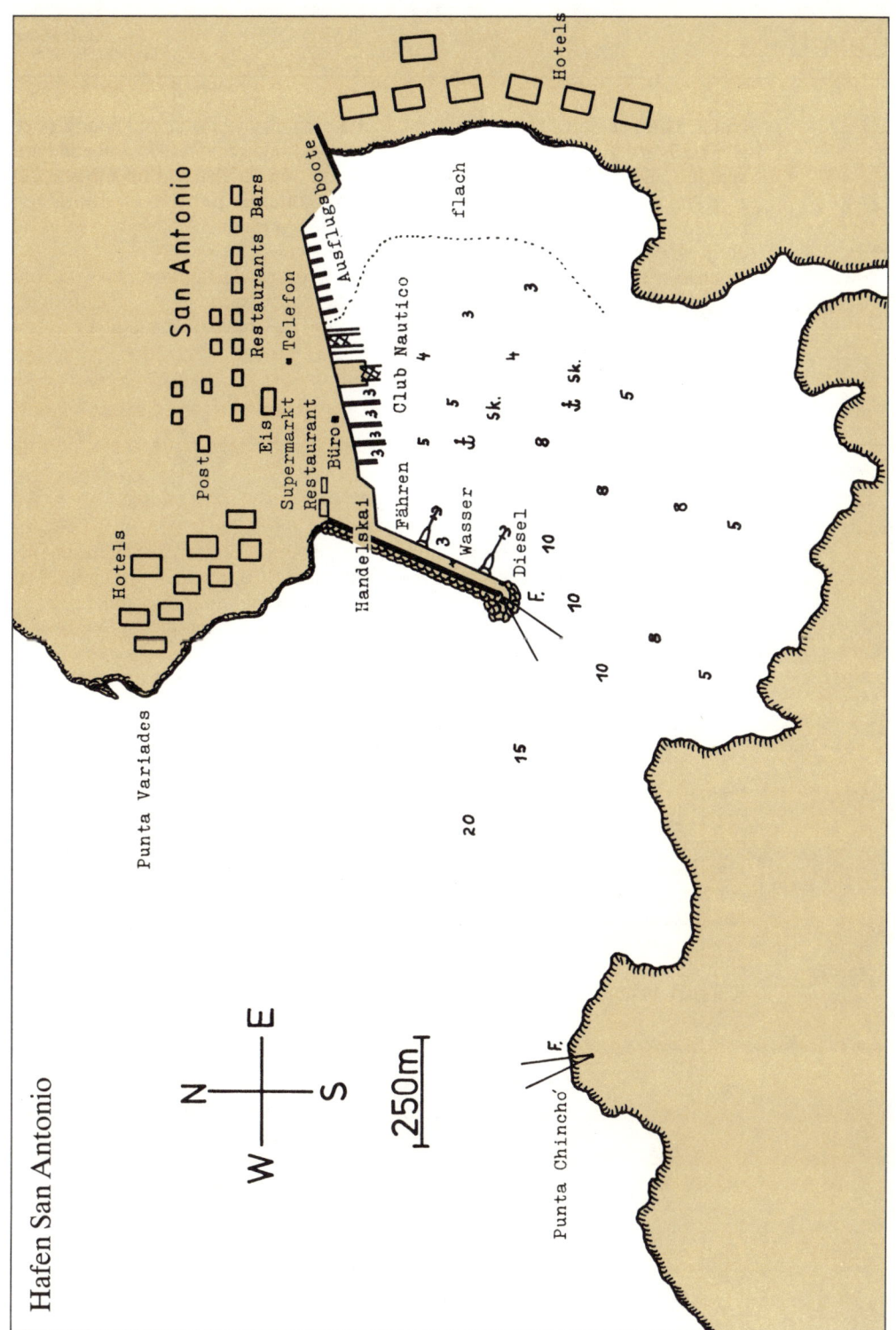

Hafen San Antonio

San Antonio

Punta Variades

Hotels

Post

Eis

Restaurants Bars

Supermarkt

Restaurant

Telefon

Büro

Ausflugsboote

Handelskai

Fähren

Club Nautico

flach

Wasser

Diesel

F.

Punta Chinchó

F.

Cala Basa

Nur 2,5 sm von San Antonio entfernt liegt diese hübsche Bucht mit Sandgrund. Bei ruhigem Wetter ist sie auch zum Übernachten geeignet. Bei nördlichen Winden allerdings geht die Brandung voll an den Sandstrand und macht sie zum Ankern unbrauchbar. Tagsüber herrscht großer Betrieb, da mit Zubringerbooten zahllose Badegäste von San Antonio kommen. − Zur Verpflegung dient eine Strandbar.

Ebenso bietet die Bucht östlich von Punta Pedrera, 1,5 sm von San Antonio (außerhalb des Planes), einen schönen Ankerplatz, wenn die Windrichtung es erlaubt. Der in einiger Entfernung vom Strand anschließende moderne Touristenort **Port d'es Torrent** hat viele Lokale und Geschäfte.

Insel Conejera

Die kahle Felseninsel mit dem Leuchtturm auf der nördlichen Huk fällt steil ins Meer ab. An ihrer Westseite ist eine Einbuchtung, in der man bei ruhigem Wetter vor Anker gehen und ein paar Stunden in vollkommener Einsamkeit genießen kann. Dicht vor den Felsen ist auf 8 m Wassertiefe eine kleine Sandstelle, im übrigen aber besteht der Grund aus grobem Fels.

Auch an der Ostseite der Insel kann man je nach Windrichtung zeitweilig ankern. Der Grund ist vorwiegend felsig, doch kann man auf Sicht dazwischen Sandstellen entdecken. Sehr klares Wasser, ideales Schnorchel- und Tauchrevier.

Achtung   Gemäß dem Leuchtfeuerverzeichnis des BSH wird auf die Ähnlichkeit folgender Leuchtfeuer hingewiesen: Isla Conejera Blz. (4)-20s, Cala Sabina (Formentera) Blz. (4) -16s.

Die Durchfahrt zwischen den Inseln Conejera und Bosque ist unrein. Bei ruhiger See beträgt die geringste Wassertiefe in der Mitte der Durchfahrt 4 m, so daß die Passage für Sportboote ohne Gefahr sein dürfte, doch sollte man unbedingt loten und nicht über die Mitte in Richtung Conejera hinausfahren.

Eine Durchfahrt zwischen der Insel Bosque und Ibiza ist wegen zahlreicher Klippen nicht möglich.

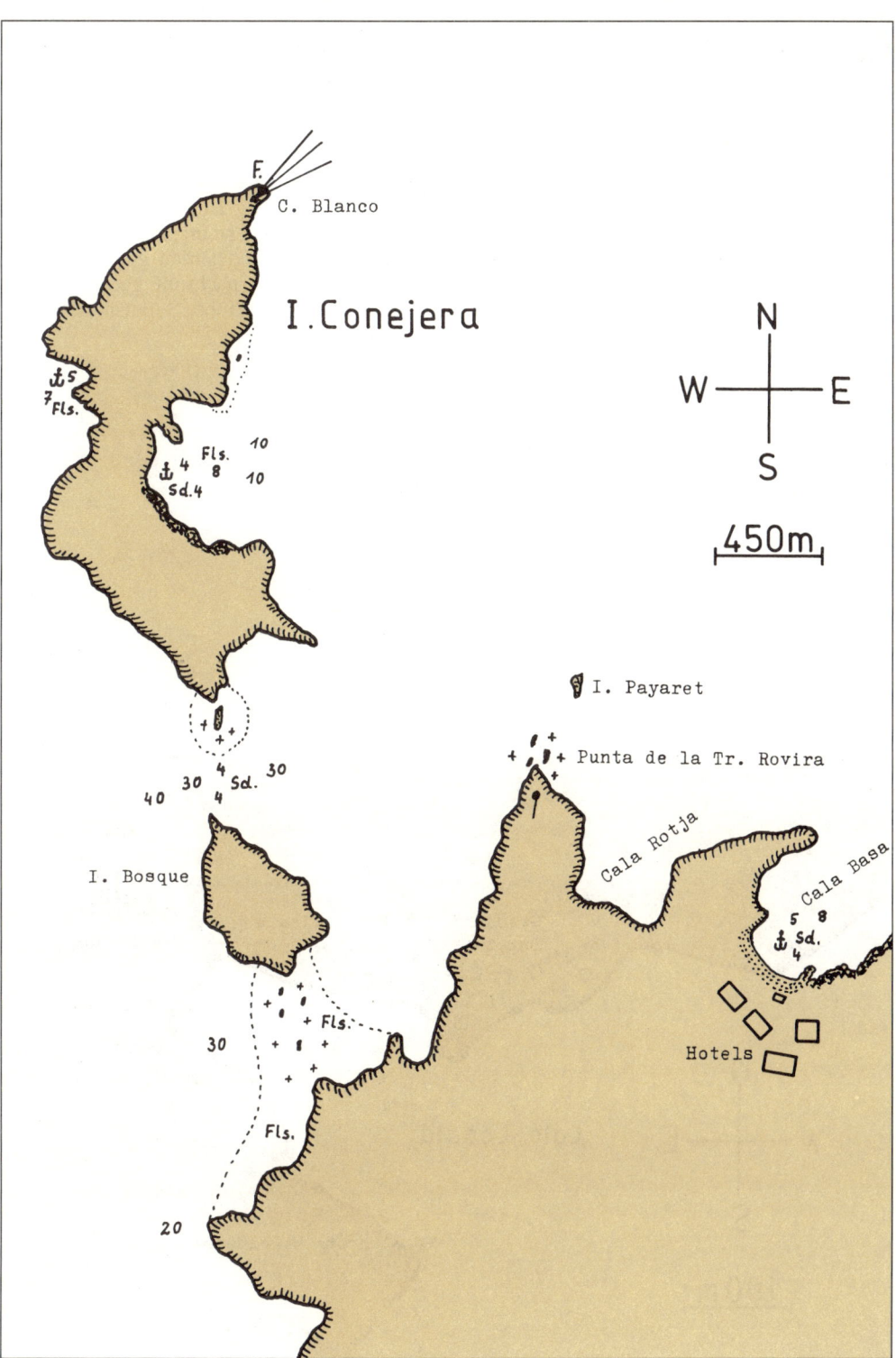

F.
C. Blanco

I.Conejera

N

W   E

S

450m

⚓5
7 Fls.

⚓4 Fls.   10
Sd.4   8   10

🪨 I. Payaret

Punta de la Tr. Rovira

4 Sd. 30
40 30   4

Cala Rotja

Cala Basa

I. Bosque

5 8
⚓ Sd.
4

Fls.

Hotels

30

Fls.

20

179

Die etwa 250 m nach Osten einschneidende kleine Cala (nicht zu verwechseln mit Cala Codolá, auch Playa Codolá an der Südküste), 1,5 sm südlich der Durchfahrt Conejera−Bosque gelegen, zeigt an ihrer Nordflanke dichte Besiedlung mit Ferienwohnungen. Der Grund in der Einfahrt ist felsig, auch die Ufer auf beiden Seiten sind abfallend und felsig. Erst im inneren Drittel der Bucht, etwa 100 m vor dem Kies-Sand-Strand, findet man guten sandigen Ankergrund. Bei ruhiger Wetterlage auch zur Übernachtung geeignet. Tagsüber viele Badegäste. − Ein Restaurant auf halber Höhe, Supermarkt, Cafeteria und Souvenirs in der Feriensiedlung.

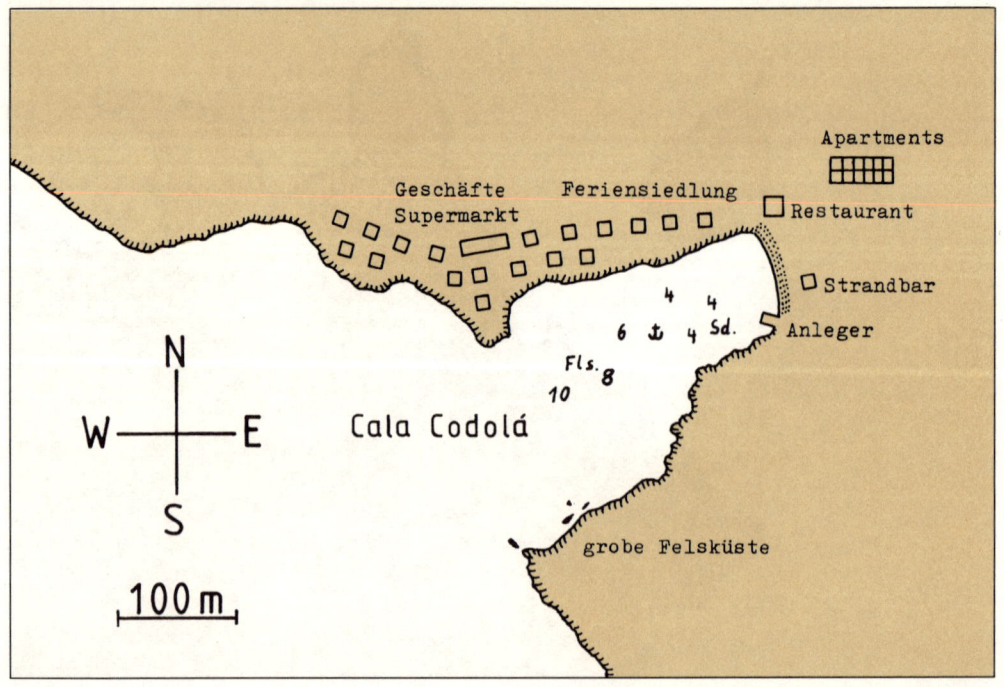

Nur 4 kbl südlich von Cala Codolá befindet sich Cala Corral in ähnlich felsiger Umgebung. Sie ist höchstens für einen Badeaufenthalt geeignet. Ankergrund Sand, teilweise mit Felsen durchsetzt und mit dichtem Seegras bewachsen.

Die Südseite der Bucht ist mit Ferienwohnungen bebaut. Für die Bootseigner unter den Feriengästen wurde ein kleiner Privathafen („Puerto Privado Coralmar") angelegt (Kran 2 t). Die ein- und auslaufenden kleinen Motorflitzer verursachen Schwell und Unruhe.

Da beim Ankern wenig Platz zum Schwojen vorhanden ist, dürfte die benachbarte Cala Tarida für eine Übernachtung vorzuziehen sein. – Im Ferienort gibt es Telefon und Verpflegungsmöglichkeiten.

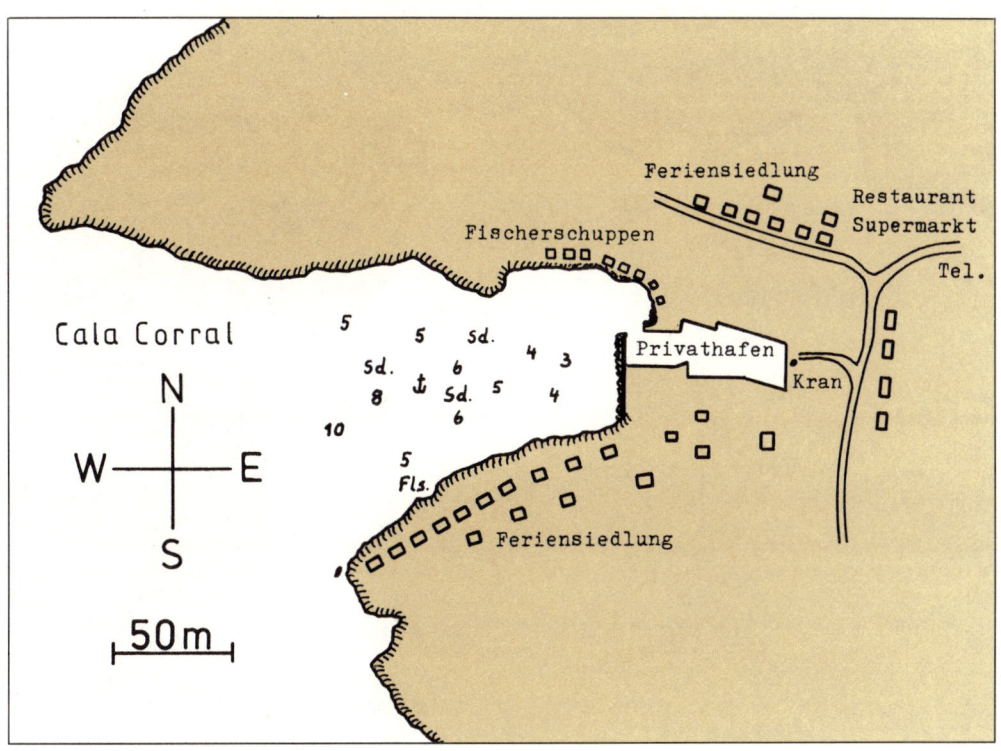

Cala Tarida

In nächster Nachbarschaft der Calas Codolá und Corral liegt diese breite Bucht mit felsigen Ufern und glasklarem Wasser über feinem Sandgrund. Mit Ausnahme der Klippen nahe dem Strand ist der Ankergrund frei von Untiefen. Es besteht genügend Raum zum Schwojen. Zum Übernachten bei ruhiger Wetterlage sehr gut geeignet. Durch die verschiedenen Hotels und Apartmenthäuser herrscht viel Badebetrieb. Vereinzelte Villen liegen oberhalb der Bucht.

Steigt man die Treppe hinauf, hat man von der luftigen Terrasse des Restaurants aus einen herrlichen Blick auf die Bucht. An der Zufahrtsstraße befinden sich Telefon, Supermarkt und weitere Geschäfte.

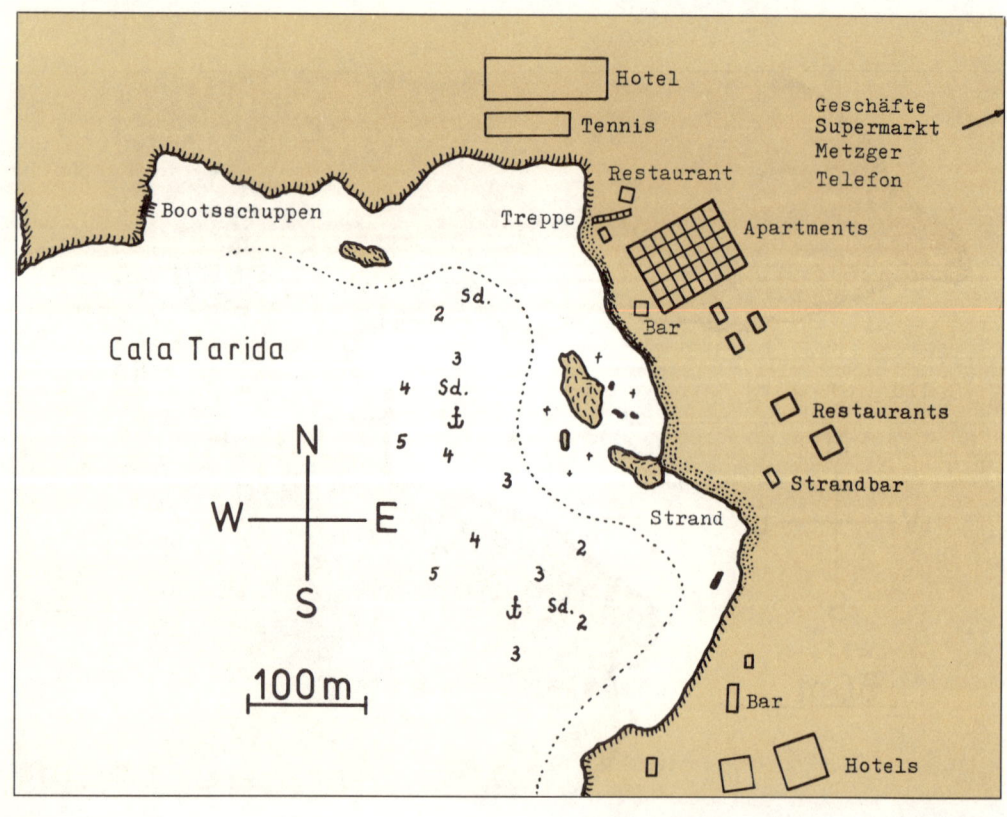

Die landschaftlich schönste Bucht an der Westküste Ibizas zwischen den Inseln Conejera und Vedrá ist Cala Badella (auch Vadella genannt). Die enge Einfahrt schützt sehr gut gegen Seegang, nur bei starkem Südwestwind setzt sich die Brandung im Inneren fort und läuft bis an den Strand. Nachts ist das Einlaufen wegen fehlender Befeuerung schwierig.

Inmitten der Bucht kann man auf beliebiger Wassertiefe ankern. Grund Sand und Schlick. Sollte der Platz beengt sein, ist ein zusätzlicher Heckanker oder eine Leine zum Felsufer angebracht. Nachts sollte man die Ankerlaterne nicht vergessen. Manche Yachten bleiben hier für längere Zeit vor Anker liegen.

Viele Villen rings um die Bucht. Am Strand ein Restaurant und eine Strandbar; an der Südflanke ein sehr gutes Speiselokal mit Terrasse und schöner Aussicht auf die Bucht. – Supermarkt an der Straße.

Durch die Wassersportangebote des Robinsonclubs (Robinsondorf in 1 km Entfernung) und durch Ausflugsboote ist tagsüber viel Betrieb in der Bucht. Abends wird es erstaunlich still.

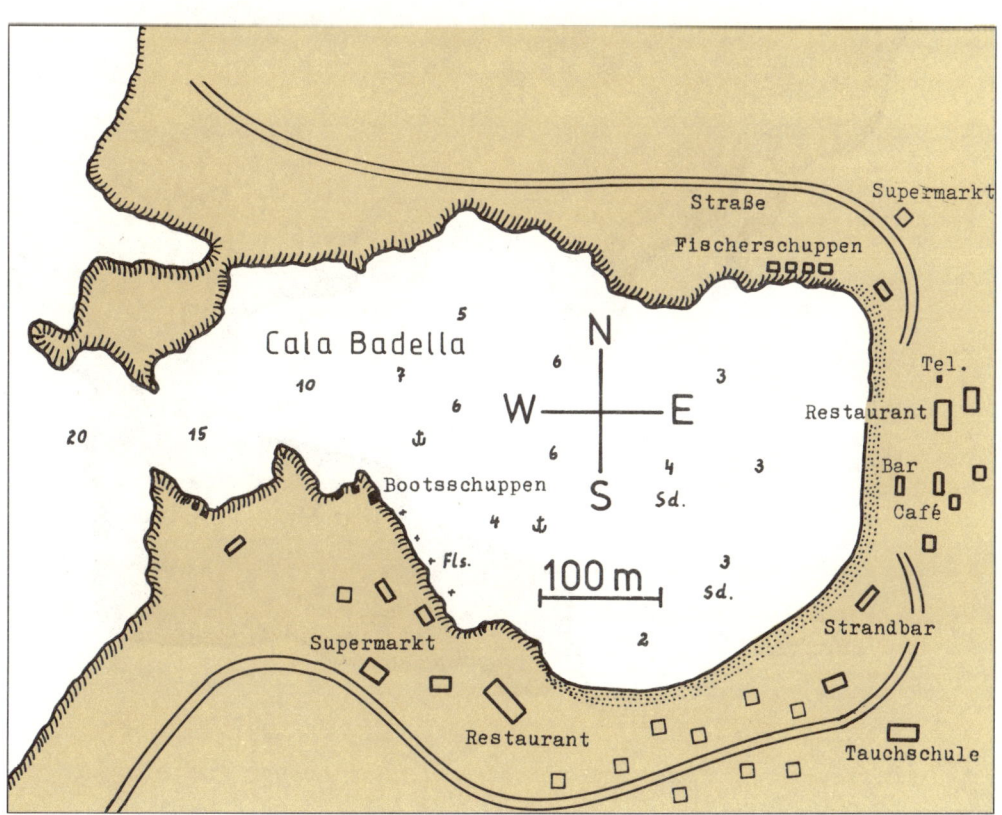

In der Durchfahrt zwischen der beeindruckenden, 382 m hoch aufragenden Insel Vedrá und ihrer kleineren Schwester Vedranell auf der einen Seite und dem felsigen Kap Jueu auf der anderen ist tiefes Wasser mit Ausnahme der Klippe El Materet, die 6,9 m unter der Oberfläche liegt.

Vorbei am weit nach Süden vorspringenden hohen Kap Llentrisca, weicht die Küste wieder zurück und bildet bei Punta P. Roig eine nach Osten gerichtete Bucht. Der Ankerplatz Puerto Roig hat neben felsigem auch sandigen Grund (siehe Plan) und ist außer gegen starken Südwestwind gut geschützt.

Den besten Ankerplatz findet man in der nördlichen Einbuchtung vor dem Kiesstrand. Ankergrund Sand, teilweise mit Seegras bewachsen. – Im östlichen Teil der Bucht, wo die Fischer ihre Bootsschuppen haben, besteht der Grund teils aus Felsen, teils aus großen Steinen, mit Seegras bewachsen. Dazwischen vereinzelt Sandstellen.

Oft ankern Yachten hier, Platz zum Schwojen ist genügend vorhanden. Die Häuser des Ortes sind weit entfernt. Sehr einsam.

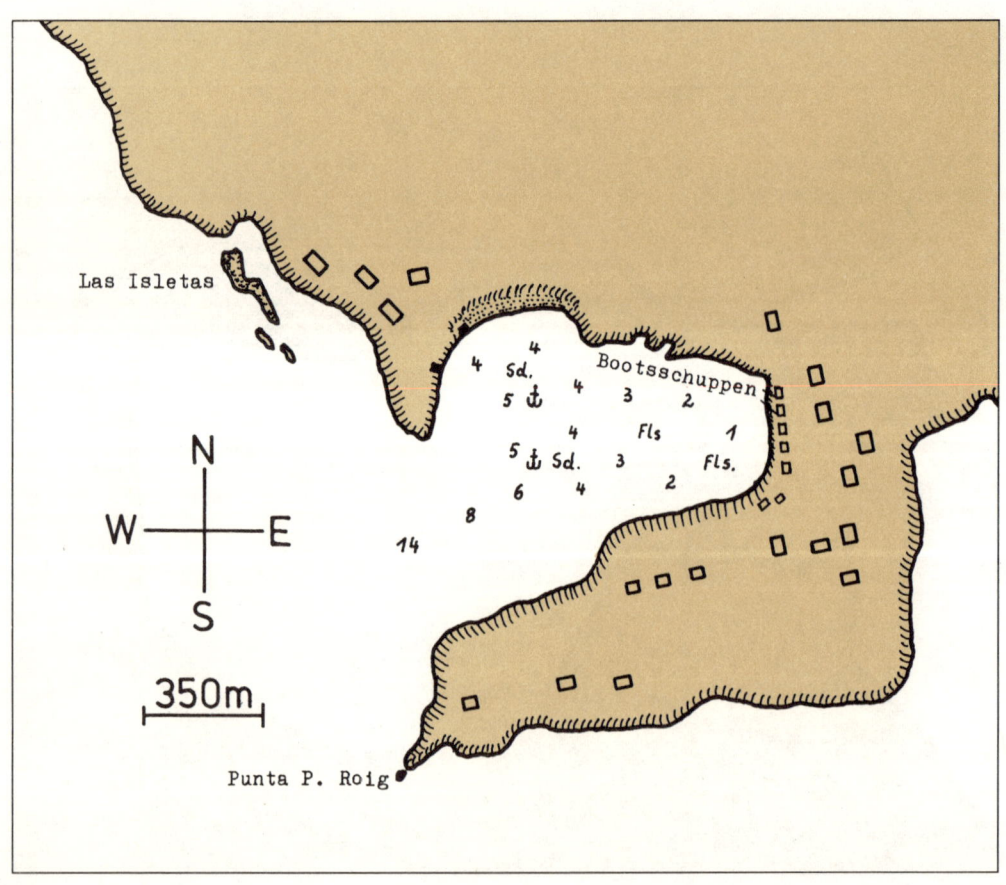

Südküste Ibizas und Durchfahrten zwischen Ibiza und Espalmador

Die Südküste zwischen Punta P. Roig und Punta Portas ist streckenweise flach, nur die weit ins Meer vorspringenden Punta Yondal und Cabo Falcó mit Punta Rama sind steile Felshuken. Dazwischen befinden sich lange Sandstrände, vor denen man tagsüber bei ablandigen Winden gut ankern kann: **Cala Yondal, Cala Codolá** (auch Playa Codolá) und **Playa de Mitjorn/Ensenada de La Canal** (ohne Plan). Diese Ankerplätze sind nach Süden sehr offen. Lebhafter Badebetrieb.

Ensenada de La Canal, zwischen Punta Rama und Punta Portas gelegen, wird durch die 145 m hohe Kuppe des Berges Falcón gut geschützt. Dahinter befinden sich die Becken der Salinen, in denen seit den Phöniziern immer noch auf ein und dieselbe Weise durch Verdunstung von Meerwasser große Mengen Salz gewonnen werden: 70000 bis 100000 Tonnen sind der Jahresertrag.

Zwischen Punta Portas, der Südspitze Ibizas, und der Insel Espalmador liegen zahlreiche kleine Inseln und Klippen, die so flach sind, daß man sie erst aus nächster Nähe erkennen kann.

Bei sorgfältiger Navigation können die **Durchfahrten Freu Mediano und Freu Grande** gefahrlos passiert werden, wenn man sich nach Plan C der Seekarte D 681 richtet. Wer ganz sichergehen will, benutzt nur die deutlich markierte Durchfahrt Freu Grande. Bei starken Winden herrschen grober Seegang und Strömung, die der Windrichtung entgegengesetzt ist. Dann kommt nur Freu Grande in Betracht; im Zweifelsfall sollte man überhaupt auf die Passage in West-Ost-Richtung verzichten und Puerto del Espalmador (siehe die folgenden Seiten) anlaufen, um besseres Wetter abzuwarten.

Insel Espalmador und
Puerto del Espalmador

Die weiträumige Bucht Puerto del Espalmador, außer gegen Winde aus Südwest gut geschützt, macht bei der Ansteuerung keine Probleme. Der felsigen Westküste der Insel näher kommend, die hier über 20 m hoch ist, erkennt man deutlich einen alten Wachtturm und die kleine Insel Gastabi in südlicher Richtung. Wegen der weit ins Meer reichenden Klippen sollte man gehörigen Abstand von Punta Gastabi halten.

Die von Untiefen freie Bucht erlaubt Ankern auf beliebiger Wassertiefe. Ankergrund Sand und Seegras. Der Anker hält nicht immer gleich in der stellenweise dicken Schicht abgestorbenen Seegrases. Unbedingt Ankerlicht setzen, da oft auch nachts noch Yachten einlaufen.

Die vielgerühmte Bucht bietet leider schon lange nicht mehr die ersehnte Einsamkeit. Der Ankerplatz ist jedoch groß genug, um den in der Hochsaison mindestens 30 gleichzeitig ankernden Yachten genügend Platz zum Schwojen zu geben.

Während sich rund um die Bucht ein feiner Sandstrand zieht, bietet die Ostküste der Insel, die man auf kurzem Weg durch die Dünen erreicht, ein faszinierendes Schauspiel bei starken östlichen Winden: Die Brandung klatscht dann an die ausgewaschenen Klippen und läuft, über Untiefen hinweg, an der flachen Südspitze der Insel im offenen Meer sanft aus.

Espalmador wäre eines der lohnendsten Ziele für Yachtfahrer im Mittelmeer, würde nicht der Massenandrang dieses Idyll nach und nach zerstören. Daß gerade der Teil der Bucht, der durch die Palmen am Strand an die Karibik erinnert, als Privateigentum gesperrt ist, ist nur zu verständlich bei dem Anblick, den die frei zugänglichen Strände und Dünen bieten. Von Ibiza und Formentera täglich herantransportierte Badegäste lassen bedenkenlos ihre Abfälle liegen; leider stellen auch Yachtleute ihre Müllbeutel am Sandstrand ab. Es stimmt traurig, zu sehen, wie dieser von der Natur reich bedachte Ort allmählich verwahrlost.

Im Nordwesten Espalmadors, im Schutz der kleinen **Insel Torretas,** finden Boote mit geringem Tiefgang bei ruhiger See einen guten Ankerplatz auf Sandgrund. Langsam einlaufen und ständig loten.

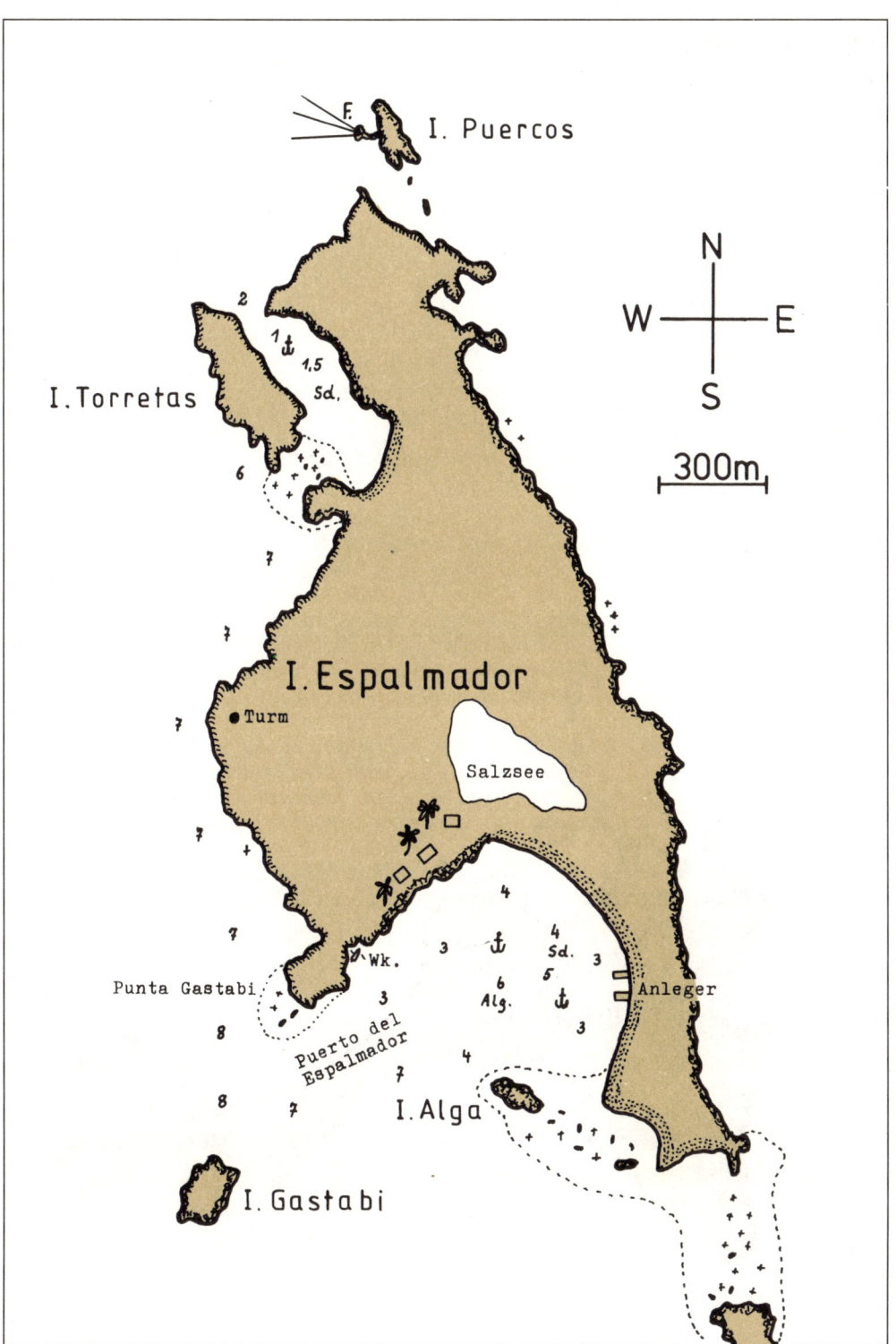

F.
I. Puercos

N
W   E
S

300m

2
1   1,5
Sd.

I. Torretas

6

7

7

7   Turm

I. Espalmador

Salzsee

7

7

7

Wk.

Punta Gastabi

8

8   7

Puerto del
Espalmador

4

4
3   Sd.
5
6
Alg.
3

3

Anleger

4

7

I. Alga

I. Gastabi

Insel Formentera

In regem Pendelverkehr zwischen Ibiza und dem Hafen Sabina bringen Fähr-
boote nicht nur die Hotelgäste an ihr Ziel, sondern auch zahlreiche Besucher,
die sich mit gemieteten Fahrrädern oder Motorrollern in wenigen Stunden
einen guten Überblick über die Insel verschaffen können.

Den Hauptort Formenteras, San Francisco Javier, erreicht man auf einer
schnurgeraden Straße (3 km). Die weißen Häuser um eine Wehrkirche
geschart, ist er ebenso ruhig wie die übrigen kleinen Ansiedlungen der Insel.

Für den Sportbootfahrer ist schon wegen der Versorgung der Hafen Sabina
(siehe Detailplan) im östlichen Teil der gleichnamigen Bucht wichtigster Platz
der Insel. Zwar gibt es hier landschaftlich äußerst reizvolle Ankerplätze, doch
sind sie durchweg ungeschützt und deshalb nur bei ablandigem Wind oder nur
für kurze Badeaufenthalte zu empfehlen. Jedem Schiffsführer muß es selbst
überlassen bleiben, je nach Wetterlage über die Brauchbarkeit zu entscheiden.
Die sommerliche Tagesbrise weht in der Regel aus südöstlicher Richtung mit
selten mehr als 3 bis 4 Beaufort.

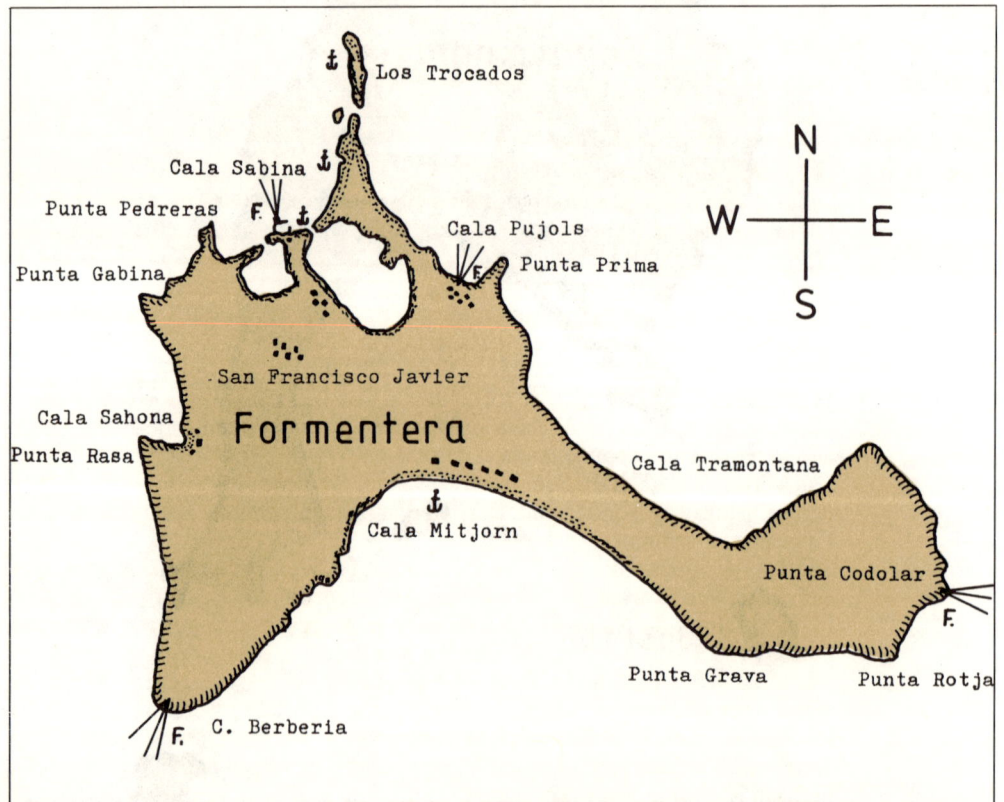

Gemäß Leuchtfeuerverzeichnis des BSH wird auf die Ähnlichkeit folgender Leuchtfeuer hingewiesen: Cala Sabina Blz.(4)-16s, Isla Conejera Blz. (4) -20s.

Von Norden kommend, kann man guten Sandgrund zwischen Fels westlich der flachen Sandbank **Los Trocados** finden. Auch westlich der Nordspitze Formenteras ist Ankern nach vorsichtiger Annäherung möglich.

Die **Lagune Estanque Peix,** südlich der Cala Sabina gelegen, ist ein schützenswerter Naturhafen mit unterschiedlich geringen Wassertiefen. Er sollte den einheimischen Fischerbooten vorbehalten bleiben.

Cala Pujols hat manchen schönen Ankerplatz vor den mehr oder weniger belebten Stränden, doch ist wegen der Klippen Vorsicht geboten. Man sollte sich nur bei Sicht auf den Grund und unter ständigem Loten nähern.

In der weiten **Cala Tramontana** gibt es vor den teils felsigen Ufern guten Sandgrund. Die wenigen Badegäste verlieren sich in den Dünen, die an die Strände anschließen.

Sehr offen ist auch die **Cala Mitjorn** zwischen den beiden hohen Kaps an der Südküste, Zentrum des Tourismus. Die Wassertiefen nehmen zum Strand hin langsam ab. Ankergrund ist Sand.

Cala Sahona siehe übernächste Seite.

Hafen Sabina (Puerto de La Sabina) 38°44′N 001°25′E

Bei der Ansteuerung des Hafens Sabina kann man bei Tage die etwa 150 m lange hohe Molenmauer schon von weitem erkennen. Nachts brennt auf der Halbinsel Sabina ein weißes Blitzfeuer, während der nördliche Molenkopf ein grünes Feuer trägt.

Der Hafen entstand, indem die Felsinsel Sabina mit Formentera durch einen Damm verbunden wurde. Außerdem schützt die in West-Ost-Richtung verlaufende Mole das Hafenbecken vor Seegang aus Norden.

An der Innenseite der Nordmole legen die Fähren an, der Frachterkai im Süden ist der Berufsschiffahrt vorbehalten. Für Sportboote ist dort kein Platz.

Yachten, die nicht in der Marina festmachen wollen, können außerhalb, östlich des Frachterkais, ankern (siehe Detailplan). Dieser Ankerplatz hat bei 4 bis 5 m Wassertiefe dichten Seegrasbewuchs. Er ist nicht nur bei nördlichen Winden sehr unruhig, sondern auch durch den Schwell, den die zahlreichen Ibiza-Fähren verursachen.

Seitdem der flache Teil des Hafenbeckens auf 2,5 bis 3 m ausgebaggert wurde, stehen in der **Marina de Formentera** 114 Liegeplätze mit Murings zur Verfügung. Durch die Stege ist zusätzlicher Schutz gegeben. Über die Hälfte der Plätze ist verkauft worden, die übrigen werden für Gäste bereitgehalten.

Die Liegegebühren sind im Juli und August sehr hoch, in der übrigen Sommerzeit immer noch beträchtlich. Wasser ist rar und wird literweise über den Zähler abgerechnet. Duschen mit Münzautomaten (4 min). Diesel wird mit dem Tankwagen angeliefert, kleinere Mengen und Benzin gibt es bei der Tankstelle (1,5 km Richtung San Francisco Javier).

Direkt am Hafen findet man Supermarkt, Ausrüster, Restaurants, Cafés; in der Parallelstraße Müllcontainer, Automatenwäscherei, Supermärkte, Poststelle, Bootszubehör, Fahrradverleih, Imbißstuben.
Um den Hafen Sabina herum wird immer noch gebaut, trotzdem kann man an der Wasserfront unter Palmen und im Marinabereich recht gemütlich verweilen.

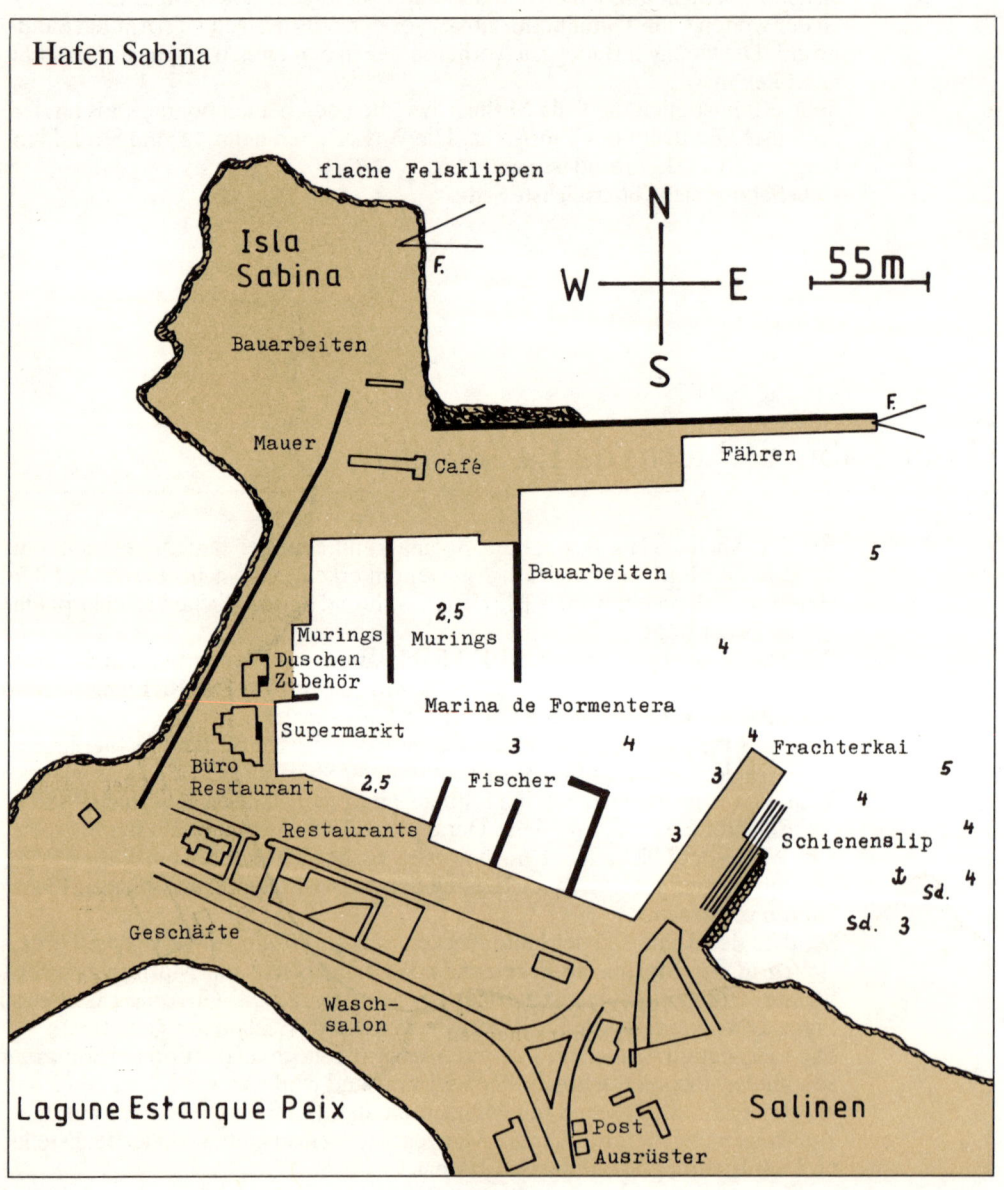

Hafen Sabina

Diese schöne Bucht ist nach Westen weit offen und deshalb nur als Tagesankerplatz zu empfehlen.
Gute Ansteuerungshilfe ist das große Hotel im Scheitel der Bucht. Die Cala ist
frei von Untiefen, hat klares Wasser und weißen Sandgrund.
Außer einer Strandbar und einem Restaurant nahe dem Hotel sind keine Versorgungsmöglichkeiten gegeben. Eine gute Straße führt zum Hauptort San
Francisco Javier.

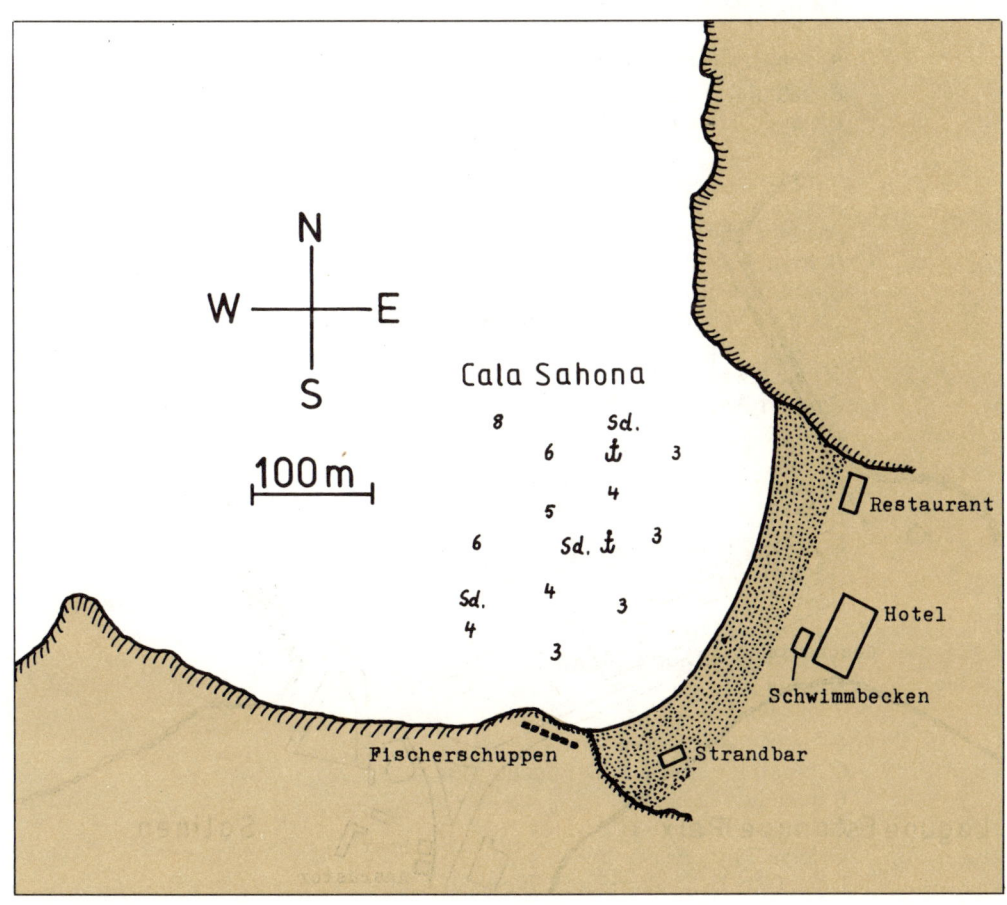

Register

Bücher für die Küstenfahrt

Das ist Küstensegeln
Ratschläge und Hilfen von J. D. SLEIGHTHOLME
für die Praxis, die das grundlegende Führerschein-
wissen sinnvoll ergänzen und erweitern.
160 Seiten mit 200 farbigen Fotos und Zeichnungen, gebunden DM 34,–

Yachtsegel
DICK KENNY vermittelt Kenntnisse über Rigg und
Segel, die wichtig und nützlich sind für jeden,
der von seiner Besegelung optimale Vortriebskräfte
erwartet. 160 Seiten mit 178 Farbfotos und
90 farbigen Zeichnungen, gebunden DM 34,–

Knoten, Fancywork und Spleiße
Wichtige Gebrauchsknoten, die gebräuchlichsten
Spleiße und ein Menge schöner Zierknoten,
von FLORIS HIN/THEO KAMPA und JAAP HILLE.
160 Seiten mit 193 Farbfotos, gebunden DM 34,–

Sicherheit und Technik auf Segelyachten
HANS DONAT gibt Empfehlungen und praktische
Anleitungen, durch richtige Pflege und Wartung
aller Technik an Bord die Sicherheit für Boot und
Besatzung zu erhalten. 224 Seiten mit 197 zwei-
farbigen Abbildungen, gebunden DM 39,–

Praktische Seemannschaft in Bildern
Unterschiedlichste Situationen aus der Praxis in
überschaubaren Zeichnungen dargestellt
und erläutert von ROBBERT DAS und HARALD
SCHWARZLOSE. 272 Seiten mit 403 Zeichnungen, gebunden DM 34,–

Medizin an Bord
Ein ärztlicher Ratgeber von Dr. med. KLAUS
BANDTLOW für den Notfall, der weit über die Erste
Hilfe hinausgeht und auf keiner Yacht fehlen sollte.
144 Seiten mit 47 Zeichnungen, kartoniert
DM 16,80

Kleine Kreuzer
Der instruktive und anschauliche Ratgeber von
HARALD SCHWARZLOSE mit den vielen Tips und
Anregungen für jeden, der einen kleinen Kreuzer
segeln, ausrüsten und/oder trailern möchte.
384 Seiten mit 130 Fotos und 97 Zeichnungen,
gebunden DM 44,–

Richtig ankern
Alles, was es über Anker und die Praxis des
Ankerns zu wissen gibt, aufgezeichnet von
JOACHIM SCHULT. 264 Seiten mit 222 Zeich-
nungen, kartoniert DM 17,80

Kollisionsverhütungsregeln
Die „Regeln zur Verhütung von Zusammenstößen
auf See" als Nachfolger der Seestraßenordnung,
für Wassersportler analysiert und kommentiert von
AXEL BARK. 88 Seiten mit 100 meist farbigen
Abbildungen, kartoniert DM 15,80

Das Wetter von morgen
Eine Anleitung von DIETER KARNETZKI,
alle Hilfsmittel der Wettervorhersage richtig zu
deuten, mit meteorologischer Revierkunde für
Nordsee, Ostsee und Mittelmeer. 180 Seiten
mit 201 meist farbigen Abbildungen,
gebunden DM 38,–

So schmeckt's an Bord
Über 200 Rezepte für alle Mahlzeiten auf See und
im Hafen, garniert mit nützlichen Tips für
Einrichtung und Ausrüstung der Kombüse,
serviert von HORST SCHARFENBERG.
208 Seiten mit 222 Rezepten, 13 Zeichnungen,
gebunden DM 36,–

Notfälle an Bord – was tun?
Ein Ratgeber von JOACHIM SCHULT für richtige
Vorsorge gegen ernsthafte Schäden und zweck-
mäßige Abhilfe bei eingetretenen Notsituationen.
478 Seiten mit 383 Abbildungen, kartoniert
DM 34,–

Yacht-Bordbuch
Nützliche Informationen im Taschenformat,
fürs Cockpit zusammengestellt von HANS DONAT.
256 Seiten mit 220 meist farbigen Abbildungen,
gebunden DM 24,–

Seglers Windfibel
Alles, was der Segler über seine Antriebsenergie,
den Wind, wissen sollte, von ALAN WATTS.
96 Seiten mit 185 Zeichnungen,
kartoniert DM 14,80

Signaltafeln für die Berufs- und
Sportschiffahrt
Alle Tag- und Nachtsignale, alle Lichter und
Schallzeichen aller Verordnungen übersichtlich auf
Tafeln zusammengestellt. 11 farbige Tafeln DIN A 5
in cellophanierter Ausführung, in Klarsichthülle,
DM 13,80

(Preisänderungen vorbehalten!)

Delius Klasing Verlag

Bücher für die Freiwache

Die sonderbare Welt des Seglers Gustaf
Neue Geschichten vom Segler Gustaf
Freud und Leid des Seglers Gustaf
Gustaf – Szenen aus dem Seglerleben
Segler Gustafs heile Welt
Amüsante und erheiternde Episoden aus dem
Leben des Seglers Gustaf, aufgezeichnet von
WOLFGANG J. KRAUSS. Jeder Band 96 Seiten
mit 20 Zeichnungen, gebunden, je DM 14,80

Nur Segeln ist schöner
Hätte Wasser doch Balken
Mag kommen was will
Hoch und trocken
Köstliche Cartoons über einen herrlichen Sport,
der leider nicht immer ein reines Vergnügen ist,
von MIKE PEYTON. Jeder Band 96 Seiten mit
88 Zeichnungen, gebunden, je DM 14,80

Himmel, muß ich denn schon wieder segeln?
Selbst erlebt und locker beschrieben von LESLEY
BLACK: das Familiensegeln aus der Sicht einer
Frau und Mutter mit Illustrationen von Mike Peyton.
104 Seiten mit 28 Zeichnungen, gebunden
DM 14,80

Die Welt im Sturm erobert
Ein exzentrischer Vater schickt seine junge Tochter
ohne große Segelpraxis „einhand" um die Welt.
Der Erlebnisbericht von TANIA AEBI ist fesselnd
wie ein Roman. 368 Seiten mit 24 Farbfotos,
gebunden DM 36,–

Abenteuer unter arktischer Sonne –
Shangri La
Die letzte Etappe der 10jährigen Reise führt
BURGHARD PIESKE durch die grandiose
nordische Natur, durch Stürme und Eis, zu einem
triumphalen Empfang im Heimathafen. 288 Seiten
mit 34 Farbfotos, gebunden DM 34,–

80 000 Meilen und Kap Hoorn
Ein Seglerleben
BOBBY SCHENK erzählt von seinen großen
Reisen um die Welt und rund Kap Hoorn und
gewährt zugleich Einblick in die bunte Szene der
Yachties und die Freuden und Sorgen des Lang-
streckensegelns. 400 Seiten mit 50 Farbfotos und
2 Routenkarten, gebunden DM 36,–

Segeln im Reich der Stürme
Mit Yacht und Sportflugzeug bis ans Ende der Welt
Spannend erzählt BOBBY SCHENK von seiner
jüngsten Reise durch die Luft und auf dem Wasser
zum Kap Hoorn, der berüchtigsten Ecke der Welt.
294 Seiten mit 52 Farbfotos, gebunden DM 36,–

Paradies im Stundenglas
Ein letztes Mal segeln ERNST-JÜRGEN und ELGA
KOCH mit ihrer „Kairos" von der Ostküste der USA
südwärts in die Karibik und müssen erkennen, daß
die Paradiese weniger geworden sind – zerronnen
wie der Sand im Stundenglas. 408 Seiten mit
41 Farbfotos, gebunden DM 36,–

Phönizische Reisen mit der „Mike-Dull"
Die abenteuerlichen Fahrten eines modernen
Seglers, der mit seinem kleinen Boot das Mittelmeer durchkreuzte. Auf den Spuren der Phönizier
segelt BENONI JUNKER von Spanien bis Israel.
272 Seiten mit 13 Zeichnungen, gebunden
DM 32,–

Die Welt ist noch weit
Neue Reisen mit der „Vagant"
Mit ihrem kleinen Serienboot meistern URSEL und
FRIEDEL KLEE Atlantik und Pazifik. Manche
Etappe führt sie an die Grenzen ihrer Kraft.
284 Seiten mit 35 Farbfotos, gebunden DM 34,–

Barawitzka – Lauter Kapitäne, keine Matrosen
Neue Abenteuer des eigenwilligen Kapitäns:
Barawitzka führt vier Charteryachten nach
Tunesien. Witzig und spritzig wie immer läßt
KARL VETTERMANN den Leser von einem
Höhepunkt zum nächsten mitsegeln. 278 Seiten
mit 25 Zeichnungen, gebunden DM 32,–

Viele andere Bücher beschäftigen sich neben
diesen noch mit dem Segeln und auch mit dem
Motorbootfahren. Verlangen Sie unser ausführ-
liches Verzeichnis über Ihre Buchhandlung oder
direkt vom Verlag (4800 Bielefeld 1, Postfach 4809).

(Preisänderungen vorbehalten!)

 **Delius Klasing Verlag**

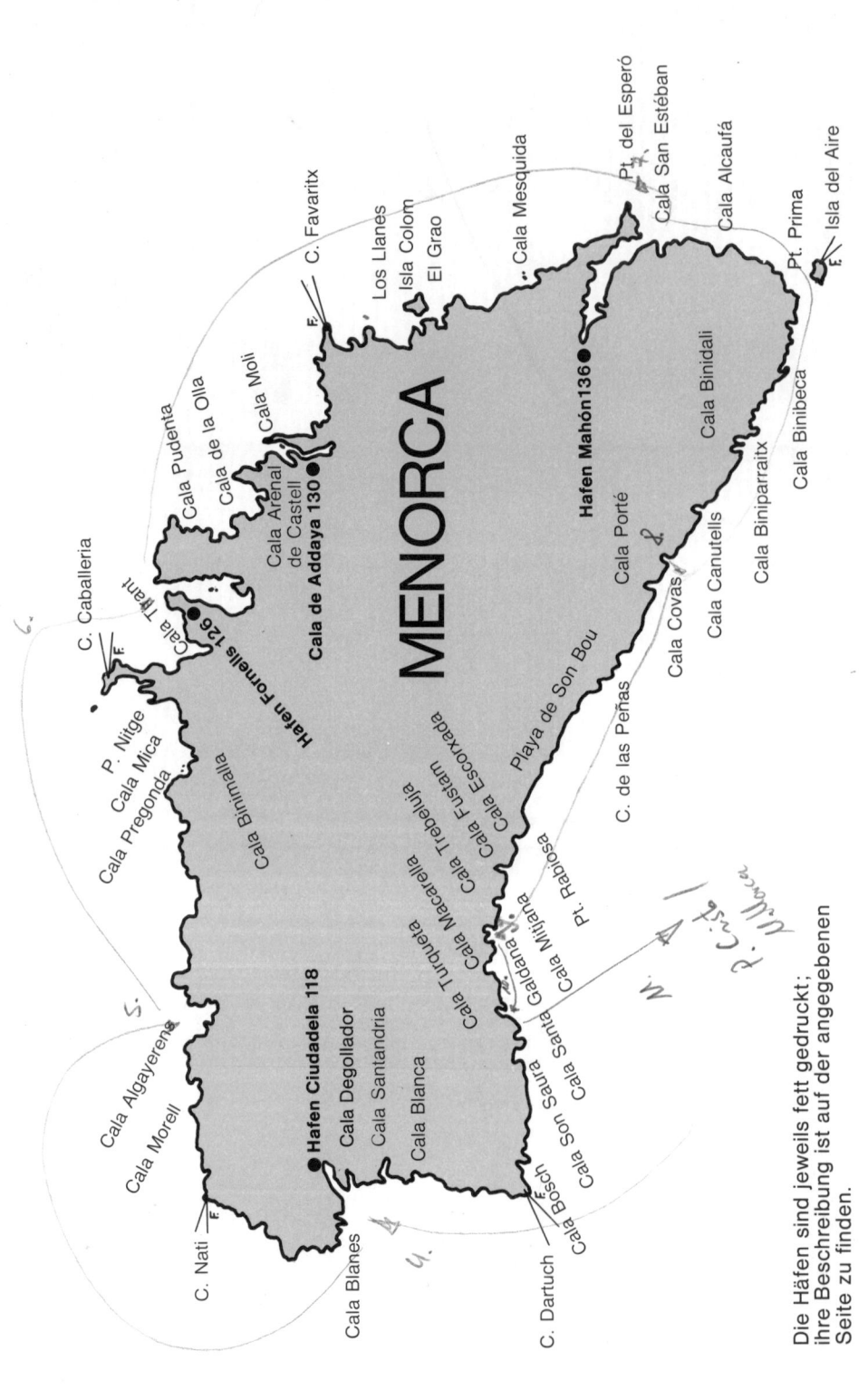

MENORCA

C. Favaritx
Los Llanes
Isla Colom
El Grao
Cala Mesquida
Pt. del Esperó
Cala San Estéban
Cala Alcaufá
Pt. Prima
Isla del Aire
Cala Binidali
Cala Moli
Cala de la Olla
Cala Pudenta
Cala Arenal de Castell
Cala Binibeca
Hafen Mahón136
Cala Binidalí
Cala de Addaya 130
Cala Porté
Cala Biniparraitx
C. Caballeria
Cala Trami
Hafen Formells 126
P. Nitge
Cala Mica
Cala Pregonda
Cala Binimalla
Cala Covas
Cala Canutells
Cala Biniparratx
Playa de Son Bou
C. de las Peñas
Cala Turbuneta
Cala Macarella
Cala Trepaluja
Cala Fustam
Cala Escoxepa
Cala Algayerena
Cala Morell
Hafen Ciudadela 118
Cala Degollador
Cala Santandria
Cala Blanca
Cala Mitjana
Pt. Rabiosa
Galdana
Cala Bosch
Cala Son Saura
Cala Santa
C. Nati
Cala Blanes
C. Dartuch

S.
N
W

P. de Mallorca
Menorca

Die Häfen sind jeweils fett gedruckt;
ihre Beschreibung ist auf der angegebenen
Seite zu finden.